アニメで読む世界史 2

anime de yomu sekaishi

藤川隆男・後藤敦史=編
fujikawa takao ・ *goto atsushi*

山川出版社

アニメで読む世界史
2

目次

物語のトポス……4

はじめに……6

第1章 **ムーラン**
敵側からみた歴史世界……13

第2章 **アラジン**
海のシルクロードとアラビアンナイト……33

第3章 **もののけ姫**
迫りくる「乱世」と
追いつめられた「もののけ」たち……53

第4章 **ノートルダムの鐘**
中世都市パリの光と影……75

第5章 **ポカホンタス**
2つの世界の架け橋……95

第6章 **南の虹のルーシー**
植民地開拓の物語……113

第7章 **ジャングル・ブック**
　　　イギリスの支配とインドの対応 ……133

第8章 **ターザン**
　　　文明化する幸せ，文明化しない幸せ ……153

第9章 **愛の若草物語**
　　　南北戦争と家族 ……173

第10章 **紅の豚**
　　　「戦間期」の英雄 ……193

第11章 **平成狸合戦ぽんぽこ**
　　　高度成長期のニュータウン開発 ……213

あとがき ……232

関連事項略年表 ……235

執筆者紹介 ……242

イラストレーション・岡島礼子

地図制作・竜太郎事務所

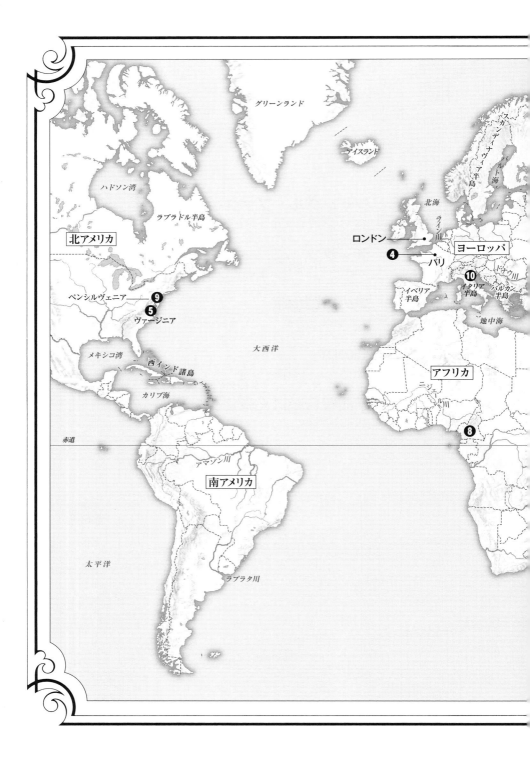

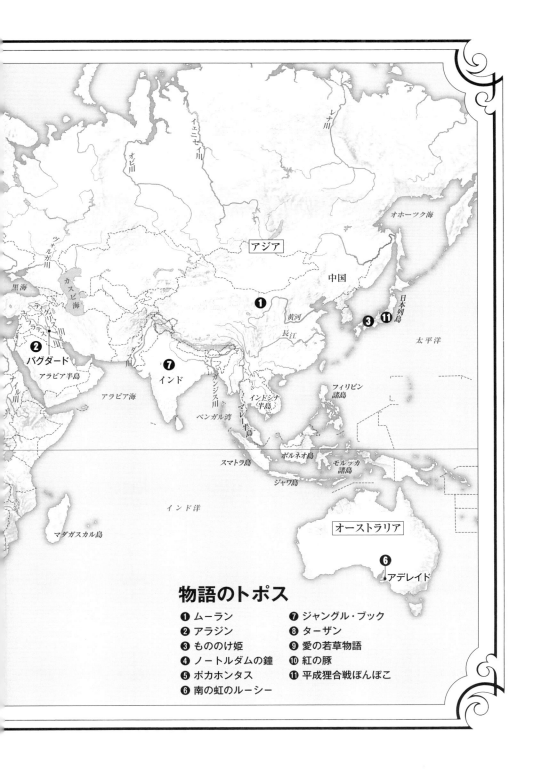

はじめに

　アニメから世界史がわかって，受験を控えている人は読めば大学入試に合格し，働いている人は職場や飲み会で話すネタができる。そんな本があったら最高だ，と思ってつくったのが，前作『アニメで読む世界史』です。今回は，ママやパパが読めば，アニメを見ながらさりげなく子どもに世界史のことを語れるようになり，「ママ／パパ，すごい！」と尊敬してもらえる，という願いも加え，『アニメで読む世界史 2』をつくりました。

　前作では，おもに19世紀のヨーロッパとアメリカを舞台にした「世界名作劇場」というシリーズのアニメを取り上げました。ただ，受験生が大学入試に合格するためには，世界史のなかのいろいろな地域と時代のことを勉強しないといけません。また，ママやパパが子どもの尊敬のまなざしを勝ち取るためには，「世界名作劇場」以外のアニメにも目を配る必要があります。そこで，今回は欧米だけではなく，日本も含めたアジアや，アフリカを舞台としたアニメも取り上げて，本当の意味で「世界史」の本になることをめざしました。また，アニメについても，「世界名作劇場」に加えて，子どもから大人まで，日本に限らず世界中のたくさんの人びとを楽しませてきたディズニーとスタジオジブリのアニメも取り上げることにしました。

　この本を手にとっている読者の皆さんは，自分の好きなアニメから順に読んでいく，という読み方をしてももちろんかまいません。ただ，この本は「最初から読んでいけば，世界史の流れが理解できる」という構成にしています。ですので，最初に世界史の流れをざっと「予習」しながら，この本の構成について紹介しておきたいと思います。

　「世界名作劇場」，スタジオジブリ，そしてディズニーの数多くの作品のなかからアニメを選ぶとき，この本では，「社会の変化」を共通のテーマにしました。世界のさまざまな国や地域を舞台にしたアニメでは，歴史が大きく移り変わろうとしている時代を生き，その変化の荒波にさらされる人物を主人公とする場合が多くみられるからです。

　社会に変化をもたらす要因は，さまざまに考えられます。例えば，ある文化をもつ社会に，異なる文化をもつ社会集団があらわれたとき，平和的な交流にしても，あるいは戦争にしても，両方の社会に大きな変化がもたらされた，という事例は世界のあらゆる地域や時代にみられることです。

　このような異文化交流とそれによる社会の変化の歴史を考えると，世界の東西を結んだ陸の道(シルクロードと草原の道)と海の道は，その影響のおよぶ空間の広さと時間の長さからいって，外すことができません。今から2000年程前の紀元1〜2世紀頃に，ユーラシア大陸と北アフリカという広い空間の東西を結びつける陸と海の交易ルートが形づくられ，「世界の一体化」が進みました。

　3世紀には，ユーラシア内陸部の遊牧民たちの移動が活発化します。中国では，同じ頃に『三国志』で有名な魏・呉・蜀の三国時代を迎えており，これ以後，6世紀に至るまで，ユーラシア大陸の東方では，華北の遊牧国家と華南の中国王朝が次々に興亡を繰り返すという分裂の時代が続きました。第1章の『ムーラン』(ディズニー作品)は，このように長く続いた中国の分裂の時代を背景に，中国王朝と遊牧国家の戦いを描い

たアニメです。定住ではなく移動を繰り返す遊牧民たちの，陸の道を舞台とした生活の様子を紹介しながら，中国王朝と遊牧国家が争う理由と，そしてじつは争ってばかりいたわけではない両者の「異文化交流」の実態をみていきます。

　その後8世紀になると，東西交流の歴史は新しい段階に入ります。西アジアで生まれたイスラームは，ユーラシアやアフリカの各地に広がっていき，それにあわせて，地中海，アラビア海からインド洋，そして東南アジアから中国に至る海域がムスリム（イスラーム教徒）商人によって連結されていきます。イスラーム世界の確立にともなって，世界規模の海洋ネットワークが形成されたのです。このイスラーム世界を中心に，海の道を舞台として描かれたアニメが，第2章で取り上げる『アラジン』（ディズニー作品）です。『アラジン』を通じて，海の道によってイスラームが広まっていく歴史的な経緯や，海の道を舞台にして世界的な活動を繰り広げるムスリム商人たちの姿を紹介します。

　東西交流とそれによる「世界の一体化」は，13世紀にユーラシアの大部分を統合させたモンゴル帝国の出現によって，さらなる発展を遂げました。モンゴル帝国によって，東西をまたぐ交通と貿易が促進されました。しかし，陸と海の交流ネットワークによって一体化していたユーラシア大陸は，14世紀に入ると大きな危機に直面します。14世紀の初頭から，半世紀以上にわたって北半球では寒冷な気候が続きました。そのため，各地で飢饉が起こり，また人びとの栄養が不足するなかで感染症も流行しました。とくに，ユーラシア大陸の広い範囲を襲ったペスト（黒死病）の被害は深刻で，例えばユーラシアの西方に位置するヨーロッパでは，人口の約3分の1がペストの犠牲になったともいわれています。こうした大きな危機の結果，社会不安が高まり，多くの国や地域が政治的にも不安定な時代を迎えました。

　それは，日本も例外ではありません。14世紀の日本では，鎌倉幕府の滅亡後，天皇家が2つに分かれる南北朝の動乱が生じました。その後も，日本の政治は安定せず，1467年の応仁の乱をきっかけに，戦国時代に突

入していきます。第3章の『もののけ姫』(スタジオジブリ作品)は、まさに乱世の時代を迎えつつあった15世紀の日本社会を舞台にしたアニメです。このアニメをとおして、中世日本の政治や社会の実像に迫りたいと思います。

　14世紀の危機は、ヨーロッパ社会にも深い爪跡を残しました。第4章で取り上げる『ノートルダムの鐘』(ディズニー作品)は、大きな危機を経験したあとの、15世紀の中世パリを舞台にしたアニメです。ペストによる人口の激減や、イギリスとフランスの長期にわたる戦争などを経験しつつ、15世紀のヨーロッパ世界では近世に向けた新たな変化も生じていました。このアニメによって、中世末期のヨーロッパ社会の特質をみていきたいと思います。

　15世紀に始まるいわゆる「大航海時代」は、14世紀の危機で困難に陥ったヨーロッパ諸国が、外の世界、とくにアジアにその危機を乗り切る活路を見つけ出そうとしたことを背景にしています。ヨーロッパ諸国によって新しく「発見」されたアメリカ大陸とユーラシア大陸が結びつき、「世界の一体化」がますます進みました。

　一方、ヨーロッパ諸国の進出は、非西洋世界の植民地化という動きを

9

ともなっていました。このような植民地化は，ヨーロッパの社会にも，また植民地とされた地域の社会にも，さまざまな変化をもたらします。17世紀の北アメリカ大陸を舞台とした第5章の『ポカホンタス』(ディズニー作品)は，ポカホンタスという実在した先住民の女性を主人公にして，先住民とイギリス人入植者の出会いを描いたアニメです。このアニメを通じて，イギリスの社会と北アメリカの先住民社会の双方に起きた変化についてみていきます。

また，時代はくだりますが，第6章の『南の虹のルーシー』(「世界名作劇場」)は，19世紀の南オーストラリア植民地の入植初期の物語であり，ヨーロッパの社会をオーストラリアという土地に移植しようとした人びとの姿を映し出しています。このアニメを手がかりに，入植初期のオーストラリア社会の実態や，入植した人びとが先住民に対していだいた意識について考えてみたいと思います。

なお，欧米諸国による植民地には，獲得した領土に本国の住民を送って，本国社会をそのまま再現しようとした入植による植民地と，占領した現地社会はそのままのかたちで残して，武力によって搾取する，という2つのタイプがあげられます。第5章・第6章で取り上げる北アメリカやオーストラリアの植民地は，前者のタイプです。

一方，現地社会を武力で支配しようとする植民地支配は，アジアやアフリカでみられました。第7章で取り扱う『ジャングル・ブック』(ディズニー作品)は，インドを舞台とするアニメです。動物たちに育てられた少年モーグリが，さまざまな冒険をしながら成長していく様子が描かれています。このアニメによって，18世紀以降のイギリスによるインド支配の歴史をみていきます。また，第8章の『ターザン』(ディズニー作品)は，19世紀末から20世紀初め頃のアフリカを舞台にしています。主人公のターザンも，動物に育てられました。このアニメを手がかりに，ヨーロッパ諸国によるアフリカの植民地化の歴史や，それによるヨーロッパ諸国同士の対立の歴史を探っていきます。

この2つのアニメには，大きな共通点があります。それは，エドワー

ド・サイードという学者が唱えた「オリエンタリズム」を浮彫りにする作品だという点です。オリエンタリズムとは，欧米の人びとがいだく，非欧米世界に対するイメージのことを指します。『ジャングル・ブック』と『ターザン』から，欧米の人びとがいだいていたアジアやアフリカに対する偏見や差別の歴史も明らかにしたいと思います。

　ヨーロッパ諸国による南北アメリカ大陸の植民地化は，西アフリカからの黒人奴隷貿易もうながしました。アフリカからアメリカ大陸へ連れてきた黒人奴隷に砂糖や綿花を生産させ，それらの商品をヨーロッパの本国に送る，という大西洋三角貿易が形づくられ，ヨーロッパ社会に大きな利益をもたらします。

　この黒人奴隷の問題は，アメリカ合衆国の歴史を理解するうえでも，とても重要です。18世紀の終りに，北アメリカ大陸のイギリス植民地から，人びとの自由を謳ったアメリカ合衆国が独立します。しかし，イギリス植民地時代に奴隷としてアフリカから連れてこられた黒人やその子孫たちのほとんどは，自由を奪われた奴隷のままでした。第9章の『愛の若草物語』(「世界名作劇場」)で取り扱う南北戦争は，まさにこのような合衆国の建国以来の矛盾が引き起こした戦争です。

　なお，南北戦争については，「技術革新」の問題にもふれなければなりません。この戦争では，急速に技術改良された銃が使用され，その結果，大量の戦死者がでました。

　こうした技術革新も，異文化交流と並んで社会に変化をもたらす大きな要因となります。世界史を通じて，技術革新はさまざまな分野で繰り返し起こってきました。そのなかで，欧米諸国の産業革命を経て始まった近代世界では，技術革新とそれにともなう戦争の大規模化，という特徴がみられるようになります。

　とくに1914年に始まる第一次世界大戦は，それ以前とは比較できないほど大規模な戦争となりました。毒ガスや戦車，飛行機などが戦場で新たに用いられるようになり，そのため，多くの参戦国の予想に反して戦争が長引き，戦死者は軍人だけで約800万人におよびました。第10章の

『紅の豚』（スタジオジブリ作品）は，第一次世界大戦後のイタリアを舞台にしています。このアニメによって，第一次世界大戦前後の世界史と，第二次世界大戦への流れを追っていきます。

　20世紀前半までの歴史の流れを踏まえ，最後の第11章『平成狸合戦ぽんぽこ』（スタジオジブリ作品）では，日本に住む人びとが戦後の高度経済成長を経て，今日の日本を築いていく時代の動きを取り扱います。高度成長の陰では，大規模な開発にともなう自然破壊があり，アニメの主人公であるタヌキたちも住むところを失っていきます。20世紀後半の高度成長の時代をみることで，私たちが今住むこの世界と日本がかかえる問題点も，浮彫りになってくるのではないでしょうか。

　やや固い話になってしまいましたが，以上が，世界史の大まかな流れと，その流れにそくしたこの本の構成です。ユーラシア大陸を通じた東西交流の歴史，それに続く中世社会の構造，「大航海時代」以後の欧米諸国の進出と，それによって生じたさまざまな矛盾，近代以降の技術革新がもたらした世界規模の変化。こうした流れにそいながら，11のアニメ作品から世界史を読み解いていきたいと思います。

　とはいえ，この本は，あくまでも読者の皆さんが「楽しんで読む」ということを一番の目標にしています。あまり肩ひじはらず，アニメで読む世界史への旅をぜひ堪能してください。

後藤敦史

参考文献
大阪大学歴史教育研究会編『市民のための世界史』大阪大学出版会，2014
「世界の歴史」編集委員会編『もういちど読む山川世界史』山川出版社，2009

第1章 ムーラン
敵側からみた歴史世界

ディズニー・オリジナル作品

『ムーラン』の歴史世界

　『ムーラン』は中国を舞台として，1998年にディズニーが制作したアニメ映画です。中国の王朝と対立する北方のフン人が，万里の長城を越えて中国に攻め込んでくるシーンからこのアニメは始まります。フン人の侵攻を食い止めるため，主人公の少女ムーランは，足の不自由な父に代わって男に変装して軍隊に入り，厳しい訓練に耐えてついにフン人を撃退します。日本での知名度はいまひとつですが，アニメーションの美しさ，ストーリー展開のテンポの良さ，挿入されるミュージカル場面の軽やかさで，ぐいぐい引き込まれる魅力的なアニメです。

　ただし，このアニメを見た方は，「フン人ってなんなんだろう？」という根本的な疑問を感じたはずです。馬に乗った集団で登場するフン人は，アニメのなかではどういう人たちなのか，まったくといっていいほど説明がありません。とにかく恐ろしい連中なんだということしかわからない謎の存在で，地球を侵略してくるエイリアンと同レベルの描かれ方といっていいでしょう。フン人は，歴史上実在した騎馬遊牧民なのですが，そのことすら説明がありません。

　しかし，実際の歴史に照らし合わせれば，フン人をはじめとする遊牧民が，アジアの歴史を考えるうえでじつはとても重要なカギを握っています。歴史が好きな方は，遊牧民といえば13・14世紀に起こったチンギス・ハンのモンゴル帝国がピンとくるでしょう。ユーラシアの大部分を支配下におき，中国も征服して元朝（大元ウルス）を建て，日本にも侵攻して「元寇」を起こした大帝国です。このモンゴル帝国の発展も，長い遊牧民の歴史の一部にすぎません。モンゴル帝国よりも前の時期，航海技術が未発達であったために海上貿易がそれほど盛んではなく，いわゆる「陸のシルクロード」と呼ばれる陸上貿易が世界的にも主流だった時代には，遊牧国家は圧倒的な力を誇っていました。火器を使った戦術にしだいに圧倒されていくまでは，遊牧民は世界最強の軍事力をもってお

り，その軍事力を背景に商人たちとも結びついてシルクロード貿易にも介入するなど，現代のアメリカのような巨大な国家だったのです。

　これらの遊牧国家を育む揺りかごとなったのが，中国の北方にあるモンゴル高原です。中国は地理的に隣り合ったモンゴル高原の遊牧民たちと，しばしば戦うことになります。つまり，ムーランの従軍とは，攻め込んでくる遊牧民と，その侵攻を食い止めようとする中国王朝との長い戦いの歴史の一場面なのです。『ムーラン』というアニメは，ユーラシア史の大きな流れのなかに位置づけることができる壮大なものです。

　さて，これから『ムーラン』の背後にみえる歴史をみていくことにしましょう。とりわけ，アニメでは謎の存在である遊牧民について知っていただきたいと思います。最初に，『ムーラン』は中国を舞台としたアニメだと書きましたが，本当は，もっと広く，アジア，それどころかユーラシアを舞台にしたアニメだということが，わかっていただけると思います。

アニメ『ムーラン』と原作「木蘭辞」

　『ムーラン』の舞台は中華王朝があった頃の中国ですが，その時代がいつなのかアニメのなかで明らかにされてはいません。しかし，その原作にあたる漢詩「木蘭辞(もくらんじ)」の成立は古く，中国史の南北朝時代，5・6世紀にその原型ができあがり，その後，時代を超えて人びとのあいだに伝わっていったと考えられています。そして，北宋(ほくそう)期の11世紀に成立した『楽府詩集(がふししゅう)』のなかに「古詩」としておさめられました。この「木蘭辞」も，やはり少女が父の代わりに徴兵されるという同じ筋立てになっています。やがて，主人公の木蘭は伝説的なヒロインとして語り継がれることになり，ストーリーに改変を加えながら京劇や映画のかたちで現代まで伝わっていて，中国ではだれもが知る物語です。ディズニー映画の『ムーラン』もまた，この「木蘭辞」をモチーフにしています。「ムーラン」とは「木蘭」の現代中国語読みです。

　原作の成立時期からすると，このアニメの舞台は5・6世紀と考えたくなるのですが，実際の歴史を考えるとそうは思えません。劇中に登場するフン人の「フン」とは，中国の歴史書にあらわれる「匈奴(きょうど)」の漢字音写と考えられています。漢語(中国語)には，日本語の仮名のような音

だけをあらわす文字がないため，漢字の当て字をして外国語を表記する必要があります。現代でもアメリカのオバマ大統領が「奥巴馬」と漢字表記されているのと同じやり方です。フンが匈奴だとすると，5・6世紀にはもう集団としての力を失っていたのです。

　そのほか，この時代にはまだなかった火薬を使ったミサイル兵器がでてきたり，16世紀以降の形をした万里の長城がでてきたりと，時代考証という点ではツッコミどころ満載です。時代の雰囲気としては，14～17世紀の明王朝の頃が近い気がしますが，いずれにしろ，その頃にはもうフン人はいません。とはいえ，木蘭の物語自体が時代を超えて語り継がれてきたものですから，さまざまな時代のエピソードが付け加えられて，ごった煮状態になっていてもやむをえないでしょう。そのため，アニメ版を「いつの話」と特定することはあきらめて，とある時代の遊牧民と戦う少女の話，としておきたいと思います。

　そもそも，アニメ『ムーラン』は，「木蘭辞」をもとにしているとはいえ，ストーリーの大部分が「木蘭辞」とは異なっています。「木蘭辞」は，漢詩という性格上，大まかなストーリーしかなく，少女木蘭が父親の代わりに軍隊に入ったこと，10年以上辺境防衛に努めたこと，その働きを皇帝から賞賛され実家に帰ることを許されたことがおもな内容です。大きく異なるのは10年以上軍隊にいたという点ですが，それ以外のほとんどのエピソード・登場人物も，「木蘭辞」をもとにしているとはいえ，映画オリジナルといっていいと思います。ですから，ここではアニメ版に基づいて解説をすることにして，「木蘭辞」は必要に応じて取り上げたいと思います。

アニメ『ムーラン』のあらすじ

　『ムーラン』のストーリーは，万里の長城を越えて中国本土に侵入してきたシャン・ユー率いるフン人を迎え撃つために，全国で臨時の徴兵がおこなわれるところから始まります。ちなみに，このシャン・ユーとは，単于という匈奴の王様の称号で，その現代中国語読みです。匈奴は紀元前3世紀頃に，モンゴル高原で初の大帝国をつくった遊牧民で，単于という称号は，匈奴で用いられた王号です。歴史が好きな方は，匈奴を大国にし，前漢の劉邦を苦しめた冒頓単于の名に覚えがあるのではな

いでしょうか。アニメでは固有の人名のように使われていますが，単于は「皇帝」や「王」と同じように一種の「役職名」です。なお，これはアニメの価値とは関係ないことですが，吹替え版くらい原音にこだわらず，日本でもなじみのある単于になおしてもよかったのではないかと思います。わかりにくいので，ここでは，これから「単于」で統一します。

さて，話を『ムーラン』のあらすじに戻しましょう。全国で徴兵がおこなわれたため，ムーランの父親のファ・ズーも徴兵されますが，彼は以前の戦闘の傷がもとで足が不自由になり，とても戦える状態ではありませんでした。しかし，徴兵の命令は絶対で，ファ家には息子がいないため，彼が兵になるしかありません。その夜，ズーは死を覚悟して兵隊へ行く準備を整えますが，それを見た娘のムーランは，家族が寝静まった夜中に父の武具を身にまとい，馬を連れて家を飛び出すのです。長かった髪を切って男のふりをして。お供には，過去にへまをして降格された，ファ家の元・守り神ムーシューと，幸運のコオロギと勘違いされたただのコオロギ，クリキーがついていきました。こうして，ムーランの冒険が始まります。

ところで，ムーランの姓であるファですが，これは漢字になおすと「花」です。木蘭とは大きな美しい花を咲かせる樹木，モクレンのことですから，なかなかかわいらしい姓名です。原作の「木蘭辞」には彼女の姓が登場しませんが，語り伝えられるうちに「朱」や「魏」などのさまざまな姓がつけられるようになり，「花」の姓は少なくとも16世紀には確認できます。やはり伝説のヒロインに姓もないのは不都合だったのでしょう。「花」という優雅な姓に命名者のセンスを感じます。

ムーランは，たどり着いた徴兵先の駐屯地で隊長のリー・シャンに出会います。ムーランが女性であることがばれると軍では死刑になりますので，ムーランはピンという偽名を使って切り抜けます。そして，ムーランは一緒に徴兵された寄集めの兵士たちとともに，リー・シャンの厳しい訓練に耐え，立派な兵士に成長していきます。

訓練を受けたムーランは，ついに出撃の日を迎え，先にフン人との戦いに向かったリー・シャンの父，リー将軍の正規部隊を追いかけて行軍していきます。しかし，向かった先の雪山の峠で見たものは，無残に全滅したリー将軍の部隊でした。リー将軍も戦死したことを知ったリー・

シャンは，都へと向かうフン人の追撃を決定します。そして，ついにムーランたちは，無数の騎馬隊を従えた単于の軍団と対決します。このシーンで，雪のなか騎馬軍団を従えて突撃してくる単于の迫力は，一見の価値ありです。

　正規兵の部隊でも一蹴された単于の軍団に，寄集め部隊が立ち向かいます。絶体絶命の場面でしたが，ムーランがとっさの機転で雪崩を起こし，単于の軍団を壊滅させます。この勝利でムーランはリー・シャンからの信頼を得ますが，直後に女性であることがばれてしまいます。死刑こそまぬかれますが，ムーランは部隊から追放されてしまうのです。

　ところが，壊滅したはずのフン人の軍団のなかで，単于とその側近だけは生き残っており，都に潜入して中国皇帝の命を狙います。単于たちは皇帝を捕らえ，宮城に立てこもって降伏を迫りますが，すきを突いて宮城へ入ったムーランたちに敗北することになります。どう考えても宮城の守りが薄すぎるだろう，というツッコミはさておき，人間離れした怪力を発揮する単于と，それをかいくぐりながら知恵で危機を乗り越えるムーランの殺陣が見どころです。

　こうして，ムーランは単于の脅威から国を救い，皇帝から褒美の品をもらってふるさとへ帰ります。そこには，庭でぽつねんと娘の帰りを待つ父の姿がありました。父娘は感動の再会をし，やがて，ムーランに想いを寄せるリー・シャンも庭にあらわれて，物語は大団円を迎えます。

フン人の生活

　このように，アニメ『ムーラン』の物語の軸になるのは，北方から中国に侵攻してくる遊牧民のフン人と，その侵攻を食い止めようとする女兵士ムーランたちとの戦いです。では，彼らと遊牧民はなぜ戦うのでしょうか。このことの意味を理解しないと『ムーラン』を深く理解することはできません。

　主人公のムーランは，フン人の単于と戦うわけですが，そもそも，なぜフン人は中国に侵攻してくるのでしょうか。はじめから彼らが攻めてこなければ，ムーランは男のふりをしてまで戦う必要もなかったわけですから，フン人侵攻の理由は物語を成り立たせる重要なポイントになります。そこで，フン人，というよりも遊牧民一般について，どんな人た

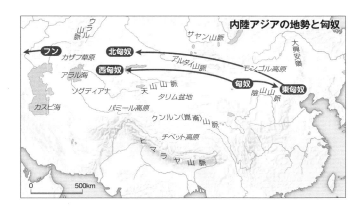

ちなのかをみていこうと思います。

　遊牧民は，西は北アフリカからユーラシア中央部にかけての草原地帯に幅広く分布していた牧畜民です。なかでも，北アジアのモンゴル高原は草原がもっとも豊かであるため，巨大な遊牧国家が誕生する地域でした。また，現在でも遊牧民が数多く生活しています。モンゴル高原は，人が住みにくいゴビ沙漠をはさんで北モンゴルと南モンゴルに分かれています。歴史的経緯から，現在は北モンゴルがモンゴル国に，南モンゴルが中華人民共和国内蒙古自治区になっていますが，地理的には南北ひと続きでモンゴル高原と考えるべきです。それどころか，もっと南の，北中国（華北）の一部までモンゴル高原とひと続きであると考える意見もあります。モンゴル高原と北中国には，大きな環境の差がなく，北中国にも遊牧可能な地域があるからです。そうした地域では，農耕民と遊牧民が混在して生活しています。つまり，遊牧民主体のモンゴル高原から，遊牧・農耕の混在地帯を経て，農耕民主体の中華世界になっていくのです。

　最初にもふれたように，北モンゴルは，モンゴル人のチンギス・ハンの生まれ故郷です。大帝国をつくったモンゴル人のふるさとだからこそ，この地はモンゴルと呼ばれているのです。ですから，モンゴル帝国以前には，ここは「モンゴル」とは呼ばれていませんでした。代わりに，ゴビ沙漠の南北にある草原地域ということで，「漠北」「漠南」という呼び方が中国の歴史書のなかでみられます。とはいえ，いまのところは一般的に知られている現在の地名，「モンゴル高原」の名前で呼んでおきた

いと思います。

　モンゴル高原は，年間降水量が少なく乾燥しているので，森林ではなく草原が発達しています。こうした草原地帯は農耕に適さず，代わりにヒツジなどの家畜に頼る牧畜が広まりました。彼らは農耕をしないので穀物はあまり食べず，屠殺（とさつ）した家畜の肉か，家畜の乳からつくった乳製品が主食です。ヒツジは毛からフェルトをつくることもできますし，ウシの糞（ふん）は大きくてよく燃えるため燃料に適しています。もちろん，皮は皮革製品になります。このように，遊牧民の先祖は，生活必需品の多くを家畜から得る生活を草原で始めたのです。

　しかし，同じ場所でずっと暮らしていると，家畜が草を食べつくして草原が荒れていきます。そこで，持運びができるテント式の住居に住み，家畜を連れて定期的に居住地を移動する牧畜のスタイルが誕生します。それが遊牧です。遊牧民はおのおの遊牧する範囲，いわば自分の縄張りをもっていて，その縄張りの範囲内を移動します。移動のタイミングも決まっていて，季節ごとに気候に見合った地形を選んで移住します。夏には水が豊富で広々とした草原で暮らしますが，冬は寒さが厳しく，マイナス20度以下になることもありますので，冷たい北風を避けられる山の南斜面の谷地に移り住みます。この季節ごとの移動を自分の縄張りの範囲内でおこなわなければいけませんから，自然と毎年同じコースを周回移動することになります。遊牧民というと，風の向くまま気の向くままに移動を繰り返している人びとと思われるかもしれませんが，実際には決まったコースを1年かけてぐるぐるまわっているだけなのです。

　遊牧民は，移動生活をおこなうことで草原が荒れるのを防いでいますが，一方で，ある程度家畜に食べられ踏まれた草原は，まったく家畜のいない草原より豊かになっていきます。そのため，遊牧の生活とは，自分たちの生活の糧（かて）である家畜を養いながら，同時に草原を守り育てる暮らしだといえるでしょう。現代風な言い方をすると，それは「エコ生活」ということになるかもしれません。

　このようなエコ生活を継続して送るためには，家畜が草原の草を食べつくさないことが大事です。そのためには家畜の数と人口を適正に保つ必要があります。人口が増えていくと家畜の数も増えていき，草原が荒れるからです。そうなると，増えすぎた人口を離れた草原に移して適正

な数を保ちます。一カ所に人が集住することがなかなか難しい環境で，つねに遊牧民はギリギリの家畜と働き手で生活しているといえるでしょう。そのため，遊牧民はいつも家畜不足・人手不足になりやすい生活を送っているのです。

なぜムーランは戦うのか？

　ここまでみてきたように，フン人に代表される遊牧民は，厳しい環境になんとか適応しながら生活していました。では，そんな遊牧民とムーランたち中国人は，なぜ戦わなければならなかったのでしょうか。それは，しばしば遊牧民が軍事機動力を生かして中国へ略奪に来ていたからです。

　ひとつずつ説明していきましょう。まずは彼らの軍事力についてです。遊牧民は，生活のために数百頭から多いときには千頭以上のヒツジを一家族で飼いますが，その群れの管理は人がおこないます。そのため，少人数でなるべく多くのヒツジを管理できるように，乗馬の技術が発達しました。馬自体も，草原を走りまわって生活するためスタミナにあふれた馬が産出されました。現代の競走馬のように短距離のスピードが速い馬が良馬なのではなく，長距離を走っても疲れないスタミナをもった馬が良馬なのです。さらに，飼っている家畜だけではタンパク源が不足するため，狩りに行くことも多かったのです。草原は意外に動物の種類や数が多く，リス，キツネ，ウサギ，ノネズミなどが生息しています。遊牧民はこれらの動物を馬に乗ったまま追いかけ，弓で狩っていました。揺れる馬上から逃げまわる動物に矢を当てるのはとても難しい技術ですが，遊牧民はこれを子どもの頃から日常的におこなっているので，ほとんどの人が習得しています。そして，弓を射る相手が動物から人間になれば，これはそのまま軍事技術になります。産業革命以前には，馬は陸上でもっとも速い乗り物ですから，遊牧民は，長距離を走っても疲れない世界一速い乗り物で走りまわり，弓矢で次々と兵士を倒していく恐るべき軍事集団だったわけです。

　この機動性に富んだ軍事力を生かして，遊牧民は毎年秋に北中国へとやって来ては家畜や人を略奪していました。なぜ秋なのでしょうか。秋は草原の草が実をつけるので，家畜が一番肥えて体力のある時期です。

しかも、あとには長く厳しい冬が待っています。冬が厳しすぎると、飼っている家畜が大量に死んで遊牧生活が成り立たなくなってしまうこともあります。というのも、家畜は穀物と違って、死んでしまうと長期保存ができません。ですから、遊牧民はどれほどたくさんの家畜を飼っていようと、一度の冬の寒さで家畜が全滅し、一文無しになるかもしれないという不安定さのなかを生きていたのです。また、人口がギリギリの数なので、家畜がいてもそれを管理する人がいつも不足します。そこで、北中国で人や家畜を略奪していくわけです。さらわれた人びとは、そのまま遊牧に従事する場合もあれば、モンゴル高原にもわずかにある農耕可能地帯に集落をつくって定住し、農業や工業、商業に携わる場合もありました。

　遊牧民にとっては、いつでも安定して家畜や人がいる中国は、ある意味では安心を与えてくれる場所だったはずです。言い方は悪いですが、いざとなればここを略奪すれば死なずにすむわけです。しかし、そうしなければ生き残れない過酷な生活環境だともいえます。

「線」と「点」の万里の長城

　こうして、厳しい冬を乗り切るために、秋に北中国で略奪をおこなうのが遊牧民のお決りのパターンになりました。しかし、襲われる中国側にとってはたまりません。そこで、襲撃を防ぐための備えが必要になります。これが、北中国に「万里の長城」が築かれた理由です。中国王朝は遊牧民の侵入を防ぐため、いつもたくさんの守備兵をおき、要塞を築かなければいけませんでした。こうした万里の長城は、紀元前4世紀後半、中国史の区分でいうと戦国時代につくられるようになったといわれています。この頃に、モンゴル高原で遊牧国家ができ始めたからです。

　とはいえ、戦国時代は、中国内部が7つの大国を中心に争い合っていた時代ですから、それぞれの国が個別に長城をつくっていました。こうしたバラバラの万里の長城をひとつにつなげたのが、紀元前221年に中国を統一した秦の始皇帝です。これ以降、万里の長城は遊牧民との争いの頻度によって、すたれてはまたつくられました。その一方、モンゴル高原まで支配した7・8世紀の頃の唐や、そもそもモンゴル高原から登場したモンゴル帝国の元の時代には、長城自体つくられませんでした。

また，12・13世紀に東北アジアで建国し，北中国を支配したツングース系女真の金の時代には，長城は現在のものよりはるか北方，南モンゴル北部につくられました。このように，万里の長城自体が時代ごとの状況に応じてさまざまなつくられ方をしつつ，現在に残る姿になりました。

　現在の万里の長城は，16世紀の明代につくられたもので，それ以前の長城とは根本的に異なっていることに注意が必要です。この明代の長城は，東西6000キロにおよぶ，レンガで覆った壁の連なりで，文字通り防衛「線」になっています。しかし，それ以前には，拠点となる城塞を一定間隔に設置して大量の兵士たちをおき，遊牧民の侵攻があればそれらの兵が迎撃しました。そして，肝心の壁は，土を盛って固めたものを必要な場所にだけ設置するという補助的な扱いでした。つまり，守備の要は壁よりも城塞という「点」の防御にあったのです。「点」から「線」へ，発想そのものの転換が起こったのが16世紀で，これ以降，以前ほど多くの兵を長城線に張りつけておかなくてもすむようになりました。原作「木蘭辞」が書かれたのは，当然，この発想の転換以前のことで，木蘭は徴兵されてから10年以上長城の守りについていました。アニメの『ムーラン』のように，ムーランが行軍してフン人と戦ったわけではなかったのです。

　また，万里の長城があるからといって，その南側にまったく遊牧民が住んでいないかというと，そうともいいきれないことも忘れてはいけないポイントです。なぜなら万里の長城は，中国定住民とモンゴル遊牧民の両者が混在する地域につくられるため，その南側であっても遊牧ができる草原が多くあるからです。しかも，遊牧民は圧倒的な軍事力をもっているので，中国王朝側も自分の軍隊に遊牧民を加えています。そのため，遊牧民であってもモンゴル高原の遊牧国家に属さず，中国王朝に属している者もいるのです。その場合，遊牧民が侵入してきたときには迎撃部隊に駆り出され，遊牧民が遊牧民の侵入に対して戦うことになります。反対に，すでに述べたように中国本土の定住民がモンゴル高原に住んで農業や工業に従事している場合もあります。もちろん，大まかな人口比でみれば，定住民と遊牧民の居住地は，モンゴル高原と中国本土で区分されますが，細かく実際の歴史場面をみていくと，定住民と遊牧民とが万里の長城を境目に，完全に分かれて暮らしているわけではないの

です。

ムーランが戦わないために

　これまで，なぜフン人が中国に侵入してくるか，ムーランがなぜ戦う必要があるのか，という点を説明してきました。しかし，読者の皆さんは，やっぱり遊牧民は定住民から物を奪っていく「強盗」の「極悪人」ではないか，と思われたかもしれません。たしかに，遊牧生活は物資不足に陥りやすいという特徴をもっているうえに，自給自足が難しいという弱点ももっています。例えば，自分たちで一部の日常必需品や，あるいは複雑な武器などを生産することができません。そのため，さらってきた人につくらせるなどの，奪ってくるという発想が生まれるわけですが，そうはいってもいつも略奪を働く無法者というわけではなく，貿易という方法で，平和的に物資を手に入れるのが普通です。つまり，ムーランが戦わずにすむためには，中国王朝と遊牧国家とのあいだで貿易をすればいいのです。

　遊牧民であっても，できるなら貴重な人材を失う戦争はしたくありません。それならば，必要な品物を戦争で略奪してくるのではなく，貿易で買ってくるほうがよほど賢いやり方でしょう。

　一方の中国王朝側も，どこから侵入してくるかわからない遊牧民の攻撃を防ぎ切ることは至難のわざでした。かといって，モンゴル高原へ遠征して遊牧民を倒すことはもっと困難で，長い中国王朝の歴史でも，実際にこうした遠征がおこなわれたこと自体，ほとんど例がありません。

たとえ遠征がおこなわれても，大きな成果をあげられるのは珍しいことでした。遊牧民は広大な草原を逃げまわりながら歩兵に深追いをさせ，疲れはてたところを狙って反撃し，大打撃を与えました。この戦法はほぼ無敵だったため，中国王朝は遠征自体，おこなうことを無駄だと考えていたのです。とすると，中国王朝側からすれば，いつ攻めて来るかわからない遊牧民のために多額の防衛費用を使うよりは，多少損をしたとしても貿易ですませたほうが結果的に安上りなのです。そこで，戦争を回避する手段として，両者のあいだでしばしば貿易がおこなわれました。

　遊牧民が売ることのできる商品として，馬があります。すでに説明したように，草原で産出されるのはスタミナの豊富な良馬であり，馬は当時地上をもっとも速く走ることができる乗り物でした。そのため，この良質な馬は，中国王朝にとってのどから手がでるほどほしい「軍事兵器」で，さかんに輸出されました。紀元前2世紀に前漢の武帝は，はるばる中央アジアのフェルガナ（大宛，現在のキルギス共和国）まで，「汗血馬」と呼ばれる名馬を手に入れるため遠征軍を派遣しました。

　一方，中国本土から売りに出される産品としては，絹製品がありました。絹の原料をつくるカイコ蛾は中国原産なので，絹は中国の特産品のひとつであり，宝石なみの高級品として周辺地域に輸出されました。遊牧民たちも絹を珍重したため，遊牧民の馬と中国本土の絹による貿易がたびたびおこなわれました。これを「絹馬貿易」といいます。

　遊牧民たちが絹をほしがったのは，絹が軽くて価値が高いものだったからです。遊牧民はその生活の不安定さから，家畜以外の貯蓄をしておくことが望まれます。しかし，移動生活の邪魔になるような安くて重い物を貯めるわけにもいきません。そこで，少量でも価値の高い宝石や，遠い外国の珍品などが好まれました。ですから，軽くて宝石なみの価値があった絹製品は，貯蓄の条件にぴったり合う商品だったわけです。いざとなれば，これらの高級品をさらに転売して，家畜などの必需品を買ったのでしょう。

　ただし，遊牧民が買い求めたのは絹製品だけではありません。東トルキスタンのコータンから運ばれた宝石の玉，西アジアのイランからはガラス製品や金銀貨，北方のシベリア森林地帯からは高級毛皮や琥珀，南方の熱帯地方からは香料など，東西南北のありとあらゆる高級品が草原

に運ばれました。

　このように遠く離れた産品を遊牧民が入手することができたのは，モンゴル高原が「シルクロード」の一部に含まれていたからです。シルクロードとは，ユーラシア大陸の東西南北を行き来する，網の目のように張りめぐらされた貿易ネットワークのことです。11・12世紀以後には海上路も利用が盛んになりますが，それ以前には陸上路がおもに利用されました。陸上を運ぶ際には，ラクダや馬などの家畜の背に乗せて長距離を運ばなければならないため，重くて安い物では利益があがりません。そこで，なるべく軽くて高級な物が売買されて各地へ運ばれたのです。その主要商品のひとつが，シルクロードという名称にもあるとおり絹製品です。しかし，なにも絹だけがやりとりされていたわけではなく，先にあげたさまざまな商品がやりとりされていたことは，誤解してはいけない点です。

　モンゴル高原を含む草原地帯にも，シルクロードの一部として各地の産品が到来しました。その際，遊牧民が実際の商業に携わったのではなく，長距離貿易のノウハウとネットワークをもった商人たちが，売買と物流を担っていました。陸上貿易で有力だったのは，中央アジアのイラン系ソグド人です。ソグド人は各地に集落をつくり，その集落を拠点にして長距離貿易をおこなっていました。ちょうど，現代の中国商人が，各地のチャイナタウンを拠点にして貿易をしているのと似ています。モンゴル高原と中国本土との貿易もソグド人が仲介していて，両方に拠点をつくり，両方の政権と関係をもちながら貿易をおこなっていました。

　このような貿易は，8世紀後半からさらに大規模な取引きになります。当時，モンゴル高原を支配していたトルコ系遊牧民のウイグルが，唐の国家存亡の危機となった安史の乱の鎮圧に協力したため，ウイグル優位の国際貿易をおこなう権利を唐から得たためです。その結果，ウイグルは唐と大規模な絹馬貿易をおこない，利益をあげました。この頃になると，ソグド商人はウイグル人のなかに溶けこみ徐々に消えていきますが，その貿易のノウハウはソグド商人に代わってシルクロード貿易を独占したウイグル商人に継承されていきます。

　10世紀に登場したモンゴル系遊牧民の契丹（遼）になると，宋とのあいだに国家間の盟約「澶淵の盟」を結びます。この盟約によって，当時と

しては発想自体が画期的だった国境線が引かれて，遊牧民の侵攻がほとんどなくなりました。その代わり，宋は毎年，契丹に銀や茶などのさまざまな産物をプレゼント（歳幣）と称して差し出さなければなりませんでした。このプレゼントを出し渋ると，契丹の大規模な侵攻が待っていましたから，断ることができませんでした。一方，契丹側も，宋から送られてくる物資によって国がうるおっていたため，宋からの物資に頼るようになります。つまり，中国王朝側は平和を金で買っており，遊牧国家側は経済的な基盤を中国から得ていたことになります。こうしたもちつもたれつの関係が，その後も断続的に続きました。

　宋の時代以降には，ムーランのような命がけで戦う兵士がまったくいなくなる，とはいわないまでも，減少していたことに間違いないでしょう。遊牧民は，アニメ『ムーラン』の単于のように，侵攻の理由を「万里の長城を中国がつくってわれわれに挑戦してきたから」と言ってしまうような好戦的な人びとでは決してなく，彼らも平和共存の関係を構築しようと努力していたのです。

フン人は中国皇帝を殺すか？

　さて，ここまでの説明を読んで，ひょっとしたら読者の皆さんは疑問をいだかれたかもしれません。つまり，「これだけ強い遊牧民なら，どうして中国皇帝を倒して直接中国を支配しないのだろう？」という疑問です。アニメ『ムーラン』でも，フン人の単于が宮城に忍び込んで皇帝を殺そうとするシーンがあります。アニメではムーランたちが皇帝を救いますが，もし皇帝が殺されてしまったらどうなっていたでしょう。単于は中国を支配することになったのではないか，と皆さんは考えるかもしれません。本当はそれが単于の目的だったと。

　ところが，実際の歴史を眺めてみると，遊牧民が征服のために中国本土へ攻め込んだ例は多くありません。とくに，10世紀以前には，まったくないといってもいいくらいです。なぜなら，遊牧民にとって中国農耕地帯の人びとは，人口も多いし，畑を耕すし，何より1年を通じて同じ場所に住みつづけるし，という「奇妙な」人びとでした。お互いに文化があまりにも違いすぎていたので，感覚としては「火星人」を支配するようなものだったと思います。遊牧民としては，それほど異なる人びと

を直接支配するのはめんどくさいのでやりたくない，必要なものさえ手に入るなら，そのまま放っておいてもかまわない，というのが本音だったはずです。

　とはいえ，遊牧民が中国で国をつくった例もあります。原作の「木蘭辞(しゃ)」がつくられるよりも前の1世紀には，紀元前からモンゴル高原の覇者であった匈奴が，分裂を繰り返して弱体化し，一部の集団が北中国へと移り住みました。その後，3・4世紀からはユーラシア規模で起こった気候の寒冷化の影響もあって，さらにたくさんの遊牧民がモンゴル高原から北中国へと移住しました。そのなかで鮮卑(せんぴ)が主導権を握って北中国に北魏(ほくぎ)を建国し，以後，6世紀から7世紀初頭にかけて，分裂と併合によって東魏(とうぎ)・西魏(せいぎ)・北斉(ほくせい)・北周(ほくしゅう)・隋(ずい)・唐と，国家がめまぐるしく移り変わっていきます。しかし，これらの国家はすべて，皇帝一族が鮮卑の血統を受け継いだ国だとされています。

　このように，遊牧民が中国で新たな国家をつくる時代を迎えたわけです。しかし，その際にも遊牧民たちは，それまで中国王朝でつくられてきた制度を取り入れて支配せざるをえなくなり，遊牧民本来の国家体制が徐々に変わっていったといわれています。この頃の遊牧民は，まだ中国農耕地帯を支配するノウハウをもっておらず，相手のやり方に合わせなければ支配ができなかったのです。遊牧民が近寄りたがらなかったのも当然といえるでしょう。

　しかしながら，中国本土がモンゴル高原より経済的に豊かなのは一目瞭然なので，10世紀以後になると，遊牧民たちは次々に中国本土へ進出するようになりました。10・11世紀の契丹(遼)は，北中国の「燕雲十六州(えんうん)」と呼ばれる地域を支配しました。しかし，そのやり方は，遊牧民には遊牧民伝統の統治方法，農耕民には農耕民伝統の統治方法，と両者をきっぱり分けてしまうもので，「二重統治体制」と呼ばれています。この方式は，12・13世紀に北中国の大半を支配した女真の金も踏襲しました。両者を分けなければならないほど，遊牧民と農耕民は違いが大きいということでしょう。

　最終的に，中国どころかユーラシア大陸のほとんどの農耕地帯を支配することに成功したのが，13・14世紀のモンゴル帝国です。モンゴルは，国の体制をほとんど変えることなく農耕地帯を支配していきました。モ

ンゴル帝国にとって，もはや中国を含む農耕地帯はやっかいな地域ではなくなっていたわけです。

このように，遊牧民は長い時間をかけて徐々に農耕地帯の支配に熟練していきました。ですから，モンゴル帝国の時代ならともかく原作の時代設定に従うなら，フン人が中国皇帝をわざわざ殺すようなことはありえないといっていいでしょう。一国の君主を殺し，その国を滅ぼしてしまったら最後，征服者はその国の民を統治する「義務」を負うことになり，面倒なことになります。戦争で相手を倒したらハッピーエンドというのはアニメやゲームの世界だけの話であって，現実にはそこからが本番といってもいいくらいなのです。この点はディズニーの国にも理解してもらえたらと，一個人としては思います。

フン人は雪山で裸か？

アニメ『ムーラン』のなかで，単于率いるフン人が雪山を進軍して，ムーランたちの部隊と交戦するシーンがあります。この雪山のシーンは突進してくる単于の迫力とあいまって，ハラハラする名シーンですが，物語の進行とまったく関係ないところが妙に気になります。フン人の兵士のなかに，上半身裸の人物が何人もいるのです。しかも彼らは，一度は雪に埋もれるのに平然とはいでてきます。

雪が深く積もった山中ですから，当然気温は0度前後。そのなかで裸です。フン人だって人間ですから，雪山で裸はさすがにありえません，などというと，そんなあたりまえのことで子ども向けのアニメに目くじら立てるなよ，とあきれられそうですが，裸という表現がでること自体に問題があります。裸というのは「野蛮」の表現であり，フン人の未開性，野蛮性を示していると思われます。そもそも，単于をはじめフン人の兵士たちはいかにも悪人ぞろいといったおもむきで，捕虜をわざわざ解放したあとに弓で射殺すシーンなど，野蛮な殺人狂という印象を強く焼きつけます。

しかし，繰り返しいうようですがフン人も人間なので，意味もなく殺人を好んだりすることはないでしょう。すでに述べたように，遊牧民の社会ではつねに働き手が不足していますから，捕虜を無駄に殺すようなことはせず，草原に連れ帰って働かせたはずです。農耕民を草原に連れ

てくるというのは，これはこれで「人さらい」ですが，働き手を確保したいという欲求は理解できます。

　要するに，フン人が意味もなく殺人を犯すという描写は偏見でしかないということです。これは，ムーランのかたき役を野蛮な極悪人にして，わかりやすい勧善懲悪の構図をつくろうというディズニーの意図だと思いますが，じつは歴史上でも遊牧民はしばしば「野蛮人」として扱われてきました。中国の歴史書のなかには，遊牧民についての記録で「性格は残忍」と決めつけて書いているものもあります。これには，遊牧民が定期的に攻め込んでくるという恐怖心が背景にあるのはもちろんですが，もうひとつ，中国王朝の「華夷思想(かい)」が原因となっています。

　華夷思想とは，簡単にいってしまえば，中国で生まれ育ち，その文化を身につけている人が「華」であり文明人，反対に，中国の外に住み，中国文化と異質な人びとは「夷」であり野蛮人という思想です。この思想に従えば，中国以外の人びとはみな野蛮人で，われわれ日本人もやはり野蛮人ということになります。このような，自分たちを「文明」，その他を「野蛮」と区分けするやり方は世界中に一般的にみられることなので，これ自体をとやかくいう気はさらさらありません。ただ，遊牧民の場合不幸だったのは，戦争で中国側が被害者になることが多く，生活文化も中国本土の農耕民とまったく違っていたため，いっそう悪く書かれることが多かっただろうという点です。突然襲ってきたり，自分たちに理解できない生活習慣をもったりしている人びとに対して，恐怖を覚えるのはやむをえないことかもしれません。そのため，遊牧民に対する恐怖のイメージが，「性格は残忍」といった偏見を生み，その偏見がさらに恐怖感をあおっていくという悪循環があるように思います。アニメ『ムーラン』のフン人のイメージも，遊牧民に対する偏見を助長するという点では，中国の歴史書と変わらないのです。

偏見なく『ムーラン』を見るために

　アニメ『ムーラン』を題材に，ここまで遊牧民と中国との関わりをみてきました。中国を題材にしたアニメなのに，あえて敵側の遊牧民のことを中心にしたのは，遊牧民には遊牧民の立場があること，その立場を知っておけば，偏見なくアニメを見ることができるということを理解し

ていただきたかったからです。

　遊牧民が中国に侵攻するのは，略奪によって必要な生活物資を得るためです。それも，非常手段である場合が多く，中国王朝との関係が良好な時代には，貿易がさかんにおこなわれました。中国王朝側も，遊牧民が経済的な理由で攻めてくることを知っていましたから，盟約を結んで経済援助をおこない，余計な軍事衝突を避けるようになりました。つまり，相互交流が盛んである限りは遊牧民が中国本土に侵攻することはなく，それがうまくいかなくなったときに，物資調達や，援助を引き出す脅しのために軍隊を出していたわけです。

　このように，遊牧民の立場に立ってみれば，侵攻にそれなりの事情があったことがわかります。にもかかわらず，アニメ『ムーラン』のフン人は中国を侵略する野蛮人として描かれていて，そこには明らかな偏見が含まれています。何も知らずに『ムーラン』だけを見たとしたら，おそらくフン人に対して恐怖心をいだき，野蛮な悪人集団と誤解してしまうことでしょう。そうならないためには，見る側がきちんと正しい知識をもち，偏見のある描写に飲み込まれないように努力することが重要だと思います。もちろん，『ムーラン』の場合でいえば，本来ならばフン人に関する知識だけをもっても不十分で，中国史に対しても正しい知識をもたなければ，公平な見方はできないでしょう。

　そうした正しい知識を身につけるために，さまざまな視点から文化・歴史を学ぶことは大きな意味があるように思います。ここ最近，ちまたでは偏見に満ちた主張がめだつようになりました。そうした主張に無批判に賛同する人たちも多くなっています。しかし，その主張に飲み込まれてしまう前に，その危うさを見極める正しい知識をもちたいものです。アニメ『ムーラン』のフン人の描かれ方は，私たちに文化・歴史を学ぶ重要性を教えてくれているように思います。フン人側の戦う理由や立場を知ることで，ムーランとフン人両者の視点に立ってこのアニメを楽しめるのではないでしょうか。

齊藤茂雄

参考文献

DVD『ムーラン』パイオニアLDC，1999
石川忠久編「木蘭詩」『漢魏六朝の詩　下』明治書院，2009
尾形勇・岸本美緒編『新版世界各国史3　中国史』山川出版社，1998
金岡秀郎『モンゴルを知るための65章』明石書店，2012
小松久男編『新版世界各国史4　中央ユーラシア史』山川出版社，2000
来村多加史『万里の長城　攻防三千年史』（講談社現代新書）講談社，2003
阪倉篤秀『長城の中国史――中華vs.遊牧　六千キロの攻防』（講談社選書メチエ）講談社，2004
杉山正明『遊牧民から見た世界史（増補版）』（日経ビジネス人文庫）日本経済新聞出版社，2011
松田壽男『アジアの歴史――東西交渉からみた前近代の世界像』（岩波現代文庫）岩波書店，2006

※なお，アニメ『ムーラン』には，日本では劇場未公開の続編『ムーラン2』もある。日本語版のDVD（ブエナ・ビスタ・エンターテイメント，2004）もあるので，興味のある方はご覧いただきたい。

第2章 アラジン
海のシルクロードと
アラビアンナイト

原作 ●「アラジンと魔法のランプ」

身近にあふれるアラビアンナイト

　ディズニーシーのようなテーマパーク，現在人気の漫画『マギ』や『ドラえもん』といった，マンガ，アニメ，テレビゲーム，そしてお店の名前や宝塚歌劇団の演目に至るまで，私たちの周りにはアラビアンナイトを題材にしたものがあふれています。アラジンやシンドバッドといった人物，魔法のじゅうたん，魔法のランプとその魔神（精）などの有名どころは，物語を直接読んだり，見たりしていなくても知っていると思います。そしてそれらは，私たちがもつイスラームや中東世界のイメージともしばしば結びついています。

　中東生まれのこの物語は，日本では『アラビアンナイト』または『千一夜（千夜一夜）』として知られていますが，アラビア語の原題は『千一夜（アルフ・ライラ・ワ・ライラ）』です。「アラビアンナイト」という名称は，1706年に出版された『アラビアンナイト・エンターテインメント』という英語訳本から広まった意訳です。

　ここで取り上げる『アラジン』は，アラビアンナイトのなかの「アラジンと魔法のランプ」を原作にしたアニメーション映画です。1991年の湾岸戦争で中東に注目が集まった翌年の92年にディズニーによって公開され，主題歌の「ホール・ニュー・ワールド」とともに世界中で大ヒットしました。ディズニー制作の『アラジン』には，のちに制作された続編ビデオやテレビアニメシリーズもありますが，ここではアニメ映画の『アラジン』だけを取り上げます。それでは最初に，アニメ『アラジン』のあらすじをみてみましょう。

アニメ『アラジン』のあらすじ

　「神秘の都」アグラバーに住む，貧しくも，知恵・勇気・優しさをもつ少年アラジンは，生きるためにときに盗みをおこないながらも，相棒のサル，アブーと一緒に暮らしていました。ある日，アラジンは王宮か

ら抜け出して市場でトラブルに遭遇していた王女ジャスミンを助けたことをきっかけに，彼女と心を通じ合わせます。

　王位を狙う魔法使いで国務大臣のジャファーは，アラジンこそが手に入れたい魔法のランプが眠る砂漠の洞窟に唯一入ることができる人物だと知り，アラジンを捕らえて洞窟に向かわせます。アラジンは，洞窟のなかで魔法のじゅうたんと出会い，魔法のランプを手に入れますが，ジャファーは洞窟の入り口で魔法のランプを受け取ると，その場でアラジンを殺そうとしました。アラジンはからくもこれから逃れたものの，洞窟内に閉じ込められてしまいます。しかし，アブーがジャファーからかすめ取っていた魔法のランプをアラジンがこすると，ランプの魔神ジーニーが出現し，彼の力でアラジンたちは洞窟から脱出することができました。

　ジーニーの主人となったアラジンは，3つの願いをかなえる権利を得ます。アラジンは，法律で王子としか結婚できないジャスミンとの恋をかなえようと，願いによってアリ・アババア王子に変身して王宮へ向かいます。一方，ランプの入手に失敗したジャファーは，スルタンの称号をもつ王様に魔法をかけてジャスミンとの結婚と王位を狙いますが，王様は王宮に着いたアラジンを気に入ります。その夜，アラジンとジャスミンは魔法のじゅうたんで世界をまわり，仲を深めます。ジャファーは目ざわりなアラジンを暗殺しようとしますが，ジーニーがアラジンの危機を救い，陰謀をあばかれたジャファーは失脚します。

　ジャスミンとの結婚が国中に知らされるなか，アラジンは王子の身分をいつわり，ジャスミンたちをだましていることに不安を覚えます。アラジンをさそい出したすきに魔法のランプを手に入れたジャファーは，願い事によって王様に取って代わるだけでなく，世界一の魔法使いになります。アラジンはジャファーによって本当の姿をあばかれたうえに，雪山に飛ばされてしまいましたが，魔法のじゅうたんで王宮へ戻り，ジャスミンと協力してジャファーと対決します。ジャファーの力の前に窮地に陥るアラジンたちでしたが，ジャファーを挑発し，ジャファーに「最強のジーニーになる」という3つ目の願いをさせます。この願いによって新たなジーニーとなったジャファーは，魔神としてランプに閉じ込められてしまいます。こうしてジャファーがかけた魔法は解け，王様

やジャスミンもジャファーの支配から解放されました。

　アラジンは自分の3つ目の願いで，ジーニーを自由にすることを選びますが，アラジンが王子の素質をもつと認めた王様は，王女自身が認めた人物と結婚できるように法律を変えます。こうしてアラジンとジャスミンは結ばれ，友情で結ばれたアラジンとの別れを惜しみつつも自由となったジーニーは旅立ち，物語は大団円で終わります。

『アラジン』は『アラビアンナイト』の作品ではなかった？

　アニメ『アラジン』は『アラビアンナイト』に収録されている「アラジンと魔法のランプ」をもとにしていますが，それを忠実にアニメ化したわけではありません。また，一口に『アラビアンナイト』といってもじつはさまざまな種類があります。

　『アラビアンナイト』の存在を示す最古の文字資料は，9世紀に亜麻紙に書かれた写本の断片で，これによって当時，『千夜の物語を含む書』というタイトルの本があったことがわかっています。紙は8世紀に中国からイスラーム世界に伝わったとされ，9世紀末のイラクのバグダードでは100カ所以上の製本所があったとされます。エジプトのカイロで発見された写本群（ゲニザ文書）には，12世紀のエジプトのカイロで『千一夜』が貸し出されていたという記録があり，ここで「千一夜」というタイトルが登場します。当時，具体的にどんな物語が何話入っていたのかはわかりませんが，インド，ペルシア，ギリシア，古代オリエントなどの物語をもとにして，中東のさまざまな話が追加され，9世紀頃までには『アラビアンナイト』の原型ができたとされます。

　『アラビアンナイト』は，中東の知識人からは正統派・主流派の古典文学とはみなされず，中東での『アラビアンナイト』に対する文学作品としての評価はそれほど高くありませんでした。しかし，近年では民族文化としての再評価や観光への活用がなされています。

　中東生まれの『アラビアンナイト』を「再発見」して世界的に有名にしたのは，じつはヨーロッパ人です。中東を訪れたフランス人東洋学者アントワーヌ・ガランが，15世紀頃のものとされる，現時点で最古の『アラビアンナイト』の写本を手に入れたことがその始まりです。彼はそれをフランス語に翻訳し，全12巻の『千一夜』として1704年から17年

にかけて出版しました。ガランの出版した『千一夜』はベストセラーとなり，ガラン版はさらにヨーロッパ各地で翻訳・出版されて『アラビアンナイト』ブームが起きます。そこには，エキゾチックで不思議な中東世界の物語がもつ魅力と，中東など東方世界に進出するヨーロッパ世界が現地の社会・文化にいだいた関心がありました。しかし，当初ガランの集めた写本には40話，282夜分の物語しかなく，『アラジン』も『アリババ』も入っていませんでした。また，『シンドバッド航海記』も別の写本からの翻訳でした。

　現在では，『アラビアンナイト』の原型の分量は，ガランが手に入れた写本程度のものであったと考えられています。「千夜」や「千一夜」という言葉は，もとはたんに「多くの」という意味だったようですが，いつのまにか実際の数字だと思われるようになりました。16・17世紀のエジプトでは地元の伝承が多く追加され，分量が増えた写本が作成されます。ガランも1001夜分の写本を探しましたが見つかりませんでした。『アラジン』や『アリババ』は，シリア出身でフランスに滞在していたハンナ・ディヤーブという人物から故郷の民話として聞取りがおこなわれ，ガランの『千一夜』に収録されました。『アラジン』の原作がいつ成立したのかははっきりしないのですが，作品中にコーヒーの記述があることから，中東でコーヒーが広まっていく16世紀以降に現在のかたちになったと考えられます。

　その後，ヨーロッパの『アラビアンナイト』ブームのなかで，1001夜分の話が収録されたアラビア語のオリジナル写本を求める動きが活発になり，『アラジン』の写本が「発見」されたこともありましたが，それらは偽物でした。『アラビアンナイト』のなかで，『アラジン』や『アリババ』のようにもとの写本が見つかっていない物語は，「親のない物語（孤児の物語）」と呼ばれています。こうしたなかで，多種多様な『アラビアンナイト』の写本が出現して，まとめられ，出版される一方，ガラン版以外にもレイン版，バートン版，マルドリュス版などの訳本も出現し，児童文学としても人気となっていきます。ガラン版は，原本にあった官能的な部分を言い換えたり削除したりしている「健全」な訳で，永峯秀樹が1875（明治8）年に日本で最初に翻訳・出版した『アラビアンナイト』である『開巻驚奇暴夜物語』は，ガラン版を子ども向けに手直し

した英語訳版がおもなもとになっています。

アラジンは中国人で，ジャファーは北アフリカ人

　アニメ『アラジン』と原作『アラジン』では多くの違いがありますが，東洋文庫版の原作『アラジン』をもとに，ポイントを絞って比べてみましょう。なお，東洋文庫版は，カルカッタ第2版というアラビア語版の原典から直接日本語に翻訳されたものです。

　アニメで活躍する魔法のじゅうたんは，原作『アラジン』ではなく，『アラビアンナイト』のほかの話に由来します。また，原作では願い事に3つという回数の制限はありませんし，ランプの魔神に加えて，指輪をこするとあらわれる魔人がもう1人登場し，何度もアラジンを助けます。この指輪は，洞窟内へ魔法のランプを取りに行く際に，原作『アラジン』でアニメのジャファーのような役回りをする魔法使いがアラジンにお守りとして渡したものです。

　アニメと原作の一番の違いは，物語の舞台と登場人物の設定です。原作の舞台は，スィーンの町のひとつだと明言されています。スィーンとは，秦(しん)に由来し，中国のことを指します。アラジンやスルタン，原作でブドゥール姫という名前で登場するジャスミン王女も中国人とされ，19世紀のヨーロッパで描かれた本の挿し絵でも，アラジンやブドゥール姫が中国人風に（ときにはそこに日本風の要素が混ざって）描かれています。

　しかし，原作の町や社会，人びとの描写は，中国ではなく中東を下敷きにしています。アラジンは貧しい仕立屋のなまけ息子ですが，ランプの魔神の力を借りていくうちに立派な若者に成長していきます。

　一方，アニメの舞台となる地域ははっきりしないのですが，11世紀頃のペルシアやアラブの絵，現在のイランの実際の町並みなどを参考に作画されています。アニメでは，アラジンとジャスミンの魔法のじゅうたんによる旅の終着点として，中国の北京(ペキン)にある紫禁城(しきん)をモデルにした場所が登場します。都のアグラバーの王宮の形は，インドのタージ・マハルに似ています。ただし，実際のタージ・マハルは廟(びょう)で王宮ではありません。アグラバーの立地は，台詞からイラクからエジプトあたりの中東地域を連想させます。これらには，制作者側の，そして観客がイメージしやすい，さまざまな中東やイスラームのイメージが混ざり合っていま

す。アニメの当初のオープニングソングは，アラブを「野蛮な」イメージとして描き，侮辱する内容だとして物議をかもしました。

　原作では，ジャファーは国務大臣ではなく，マグリブ出身の魔法使いとして登場し，魔法のランプを得るためにアラジンの叔父と偽ってアラジンに近寄ります。アラジンと魔法使いの最終対決の場もマグリブです。マグリブとは「日没の地」を示し，現在のチュニジアからモロッコのあたりの北アフリカを指します。また，原作では魔法使いの弟も登場し，兄亡きあとにアラジンと対決します。

　しかし，どうして原作『アラジン』の舞台は，中国やマグリブになっているのでしょうか。当時の中東の人びとにとってマグリブは西方の辺境・異境の地であり，そこに住むベルベル人は魔術に長けていると考えられていました。また，中国も東方の辺境・異境の地と考えられていて，両者は不思議なことが起こるファンタジーの地とみなされていました。さらに，中国は中東から遠く離れた地ですが，古くから海のシルクロードを通じた交易・交流があり，東方の産物は中東の人びとの関心を惹きつけてきました。この「知ってはいるが，よく知らない魅力的な地」という絶妙な案配によって，中国は中東で生まれた不思議な物語『アラジン』の舞台となったのでしょう。

　次は，『アラジン』の設定の背景となった，海を通じた中東と中国との交易・交流の歴史をみていくことにしましょう。

モンスーンとは何か

　シルクロード（絹の道）といえば，第1章の『ムーラン』でもふれられたように，陸のシルクロードが取り上げられることが多いのですが，海のシルクロードも古代から重要な交易ルートでした。海のシルクロードは，そこを行き交った主要な品物から，「陶磁器の道」や「香料（香辛料）の道」とも呼ばれます。船を使用した海上ルートは，難破や海賊の危険がありますが，大量の商品や重くかさばる商品を運びやすいという長所をもちます。

　蒸気船による航海が発展する19世紀後半以前の時代では，海のシルクロードを遠距離航海する船は，モンスーンという季節風と，モンスーンによって海上に発生する風送流（モンスーン・カレント）を利用しました。

モンスーンという言葉は，ある季節や隊商（キャラヴァン）交易などの季節的イベントを意味するアラビア語の「マウスィム」に由来します。

　モンスーンの風向きは季節によって変化しますが，アラビア海からベンガル湾では夏季に南西の風が，冬季に北東の風が吹きます。東・南シナ海では北部と南部で風向きが分かれ，夏季には北部で南東，南部で南西の風が，冬季には北部で北東，南部では北西の風が吹きます。これに加え，東南アジアのジャワ海など赤道以南の地域では，夏季に北に張り出してくる南東貿易風の影響を受けます。モンスーン航海では，移動の方向が季節ごとの風向きの影響を受けるため，各地で航海に適した風を待つ必要が生まれます。

モンスーンの「発見」と海のシルクロードの成立

　モンスーンの「発見」は『エリュトゥラー海案内記』（以下『案内記』）に記述があります。エリュトゥラー海とは「紅い海」のことですが，当時は紅海，ペルシア湾，アラビア海，インド洋を含む，広い範囲を意味していました。この本は，1世紀頃にエジプト在住のギリシア人交易商によって，エジプトからインド洋における航海・海上貿易について記されたガイドブックといえましょう。モンスーンは，紀元前1世紀にギリシア人の船乗りヒッパロスが，それを利用した航法を「発見」したとされるので，「ヒッパロスの風」と呼ばれました。この「ヒッパロスの風」によって，イエメンやソマリアの港を経て，インド洋を横断して直接インドへ至るモンスーン航海が始まります。当時はギリシア系の人びとがエジプトを拠点にインド洋で商人や船乗りとして活躍し，インドをはじめ，各地の港に拠点をおいて商取引きをおこないました。エジプトからインドへは約70日間かかったとされます。ギリシア系商人がさらにベンガル湾や東南アジアへ進む場合は，インド南西岸の港で地元の船に乗り換えました。「ヒッパロスの風」の発見以前にも，インドとペルシア湾・紅海のあいだには古くから交流があり，インドやアラブ・ペルシアの人びとは，より古くからモンスーンの利用法を知っていたと考えられています。

　紀元前2世紀には，中国から南インドへ使者が派遣されていますが，当時の航海はモンスーン航海ではなく，沿岸航海で現地の船を次々と乗

海のシルクロードに関するおもな都市とイブン・バットゥータの旅程

り換える方法でした。また，マラッカ海峡経由ではなく，マレー半島を陸路で東西に横断し，両岸の港で新しい船に乗るルートを利用していました。

　２世紀中頃には，地中海世界から中国までひと続きに海のシルクロードがつながります。中国の歴史書『後漢書』には，大秦国王の安敦，つまりローマ皇帝マルクス・アウレリウス・アントニヌスが，陸のシルクロードを押さえていた中央アジアの安息国（パルティア）を避けて中国と直接交易をおこなうために，海路で使者を派遣したとあります。その使者は166年に，後漢の支配下にあった中部ベトナムの日南郡に，象牙，サイの角，ウミガメの甲羅を持って到来しましたが，これらはローマの産品ではなく，日南郡までの海上ルート上の産品です。東南アジアは古くから，中国とインドの中継地として，また香料・香木・香辛料，象牙，サイの角などの熱帯産物や，金・宝石・真珠などの産地としても知られていました。この頃に成立した，カンボジアの扶南や中部ベトナムの林邑（のちのチャンパー）は，東南アジアにあらわれた最初の国家の代表で，交易の拠点となった港市を支配して栄えました。

　ベンガル湾やジャワ海をモンスーン航海で一気に越えて南シナ海を北上するルートは，４世紀前半までに確立したとされますが，現在確認できるその文献的証拠は，インドに留学した中国の僧侶，法顕による記録です。法顕は帰国する際，411年にスリランカから200人以上が乗るイン

ド商人の船に乗り，マラッカ海峡あたりで5カ月間風待ちをしたのち，別の商人の船で中国に帰国しました。こうした遠距離航海を担ったのは，インドやスリランカの船，東南アジアの海洋系の人びとの船，中国東南沿海部の非漢民族集団でした。モンスーン航海の確立によって，マラッカ海峡は「風待ちの地」としても重要性を増し，5世紀以降には東南アジアの島嶼部でも交易国家が成長し，中国へ朝貢するようになります。朝貢とは，外国の君主が中国に名目上の「臣下」として贈り物をすることですが，中国は威厳を示すために，受け取った以上の贈り物を返します。朝貢は中国との外交であると同時に，もうけることのできる交易でもありました。7世紀頃には，西から来るアラブ系・ペルシア系商人の活動と，隋唐帝国の成立によって東西の国際交易がさらに活発化します。それにともない，陸上での貨物の積替えが不要なマラッカ海峡ルートが選ばれるようになり，そこを支配したシュリーヴィジャヤのような強力な交易国家も出現します。

　こうして，地中海世界に始まり中東からインド・東南アジアを経て中国に至る，モンスーンを利用した海のシルクロードが誕生しました。

イスラームの成立と拡大

　イスラームの創始者ムハンマドが生まれたアラビア半島の都市メッカは，インド洋と地中海世界を結ぶ隊商交易で栄えた都市であり，ムハンマド自身も隊商交易に従事しています。イスラームとはアラビア語で唯一神であるアッラーに従うことを意味し，その教えに従う人びとはムスリムと呼ばれます。最近では，現地本来の発音を重視すること，イスラームはその言葉だけで宗教名を示し，さらに宗教の枠を超えて，社会のあらゆる面を規定することから，「イスラム教」ではなく，「イスラーム」とされることが多くなっています。

　ムハンマドの時代から，アラブ人ムスリムはその勢力を各地に広げます。632年のムハンマドの死後，「後継者」や「代理人」を意味するカリフが指導者として選ばれ，とくに最初の4人のカリフの時代を正統カリフ時代といいます。アラブ人ムスリム勢力は，ビザンツ帝国やササン朝ペルシアに打ち勝ち，エジプトからイラン高原までを勢力下におき，各地にアラブ人戦士とその家族が移り住む軍営都市（ミスル）が設置されて

いきます。正統カリフ時代を経て，661年に成立したウマイヤ朝は，8世紀には西は原作の魔法使いの故郷であるマグリブからイベリア半島まで，東は中央アジア西部まで征服し，インド北西の海岸部にも進出しました。当時の国内外の交易活動で新たに活躍したのは，隊商貿易で活躍していたアラブ系の人びとよりも，ウマイヤ朝から異端視された，ユダヤ教徒やキリスト教徒などの非ムスリム，その当時に非正統とされた宗派のムスリム，イラン系の人びとなどです。彼らは各地にネットワークを張りめぐらせ，7世紀の中頃にはすでにその活動は中国にまでおよんでいました。

　ウマイヤ朝ではアラブ人のムスリムが支配者として特権をもっていましたが，ムスリムに改宗する異民族(マワーリー)が徐々に増加すると，ムスリム間の不平等に不満が高まります。そうした不満やアラブ人同士の政治的対立が起こるなか，ムハンマドの一族のみが指導者にふさわしいと考えるシーア派など，ウマイヤ朝に不満をもつ勢力が結集して，750年にアッバース朝が成立します。アッバース朝は民族の違いを超えたイスラームのもとでの平等を掲げ，異民族出身のムスリムが社会のさまざまな分野において進出・活躍します。2代目カリフのマンスールは，全国に駅伝を設置し，首都バグダードを中心にした国内外の交易・交流を促進しました。

　『アラビアンナイト』にも登場するハールーン・アッラシード(在位786〜809)の時期にアッバース朝は最盛期を迎え，首都バグダードの人口は100万近くまで増大し，9世紀には「3万のモスクと1万の公衆浴場が立ち並ぶ」巨大都市となりました。アッバース朝の広大な領域は政治的には徐々に分裂していきますが，イスラームを受容した地域は，政治的対立・分裂を超えてつながっていました。各地域では都市が発展し，交通・輸送網が整備され，それらがつながり広大なネットワークが形成されました。クルアーン(コーラン)に立脚し，信仰だけでなくムスリムの社会生活すべてを規定するイスラーム法(シャリーア)やコミュニケーション手段としてのアラビア語はイスラーム世界で共有され，商業活動を保障・促進する役割をはたしました。また，イスラームはほかの宗教を容認したため，ユダヤ教徒やキリスト教徒をはじめとするムスリム以外の諸宗教の人びとも，イスラーム・ネットワークを利用していました。

「シンドバッド」の情報源

　アッバース朝の時代には、海のシルクロードに乗り出したアラブ系・ペルシア系ムスリムによって、ペルシア湾からインド・東南アジアを経由して中国へと延びる定期的な航海ルートが確立しました。そのことを伝えるのが、『インドと中国の諸情報』（以下『諸情報』）と『インドの驚異譚』（以下『驚異譚』）という９世紀半ばから10世紀前半にかけて書かれたアラビア語の本です。それらはシーラーフやバスラを拠点とするアラブ系・ペルシア系の船乗り・交易商人から得た情報をもとにしています。シーラーフはイランのペルシア湾岸の拠点として、イラク南部のバスラはティグリス川を通じ、バグダードからペルシア湾を結ぶ拠点として、それぞれに繁栄した当時の重要な交易港です。『驚異譚』には、東アフリカから中国にわたる各地の情報のほかにも、「驚異譚」という名称が示すとおり、奇妙な話、誇張・誤聞された話、想像上の話なども含まれ、日本（倭国）を示すとの説もある「ワークワークの国」もでてきます。

　９世紀以降には、『諸情報』や『驚異譚』の情報を参考にしつつ、アラビア語の地理書が編纂されました。そこには、東は朝鮮半島、西はアフリカ大陸北西岸のカナリア諸島、北はスコットランドのシェトランド諸島、南はタンザニアのザンジバルまで登場します。こうした書物は、ハールーン・アッラシードの時代が舞台となる、『シンドバッド航海記』の情報源ともなりました。加えて、これらからは中東出身のムスリムが異国に対してもった興味・関心が記され、『諸情報』には、中国やインドにはナツメヤシがないこと、中国では茶葉に熱湯を注いで飲む習慣があること、中国人の肌が白いなどの記載があります。

シンドバッドの海を渡るムスリム商人

　交易のためペルシア湾から中国へ向かう船は、『諸情報』などの中東側の史料では「中国船」と記述されています。まずは『諸情報』から、中国船の中国までのルートをみてみましょう。出発点となった港は、バスラ（シンドバッドもここから出航しました）やシーラーフです。そこからインドへ向かうルートは２つに分かれます。ひとつはペルシア湾やインドの海岸沿いに進むルートで、もうひとつはオマーンの港で飲料水・食糧を補給したあとにモンスーンに乗り、インド洋を１カ月程で横断して、

南インドのクーラム・マライ(現在のクイロン)に進むルートです。インド最南端のコモリン岬は，インドやスリランカなどの産物が集まる地で，インド洋航海の十字路でした。ここでは，中国へ向かう船に対しては，インド周辺やアラビア海で活動する船と比べて10倍から20倍の関税がかけられました。

　次にベンガル湾を横断し，1カ月程でマレー半島のカラフ(現在のクダ)に到着しました。カラフはマラッカ海峡の出入り口にあたり，東南アジアの香料・香辛料といった熱帯産の動植物や，マレー半島の錫などの鉱物の集散地として重要な拠点でした。マラッカ海峡を抜けると，ベトナム中部のチャンパーの港に寄港します。チャンパーは中国とマラッカ海峡の中間にある要地であり，沈香の産地としても有名でした。そこから北上して，海難事故の多発した岩礁地帯で「中国の門戸」と呼ばれたパラセル諸島(西沙諸島)を通過し，ついに中国の海上交易の拠点である広州(ハーンフー，現在の広東)に到着します。モンスーンを利用した航海は風待ちの時間を要するため，片道に1年を要しました。

　『諸情報』の時代は中国では唐代に相当します。唐代の中国は陸路から中央アジアのイラン系ソグド商人(26頁参照)，海路からアラブ系・ペルシア系のムスリム商人などが数多く到来し，朝貢以外の民間交易が活発化しました。貿易全般を扱う役所である市舶司や，蕃坊と呼ばれる外国人商人の居留区が港市におかれていきます。例えば，広州の居留区に滞在するムスリムは，皇帝に任命されたムスリムの長のもとで一定の自治が認められ，イスラーム法による裁判や金曜日の集団礼拝などがおこなわれました。広州で最初のモスクも8世紀に創建されたとされます。

　広州以外の，交州(北部ベトナム)，福建，揚州などにもムスリム商人は到来・居住し，唐を揺るがした安史の乱(26頁参照)によって760年に揚州が略奪されたときには，数千人が殺されたといわれます。彼らのなかには帰国せずに滞在を続け，姓名・衣服・飲食(飲酒・豚肉の忌避は保持します)が現地化したり，現地の女性と結婚したりする人も徐々に増加します。

10世紀以降のシンドバッドの海

　唐の末期の877年，広州が黄巣の乱で略奪を受けて，中国人住民のほ

かに，商売をしていた外国人住民が殺され，死者が12万人におよんだことを『諸情報』は伝えています。そこでは，殺された外国人住民として，ムスリム，キリスト教徒，6世紀頃のイランで始まったマズダク教の信者たちがあげられています。この事件によって，ムスリム商人の拠点は中国からチャンパーやマレー半島のカラフに移ります。その隙間を埋めるように中国商人が本格的に海上交易に乗り出し，カラフが中国商人の船と西から来るムスリム商人の中継地点となります。

　宋代（北宋960～1127年，南宋1127～1279年）の中国東南部の江南の経済発展と海上貿易振興策を受け，中国商人は12世紀頃には東南アジアのほぼ全域で活動し，各地に居住するようになります。さらに南インドのクーラム・マライにも至りますが，そこから西へはダウ船と呼ばれる船に乗り換えたようです。宋代の市舶司は，泉州や明州（現在の寧波）などにもおかれ，そのなかでも泉州が海上交易の中心となっていきます。

　中国商人の海上進出後も，ムスリム商人は中国商人と共存していきます。広州の外国人居留区は，ムスリムが住民の多数を占め，漢人との雑居は禁止されました。南宋から元朝期に泉州で海上交易・勢力を握った蒲寿庚は，アラブ系またはペルシア系の子孫とされますが，彼の出自はそうした共存と混合の状況を示しているといえるでしょう。

　交易ルートの要所であったマラッカ海峡地域には，その当時，インド・スリランカのタミル商人が進出し，その活動は中国にもおよびました。また，マラッカ海峡地域，チャンパー，ジャワなどの交易の要地には，広州のようにムスリム商人が住んでいました。東南アジアの国々では，ムスリム商人らしき人びとが中国への使者となることも少なくありませんでした。10世紀の半ばにチャンパーから中国へ派遣された莆（蒲）訶散という使者がいますが，莆や蒲はアラビア語で父を意味するアブーにあたり，その名前をアブー・ハサンと読むことも可能です。

　同じ頃，中東でアッバース朝が衰退すると，イスラーム世界のネットワークの重心がカイロに移り，それとともにインド洋交易の重心もペルシア湾から紅海へ移動していきます。

船と運ばれた商品

　アラブ系・ペルシア系商人が用いたインド洋における代表的な船はダ

ウ船です。ダウ船は三角形の帆をもち，鉄くぎを使わずココヤシの繊維で板を縫い合わせる構造です。大型ダウ船の長さは25〜30メートル，積載重量は最大で100〜120トン程度と考えられています。こうした船は多くの場合，複数の船で船団をつくりました。一方，中国商人が使用した船はジャンク船です。ジャンク船は方形の折りたたみ式の帆をもち，船底を仕切る壁によって浸水しても沈みにくい構造をしています。登場したのは8〜9世紀で，泉州で発見された13世紀頃のジャンク船は，全長34メートル，幅11メートル，積載重量は200トンと推定されています。宋代に実用化された羅針盤の技術は，ダウ船などのインド洋を航海する船にも装備されていきます。

次に，これらの船が運んだ商品をみてみましょう。まず，インド・東南アジア産の綿布。燃やして衣服に香りをつけるほかに，儀式や薬用などに使用された香料・香木として，南アラビア・ソマリアの乳香・没薬，沈香（チャンパー，現在のカンボジア，インド北東部のものがとくに有名），白檀（ティモール島のものが有名），龍脳・樟脳，安息香，麝香，龍涎香（マッコウクジラの体内で生成されます）。食用・薬用に用いられた香辛料としては，胡椒（南インド西岸のマラバール海岸やジャワ島），シナモン類（マラバール海岸，スリランカ，インドネシアなど），ナツメグ・メース・クローブ（インドネシアのマルク諸島）などがあげられます。そのほかの品物としては，象牙，サイの角，ウミガメの甲羅，宝石類などもあります。上記の商品の産地の多くは，インドと東南アジアです。香料・香木・香辛料は古来より東西の世界で重用されました。『アラビアンナイト』にも数多くの香料が登場し，原作『アラジン』には龍涎香入りのコーヒーなどが登場します。

また，中国からの輸出品として，古来からの絹や工芸品以外に，9世紀以降には陶磁器が重要になっていきます。『諸情報』は，陶土の品質の良さと「ガラスのように中身の水がすけて見えるほど薄い」中国の陶磁器について述べています。そのなかでも白磁や青磁といった磁器は，形や色の良さ，薄さと丈夫さを兼ね備えた人気商品で，宋代には銅銭とともに主要な輸出品になりました。また，火器の利用が進んだ宋代の中国は，火薬の原料のひとつであり自給が困難であった硫黄を中東・ジャワ・日本から輸入しています。

モンゴル帝国の時代

　13世紀の初めにモンゴル高原で成立したモンゴル帝国は，東西に勢力を急速に拡大していきます。西方では1258年にバグダードを占領して，アッバース朝を滅ぼします。アッバース家の一員は，エジプトのマムルーク朝(1250～1517年)の保護のもとでかたちだけのカリフとなります。東方では1271年にクビライによって大都(現在の北京)を首都とし，ユーラシアの東方を支配する元朝(大元ウルス。ウルスとは「国」や「人の集団」を意味するモンゴル語)が成立し，79年には南宋を滅ぼします。クビライの時代までにモンゴル帝国は，東は日本海，西は黒海・地中海におよぶ領域を手にします。その領域には，元朝やイランのイル・ハン国など4つの国(ウルス)が成立し，各国はときに対立しつつも，元朝を頂点としてゆるやかに連合していました。

　モンゴル帝国では，国家や支配者たちが交易商人と手を結び，交通・情報網の整備や商人の保護など交易振興策を積極的におこないました。この時代の中国ではムスリムが多数活躍し，ペルシア系を中心としたムスリムは仏教徒のウイグル人とともに，有力な交易商人や官僚として知られています。駅伝制(ジャムチ)によって結ばれた陸上のネットワークは海上のネットワークとつながり，東南アジアやインド洋と結ばれます。江南では宋代に続いて，杭州，泉州，広州が栄え，とくに泉州は海上交易の中心として繁栄します。クビライは，日本だけではなく，東南アジアに対しても「元寇」をおこないましたが，そこには通商拡大と交易路確保の意図があり，「元寇」後には東南アジアとの交易が活発化しました。

　こうして形成されたモンゴル帝国のユーラシア規模のネットワークは，中東・アフリカを中心としたイスラーム世界のネットワークとつながり，陸上と海上の双方で交易・移動・交流が活性化します。交易や交流の例としては，この時期に中国で生まれた染付(青花)があります。染付は，イランからのコバルト顔料およびミニアチュール(写本絵画)技術と中国の白磁の融合によって生まれ，消費地の好みに応じた製品が中国から中東を含む各地へ，おもに海上ルートで輸出されました。また，モンゴル帝国では銀とともに補助としての紙幣(交鈔)が広く流通し，遠距離交易や高額の取引きに使用されました。

第2章　アラジン

「魔法使い」のモデル

　14世紀のモンゴル帝国とイスラーム世界の交流・ネットワークを体現した人物に，イブン・バットゥータがいます。彼は1304年にマグリブ地方，現在のモロッコのタンジールに生まれたベルベル系ムスリムです。彼は生涯の多くを旅に費やし，アフリカ，中東，インド，中央アジア，そしておそらく東南アジアや中国にまでおよぶ広大な範囲の旅をした人物です。原作『アラジン』にでてくる魔法使いは，魔法のランプがある地下の宝物庫に入ることのできる人物を探して出身地のマグリブからアラジンのいる中国へやって来ましたが，マグリブから中国まで旅したイブン・バットゥータはこの魔法使いに似ています。彼の旅の記録は『大旅行記（三大陸周遊記）』として残されていますが，彼が実際に東南アジアや中国へ行ったかは疑われています。というのは，『大旅行記』の記述が東南アジアから中国に近づくにつれて真実と虚構が入り交じるようになり，伝聞情報の利用，『諸情報』や『驚異譚』のようなほかの書物からの引用などがあるとされるからです。

　21歳で最初の旅に出たイブン・バットゥータの旅のもとの動機は，ムスリムが可能であれば一生に一度ははたすべき義務，聖地メッカへの巡礼をおこなうことでした。また，イスラーム社会で活躍したウラマー，つまりイスラーム法を中心とするイスラーム諸学をおさめた知識人がおこなったように，彼も各地で学問をおさめ歩き，高名な人物に師事してまわります。このウラマーとしての地位のおかげで，彼は各地で厚遇されました。こうした巡礼や学問修行は，当時のムスリムが旅をする大きな理由でした。預言者ムハンマドが言ったとされる「知識を求めよ，たとえ中国であろうとも」という有名な言葉には，イスラームにおける学問の重要性と，中国が辺境の地であることが示されています。

　イブン・バットゥータはやがて旅自体を目的ともするようになり，陸路では巡礼隊や隊商に同行し，海路では沿岸航海やモンスーン航海をおこなう船を使用するなど，当時の巡礼・交易ネットワークを利用しています。イスラーム世界の諸都市におけるモスク，マドラサ（学院），隊商宿といった公共施設の発達（ワクフという財産寄進制度によって建設・維持されます），旅人・外来者を保護する慣習や制度，ペルシア湾から南シナ海一帯に張りめぐらされたムスリム商人たちのコミュニティも彼の旅

を助けました。『大旅行記』は，当時の交通ルートや手段，社会・文化の状況などを，広大な地域にわたって伝えています。

イブン・バットゥータが旅した海のシルクロード

　当時の海のシルクロードで活躍した商人として，西方ではムスリムが中心となったカーリミー商人がいます。彼らは「胡椒と香料の商人」として知られ，当初はアデンでインド人商人から買った香辛料，絹織物，陶磁器，木材などを，エジプトでイタリア人商人に売りました。彼らのなかには，やがて活動範囲をインドや中国まで広げる者もいました。

　ペルシア湾のイラン沿岸にあるキーシュ島やホルムズは，互いに競合しながらこの時期のインド洋交易で栄え，インドのマラバール海岸に加えて，紅海のアデンなどともつながっていました。当初はキーシュ商人がイル・ハン国と提携しながら勢力を誇り，キーシュ島はインドや中国からの品物の集散地として繁栄します。カリカット（カーリクート）などのマラバール海岸の諸港市も，泉州や広州からの中国のジャンク船と中東からのダウ船の接合地や，香料・香辛料などの産地として栄えました。

　中国では，当時の泉州が「世界で最大」の港として繁栄したことを『大旅行記』やマルコ・ポーロの旅行記『世界の記述』が伝えています。泉州にはムスリム商人も多数，来航・居住し，イブン・バットゥータはインド滞在時に彼が借金をした商人と再会したと書いています。泉州のムスリムたちは他地域と同様に，ムスリムの長老や法官（彼らはしばしば商人でもありました）といった指導者をもち，ペルシア湾から中国南部まで航海者の信仰を広く集めたカーズィルーン教団のようなスーフィズム教団の修行場もありました。スーフィズムとは，11世紀以降に広がった，内面の信仰を重視する思想で，修行もおこないます。そして師となるスーフィーを中心とした教団が多く生まれ，ムスリムのあいだに広がっていき，各地の修行場と教団のネットワークは交易商人の活動を助けました。

　『大旅行記』はインドや東南アジアのイスラーム化についても述べています。インドでは13世紀以降にデリーを中心にしたイスラーム王朝が成立し，徐々にイスラームが広まっていきます。東南アジアでも13世紀にはスマトラ島北部などで東南アジアの人びとのイスラーム化が始まり，

だんだんと東南アジア島嶼部(とうしょ)に広がります。そこには，ムスリム商人・スーフィズム・ウラマーの活動，現地側支配者によるムスリム商人の勧誘などがあったとされます。イブン・バットゥータはインド滞在中に法官として当地のスルタンに仕え，中国へはスルタンの使者として出向きました。道中ではスマトラ島北部にあったサムドラ・パサイに立ち寄り，そのスルタンのジャンク船に乗船して，中国とのあいだを往復したとされています。中国では，元朝を倒して1368年に成立した明朝(ミン)が，15世紀前半にムスリムの宦官(かんがん)(去勢された男性)である鄭和(ていわ)が率いる大艦隊を7回にわたって東南アジア・インド洋に派遣します。鄭和の艦隊は，各地で中国への朝貢をうながし，交易，そしてときに戦闘をおこないながら交易の要地であるホルムズにまで至ります。分隊はアデンやメッカなども訪れ，エジプトのマムルーク朝など中東の政権と接触しています。この航海は，海のシルクロードで発展してきたムスリムと中国人のネットワークを利用して実現しました。

中国人のアラジンから辮髪姿のジーニーへ

『アラビアンナイト』が生まれ，語り継がれてきた中東イスラーム世界の中心に住む人びとにとって，中国は珍しい憧れの交易品をもたらしてくれる，豊かで魅力ある場所でした。同時に，中国はマグリブと同じく，遠く離れた不思議と驚きの場所でもありました。イブン・バットゥータにとっても，中国は中東とは異なる不思議な驚きの世界であり，異教徒が支配するどこか安心できない国でした。こうした遠い異国である中国のイメージが重なるなかで，不思議で魅力的な物語の舞台として，中東の人びとにとって異国であり，知ってはいるがよく知らない地である中国とマグリブが選ばれ，主人公のアラジンは中国人となったのでしょう。

中国を物語の舞台としつつ，内容は中東の社会・文化を反映していた原作『アラジン』は，ヨーロッパで人気を得ます。19世紀のヨーロッパで原作に挿し絵が入ったとき，それは原作の設定を反映して中国風となりますが，そこには当時のヨーロッパがもっていた中国や中国人イメージがあらわれています。そしてときにはランプの魔神までも，清朝(シン)時代の中国の風習である辮髪(べんぱつ)姿で描かれるようになります。その後，中東イ

スラーム世界のイメージを象徴する作品として，さまざまなイメージを合体させてアニメ『アラジン』がハリウッドで制作された際に，原作と挿し絵にあった中国的要素は，ジーニーの髪型以外にはほとんど姿を消しました。アニメ『アラジン』を見た人のなかには，なぜジーニーが辮髪姿なのかを不思議に思う人がいるでしょう。その背景にはこれまでみてきたように，中国を舞台とする原作『アラジン』を生み出した，中東と中国をつなぐ海のシルクロードが中心となった，人・モノ・文化・情報・技術の活発な移動・交流の歴史があったのです。

冨田　暁

参考文献

DVD『アラジン』（スペシャル・エディション）ウォルト・ディズニー・スタジオ・ホーム・エンターテイメント，2009

前嶋信次訳『アラビアン・ナイト別巻——アラジンとアリババ』（東洋文庫）平凡社，1985

家島彦一訳注『中国とインドの諸情報』全2巻（東洋文庫）平凡社，2007

佐藤次高編『宗教の世界史11　イスラームの歴史1——イスラームの創始と展開』山川出版社，2010

杉田英明『アラビアン・ナイトと日本人』岩波書店，2012

西尾哲夫『アラビアンナイト——文明のはざまに生まれた物語』（岩波新書）岩波書店，2007

羽田正編『東アジア海域に漕ぎだす1　海からみた歴史』東京大学出版会，2013

桃木至朗編『海域アジア史研究入門』岩波書店，2008

家島彦一『イブン・バットゥータの世界大旅行——14世紀イスラームの時空を生きる』（平凡社新書）平凡社，2003

もののけ姫

迫りくる「乱世」と
追いつめられた「もののけ」たち

スタジオジブリ・オリジナル作品

『もののけ姫』の難しさ

　スタジオジブリの代表作のひとつ『もののけ姫』は，1997年7月12日に公開され，当時の日本映画の興行記録をぬりかえた大ヒット作です。しかし，宮崎駿が構想に16年を費やしたというこの作品は，自然と人間の関係，差別，人間の憎悪の問題など，解決の難しい現代の課題をいくつも取り扱っていて，決してわかりやすいものとはいえません。

　さらに，作品の舞台が15世紀後半の室町時代の日本に設定されていることも，このアニメの理解をよりいっそう難しくしています。武田信玄や織田信長といった有名な戦国大名もまだ登場していない15世紀後半は，日本史のなかでもマイナーでイメージの薄い時代といえます。ですが，宮崎はあえてこの時代を選びました。その理由のひとつは，室町時代を自然と人間の関係が大きく変化した時代として，現代への出発点とみなしたこと。もうひとつは，山で生きる製鉄民など，さまざまな職能民がいきいきと活躍したのが室町時代だったと，宮崎が考えたことです。

　そうした意識からつくられた本作は，1980年代以降の歴史学（とくに日本中世史）による研究成果をふんだんに摂取することで，奥行きのある世界観をつくりだすことに成功しています。ですから，このアニメは日本中世史の格好の入門書（入門アニメ）ともなるわけです。そこで，中世の日本国とそれを取り巻く諸地域の歴史にふれながら，アニメの描写や宮崎の発言などを手がかりに，『もののけ姫』の世界を復元してみましょう。

『もののけ姫』のあらすじ

　『もののけ姫』は，タタリ神となった猪神ナゴが，エミシ一族の村を襲う場面から始まります。エミシは，これより500年程前に「大和」（日本国）との戦に敗れ，東北の地に潜んだ一族という設定です。このとき，一族の長となるはずだった主人公アシタカは，村を守るためタタリ神に

矢を放ち，死に至る呪いを右腕に受けます。アシタカはこれが原因で村を追放されるわけですが，同時に，ヒイ様と呼ばれる老巫女の言葉に従い，呪いを解くため「西のくに」つまり大和に行き，そこで起こっていることを「曇りなきまなこ」で見定めることを決意します。そして，はるか西の「シシ神の森」に向かったのでした。

　シシ神の森では，エボシという女性が率いるたたら場の集団と，山犬モロの一族をはじめとする神々の対立が深まっていました。たたらとは，足で踏んで空気を吹き送る器械のことで，たたら場の人びとは，山を切り崩して採集した砂鉄をたたらを使って溶かすことで，大規模な製鉄をおこなっていました。森に着いたアシタカは，モロに襲われて崖の下に転落したたたら場の男たちを救出し，彼らをたたら場へと送り届けますが，その途中で，エボシとの戦で傷ついたモロの一族とも遭遇しています。そのなかにいた少女が，たたら場の住人が「もののけ姫」と呼ぶ，本作のもう１人の主人公サンです。彼女はもともと人間がモロに生贄として捧げた赤子でしたが，モロによって山犬として育てられました。ちなみに「もののけ」とは，人間にたたりを与える生き霊，妖怪のことですが，シシ神の森の神々が作中で「もののけ」と呼ばれた意味については，あとでふれたいと思います。

　さて，たたら場に到着したアシタカは，住人たちとエボシに迎えられます。そしてそこで，村を襲ったタタリ神が，エボシによって追いはらわれた山の主であったことを知ることになります。エボシの理想は，石火矢と呼ばれる火器を用いた武力によって，森のもののけを鎮め，さらには侍をも打ち倒すことで，たたら場を「豊かな国」とすることでした。アシタカは，エボシの理想を拒絶しつつも，たたら場の住人がエボシを慕い，そこでの生活を望んでいることに迷いを覚え，たたら場を出ていこうとします。それは，「もののけ姫」と対話し，森と人間がともに生きる道を見定めるためでした。

　しかし，その夜，もののけ姫サンが，たたら場を襲います。エボシらがそれを迎え撃つなか，アシタカはエボシとサンの戦いをとめ，気絶したサンを背負い，石火矢に貫かれて重傷を負いながらも森へと去っていきます。その後，サンはアシタカを殺そうとしますが，最終的にアシタカの生命は，サンによってシシ神に委ねられます。

アシタカは一命をとりとめますが，同じ頃，猪神の乙事主(おっことぬし)が人間との全面対決を計画し，一族を引き連れて九州よりシシ神の森に至ると，事態は急転します。乙事主が戦の準備を進めるなか，不老不死の力が宿るというシシ神の首を狙う「師匠連(ししょうれん)」という組織のジコ坊は，エボシをうながし，シシ神退治を強行させます。用いられた作戦は，猪神を引きつけるおとりとしてたたら場の男たちを動員し，猪神を火薬で一網打尽にしたうえで，エボシとジコ坊の率いる少数部隊がシシ神の首を狙うというものでした。作戦は成功し，傷ついた乙事主はタタリ神と化し，暴走します。そしてエボシやジコ坊の仲間が後をつけてきていることも知らず，シシ神のいる池へと向かっていきました。

　しかし，ちょうどそのとき，いつもエボシに対して鉄をおさめろといっていたアサノ公方(くぼう)の軍勢が，男たちが抜けたたら場を襲います。それを知ったアシタカは，そのことをエボシに伝えるべく，シシ神のもとに急ぎます。しかし，エボシを説得することはできず，エボシがシシ神の首を落とす光景を，サンとともに，まのあたりにすることになるのです。

　首を失ったシシ神は，ふれるものすべての生命を吸い取る巨人ディダラボッチとなって森全体を覆い，暴走を始めます。そのとき，たたら場では，いぜん侍との戦が続いていましたが，アシタカは，残っていた人びとにたたら場から逃げるよう告げ，サンとともにジコ坊から奪い返した首をシシ神に返すのでした。これにより，アシタカの右腕の呪いは消え，山には緑が戻りました。しかし，復活した森にはシシ神はおらず，太古のような深い森もありません。そしてまた，エボシが築いた巨大なたたら場も，ディダラボッチの下敷きとなり，なくなってしまいました。アシタカとサンは，それぞれたたら場と森で暮らしながら，たたら場と森の共生をめざすようになります。一方，エボシは，はじめからやりなおし，アシタカを迎え入れ，みんなでたたら場を「いい村」にしようと言うのでした。

乱世の幕開け

　まずは，本作の舞台である日本の15世紀後期がどのような時代であったかについて，アニメの描写や登場人物の発言にもふれながら，確認し

ていきましょう。

　14世紀末に室町幕府の3代将軍となった足利義満は、大名(江戸時代頃から大名の読みが定着します)と呼ばれた有力な武家を抑えつつ、朝廷内では上皇のように振る舞いながら、幕府・朝廷において絶大な権力をふるいました。この体制は、次の将軍の時代までは安定していましたが、6代将軍足利義教は大名を統制できず、1441年には大名のひとりによって暗殺されてしまいます。これ以降、将軍の権威は大きく揺らぎ、大名家でも家督争いがあいつぎました。そしてついに、大名家内部の争いと将軍家の後継者争いが結びつき、将軍家や大名家が東西両軍に分かれて争う事態となります。これが、1467年に始まる応仁・文明の乱です。これにより京都は荒廃し、多くの貴族や僧侶たちが、戦火を逃れて地方に疎開していきます。それまで、先例に従って年中行事をこなし、自らの家を繁栄させることに心血を注いできた貴族たちが京都を離れたのです。朝廷の権威の低下は、ここに極まったといえるでしょう。アニメの冒頭で、エミシの里の古老は、「大和の王の力は萎え、将軍どもの牙も折れた」と語っていますが、これは大乱後の日本国のありさまをみごとに言いあてたものです。

中世の開発と環境破壊

　このような時代において、シシ神の森に住む「太古からの神々」を取り巻く環境は、いったいどのようなものだったのでしょうか。これに関して、今のままでは森の力は衰えるという点で、エボシ・山犬・猪神の認識は一致しています。モロの一族は残り3匹(と1人)ですし、乙事主は自ら率いる猪神の一族について、「みんな小さくバカになりつつある。このままでは、わしらはただの肉として人間に狩られるようになる」とさえ語ります。

　それでは、シシ神の森や太古の神々をここまで追いつめたものとは、何だったのでしょうか。これには大きく2つの要因があるでしょう。ひとつは、大規模開発による環境破壊。もうひとつは、人間の神々に対する意識の変化です。これらはいずれも15世紀後半に限られたことではなく、日本では中世の幕開け以来、徐々に進行していった問題です。

　中世というと、かつては武士の時代とされ、12世紀末の鎌倉幕府の成

立に始まるとされていました。ですが、今では、朝廷(貴族)や大寺社、そしてやや遅れて台頭した幕府(武士)が国家の支配者として並び立ち、社会に深く浸透した仏教を利用しつつ、ともに荘園の領主として、人びとを支配していた時代とみるのが一般的です。それにともない、日本の中世の確立は、荘園制(私的な土地所有である荘園を基礎に人びとを支配する仕組)が成立した11世紀後半とされるようになりました。

　荘園制の成立は、開発の進展と深くかかわっています。その原動力は、朝廷を取り巻く支配者たちが中心となって進めた仏教寺院の大規模な建立事業です。たび重なる寺院の造営には、多くの資金や資財、労働力が必要でした。それらを確保するため、支配者たちは広大な土地や多くの人びとを荘園を設定することによって囲い込み、そこでの開発を進めました。荘園というと水田のイメージが強いかもしれませんが、実際には、山や海、川を含むいろいろな土地が含まれます。それらの開発を通じて、森林伐採などがさかんにおこなわれ、環境破壊も進んでいきました。

　しかも材木は、中世に各地で形成された都市での需要を見越した商品としても流通しました。都市における木材需要は、建築資材としてはもちろん、燃料としての薪や木炭の消費にもよっています。13世紀中頃には、木炭をつくりつづけた結果、山林を切りつくしてしまったという荘園もあるほどです。燃料を得るための木材伐採は、『もののけ姫』において、たたら場の人びとがシシ神の森に対しておこなっていることと同じです。エボシたちはシシ神の森の開発を急拡大し、「もののけ」たちと激しく敵対するわけですが、そうした事態は、シシ神の森の外の世界では、すでに数百年前から進行していたことなのです。

中世への移行と神々の変貌

　中世は、人びとの自然・神々に対する意識が大きく変化した時代でもあります。大規模な開発が進められたとはいえ、人びとの生活は自然環境に大きく左右されていたので、農作業にも読経・祈禱などによる豊作祈願が必要だと思われていました。この点では、現代人からみれば、中世人は呪術にしばられています。けれども、中世を人間主義的・合理主義的精神が発展した時代とみる考え方もあり、それもある程度の説得力をもっています。

つまりこういうことです。中世の大寺院は，今の総合大学のようなところでした。仏教学だけでなく，医学・薬学，さらには土木・農業の技術や天文学が学ばれ，そこで蓄積された知識は中央の寺院から地方寺院にも広まっていきます。仏教に基づく豊作祈願が農業に不可欠とされたのは，祈禱が寺院に蓄えられた技術の成果を踏まえたものであったからにほかなりません。中世人は呪術を無条件に受け入れたのではなく，それに確かな裏付けを求めました。この点で，仏教経典でその効能が保証され，漢籍や日本の古典から知識を自在に引き出し，さまざまな技術を駆使することができた仏教は，人びとから高い信用を勝ち取り，ほかの呪術を俗説・迷信として退けることに成功したのです。アシタカの故郷では，ヒイ様と呼ばれる老巫女が高い権威を有していますが，いったんその外に出てしまえば，彼女のような人びとは，すでにその権威を失いつつありました。アニメには卒塔婆(そとば)や五輪塔，寺院が描かれていますが，これらは仏教の広まりを示すものです。

　仏教が社会に深く浸透していくなかで，人間と神々の関係も大きく変わっていきます。古代の人びとは，山や岩，大木など自然のいろいろなものに神を見出していました。こうした神々は，人間に対して無差別，かつ一方的に作用をおよぼすと思われていました。一方，中世になると，泣き，笑い，戦い，傷つき，弱音を吐き，あげく隣の領主を法廷に訴える……そんな神々の姿を，史料のなかにいくつも確認できるようになります。このように中世の人びとにとって，人間はもちろんですが，神々もまた万能ではありませんでした。だからこそ中世に生きる人びとは，神々と交渉し，互いに協力して目的を遂げようとしたのです。

　そして，万能でない人間と神々をつなぐもの，それが仏教でした。神々にその力を発揮してもらうためには読経・祈禱が効果的とされ，神は仏の垂迹(すいじゃく)(人びとを教化するためにこの世にあらわれたもの)とされました。こうして仏教は，ますます中世の呪術の頂点としての地位を固めていきます。その意味で，興福寺のとある僧が，敬(うやま)わなくてもよい「鬼神(しん)」と，敬うべき「垂迹」を区別していることは注目されます。神々は仏の垂迹だからこそ敬われ，仏と結びつけなかった神々はその威光を失っていきました。中世の日本国であまたの「ヒイ様」が権威を失っていった頃，神の座を退かねばならなかった多くの「鬼神」がいたわけです。

アニメでいえば，モロや乙事主がその代表です。だからこそ，彼らは人びとから「もののけ」と呼ばれ，猪神もしだいに力を失い，「小さくバカに」なっていったのです。

乱世における人びとの生存

　ここからは，この時代に生きた一般の人びとに焦点をあてることで，『もののけ姫』の世界に迫っていきたいと思います。室町時代といえば，一般に農業や商業が発展した時期とされますが，15世紀後半から16世紀は，毎年，日本列島のどこかで災害や疫病，飢饉が起こっていたというほど，過酷な時代でもありました。アニメの舞台も同様で，ジコ坊はアシタカに「タタリというならこの世はタタリそのもの」と語っています。ただし，宮崎駿はさらに進んで，そのすべてをたんなる天災とはみなしていないフシがあります。ジコ坊が先の言葉を語ったのは廃墟となった村でのことですが，彼は村が壊滅した原因を洪水か，地すべりに求めています。「もののけ」たちを追い込んだのが森林伐採であるなら，それによる保水能力の低下が招いた人災がこの村の壊滅であったとみることも可能というわけです。

　それでは，このような時代を人びとはどのように生き抜いたのでしょうか。まず取り上げたいのは，自然災害や気候不順に対応するため，生産を効率化する努力がなされたことです。例えば農業の面では，水稲の品種改良やよりよい肥料の使用，水車の導入による水利施設の改善などがはかられました。室町時代における農業や商業の発展には，自然環境の変化への適応という側面が多くあったわけです。

　もうひとつ紹介しておきたいのは，危機に対応して人びとが集団への帰属を強めたことです。人間は「無縁」ではなかなか生きられません。過酷な時代であれば，なおさらです。最近では，先進国全般の問題として「無縁社会」化が叫ばれ，新たな「縁」のあり方が模索されていますが，同じような試みは15世紀後半から16世紀にも，さまざまなかたちでなされました。

　特定の作法に従って契約関係を結ぶ一揆がその一例です。大規模なものとしては大名に対して集団で異議申し立てをおこない，大名に代わって自治を担うことさえあった山城の国一揆や加賀の一向一揆が有名です。

また，社会集団という観点からは，戦国大名の領国をその一種ないしその発展型とみなすこともできます。一方，それぞれの地域の内部では，自治組織として強い結束力をもつ「村」が形成されていきました。さらにこの頃までには，村の内部において，父親から嫡男へと家名・家産が相続される「家」が確立するとともに，父母や妻子を中心とする生活の小単位としての「家族」も強く意識されるようになりました。一揆や村，そして家と家族。これらは，乱世に対応したセーフティネットとしてその機能を強め，やがて，日本の「伝統社会」を支える共同体の役割をはたしていくことになります。

　新しい共同体は，それにふさわしい信仰にも支えられていました。じつは，「鎌倉新仏教」として知られる浄土真宗や日蓮宗が，社会に広まるのはこの時期からで，その成功の秘訣は，家や村・町を単位に人びとの信仰を組織したことだといわれています。また，祖先・家族とのつながりを求める人びとの思いに応え，死者の供養を積極的におこなったことも重要です。日本の仏教は，今では「葬式仏教」などと批判されたりしますが，それは当時の僧侶が，人びとの内面に寄り添っていったことの現れでもあるのです。

　一方で，各種の集団がセーフティネットとしての役割を強めたことは，そこに含まれなかった人びとの苦難とも表裏一体でした。家の内部では，庶子や未婚の女子の立場が弱まり，村の人びとのよそ者や遍歴民へのまなざしも厳しくなりました。食い扶持を得るため家業を捨てて，安価な労働力を必要としていた都市へと向かった人びと（その多くは次男坊や三男坊だったと考えられます）も多くいましたが，そのなかには村に再び戻ることができず，都市に留まらざるをえなかった人びとも多かったはずです。

　彼らとは別に，あらゆる集団から排除され，都市において「非人」として深刻な差別を受けていたのが，「らい者」（ハンセン病患者）でした。『もののけ姫』では，「業病」者として登場する人びとです。自らを「呪われた身」と信じる彼らにとって，エボシは自分たちを「人として扱ってくださったたった一人の人」だったのです。

エボシの画期性

　このように，15世紀後半以降，各地で自立的な集団が成立していくわけですが，エボシのたたら場もそうした集団のひとつといえます。

　まずは，たたら場の特質に迫るためにも，日本の製鉄業の歴史を簡単に振り返っておきます。日本の製鉄業は古墳時代に始まりますが，平安時代後期になると，たたらを用いた製鉄が始まります。鉄の原料の採取には，砂鉄を多く含む土地に縦穴を掘る「鉄穴掘り」の技術が用いられ，製鉄を生業とする人びとは，砂鉄を求めて各地をめぐりました。なかでも中国山地は砂鉄の中心的な産地で，『もののけ姫』の舞台もここに設定されています。

　日本の製鉄業に大きな転換が訪れたのは，16世紀末のことです。この頃には，中国山地における鉄生産量が急激に増加し，その地のたたら製鉄だけで日本の鉄需要がほぼ満たせるまでになりました。増産の秘訣は，「鉄穴流し」と呼ばれる砂鉄の採取方法の導入にありました。鉄穴流しとは，砂鉄を多く含む大量の土砂を山から切り崩し，それを川から引いてきた水流に流すことで，比重差を利用して砂鉄と土砂とを分け，砂鉄を効率的に採取する方法です。これによって安定的に大量の砂鉄を確保することが可能となり，たたらは大型化しました。1年をとおしてたたらの操業ができるようになったのも，この段階からです。そして，こうした技術革新の背景には，日本を統一した豊臣秀吉の大規模普請（築城や築堤などの土木工事）による鉄の需要の急増がありました。つまり，現実世界における製鉄技術の革新は，16世紀末に固有の歴史的背景を受けたものなのです。

　ところが，驚くべきことに，エボシのたたら場では「鉄穴流し」の技術が用いられ，たたらに至っては，17世紀末になって導入される技術までもが用いられています。しかも，アニメで描かれるたたらは，大正時代まで操業された島根県雲南市吉田村の「菅谷たたら」よりさらに巨大です。宮崎駿は意図的に，15世紀後期の日本という舞台に，それとは不釣合いなほどに高水準の技術を登場させたことになります。そして，この仕掛けによって，エボシの登場を画期とする製鉄民の生業の変化が，効果的に演出されているのです。

　エボシによって変わったのは，製鉄技術だけではありませんでした。

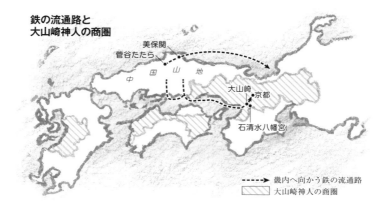

　エボシのたたら場は，アシタカがその威容を「城」と形容したように，二重の郭(くるわ)で構成され，居住空間を土塁(どるい)と柵で囲んだ環濠(かんごう)都市です。そのなかで，住人はそれぞれの専門に分かれ，分業体制をとっていたようです。たたらを踏む女たちはもちろんですが，男性労働力についても同様です。だからこそ，アシタカに救出されたたたら場の甲六(こうろく)は，たたら場の人びとに「牛飼の甲六」と名乗っているのです。彼は牛飼として鉄の輸送に従事していました。このほか，たたら場の男性労働力としては，砂鉄を採取する人びとや，鉄を溶かす燃料をつくる炭焼，そして諸道具の素材となる錬鉄の生産を担う鍛冶師(かじし)がいます。それに，エボシ率いる40人の石火矢衆や，たたらを踏む女たち，石火矢を改良する「業病」者が加わります。それに対し，エボシ登場以前の彼らは，牛飼がアシタカに語った内容から察するに，一定の土地に留まることなく，各地をめぐる小規模な集団にすぎませんでした。

　15世紀後半の中国山地にはどこにでもいた遍歴する小規模な製鉄民の集団から，16世紀末以降の技術を用いて，各人の分業によって経営される大規模な環濠都市へ。エボシの登場が，すべてを変えたわけです。モロを畏(おそ)れて赤子を差し出し，また猪神の襲撃を前になすすべをもたなかった製鉄民の小集団は，いまや石火矢によって彼らを「もののけ」として追いつめています。またそれにともなって，神に捧げた赤子から「もののけ姫」へ，言い換えれば，人と神とをつなぐ存在からもののけの仲間へと，サンの位置づけも大きく変わりました。

それにしても，エボシはどのようにしてこれほどの変革をなしえたのでしょうか。エボシに石火矢衆を貸し与えた師匠連という組織は，エボシに「金も時間も十分につぎ込んだ」と言います。ここでつぎ込まれた資金が，鉄穴流しを設け，環濠都市を建設するために使われたことは間違いないでしょう。このようなたたら場と師匠連の関係はおおいに興味を引くところですが，その前にエボシの軍事力である石火矢についてみておきましょう。

エボシと石火矢

　エボシのたたら場は，製鉄技術はもちろん，軍事力の面でも際立っています。エボシの武力は火器をあやつる石火矢衆です。しかし，現実の日本では，西洋式の「鉄砲」(火縄銃)が伝来した16世紀半ば以前に，火器が軍事力の中心となった事実はありません。

　ですが，ここで踏まえておきたいのが，15世紀中頃までには，アジアの各地で火器が広く普及していたという事実です。世界史上，もっとも早く火器技術を発展させたのは，中国でした。中国で火器が使用され始めたのは11世紀頃で，火薬を詰めて点火し，投石機で投げる火球などが開発されました。その後，13世紀末頃につくられ，明朝の時代に改良・大量生産されたのが，携帯用の銃です。これは，銃身後部の薬室の上にある火穴から点火して弾丸を発射するもので，アニメの石火矢はこれと同じものです。これらの火器は，明軍による東南アジアやモンゴルへの遠征，そして倭寇対策などに活用されました。

　明軍が大量の火器を用いたことは，アジア各地に火器が伝わるきっかけになります。朝鮮半島では，14世紀末に倭寇対策のため，明朝から高麗へと火薬の原料が与えられ，火薬と火器の製造が始まります。一方，東南アジアに目を向ければ，明朝の侵攻を撃退したベトナムが，明軍の捕虜から得た火器を活用していました。また，海上交通によっても火器は普及していき，15世紀中頃にはジャワ島や琉球王国にも伝わっていたようです。

　このように15世紀中頃のアジア各地では，火器が広く利用されていたのですが，日本ではそのようなことは起こっていません。もっとも，火器がまったくなかったわけでもないようです。例えば，応仁・文明の乱

での東軍は，銃ではないものの，琉球から手に入れたであろう火器をわずかにもっていました。また，早くも15世紀初頭には，対馬の倭寇が，明からの略奪品として火器を保有していたようです。そういえば，エボシが率いる石火矢衆が駆使した火器も，「明国」(明朝)から入手したものでした。しかも宮崎駿によれば，エボシは「海外に売られ，倭寇の頭目の妻となり，頭角をあらわし，ついに頭目を殺し，その金品を持って自分の故郷に戻ってきた」女性です。エボシが石火矢衆を率いるという設定は，アジアにおける火器の歴史を前提とすれば，ありえない話ではなかったことになります。

　しかし，現実には，日本で火器は普及しませんでした。その最大の理由は，火薬の国産化が実現しなかったことです。火器の大規模動員には，火薬の調合が欠かせません。そのためには硫黄・硝石が必要でしたが，火山国の日本はアジア最大の硫黄産出国でありながら，硝石を確保できなかったのです。もっとも，高麗は当初，明朝から火薬を与えられています。一方，日本は，明朝からそれを入手することはできませんでした。明朝も，高麗とそれに代わった朝鮮王朝も，日本に火器や硝石が伝わらないように細心の注意をはらっていたからです。その結果，対馬の倭寇はたしかに明朝の火器をいくらか入手しましたが，火薬が調合できず，火器を実戦で本格的に用いることはついにかなわなかったのです。

これらを踏まえると，本作のファンタジーとしての要素は，エボシが石火矢衆を率いたことより，師匠連が火薬をもっていたという設定に求められそうです。注意深くアニメを見ると，師匠連の戦闘員が大量の火薬を武器としながら，石火矢そのものを使ってはいないことに気づきます。師匠連の強みは軍事力一般ではなく，火薬の保持とその利用にありそうです。一方，エボシは石火矢をもっていたけれども，対馬の倭寇と同じく，火薬をもってはいませんでした。エボシの師匠連に対する従属性，つまりはエボシが自らの石火矢を師匠連に譲り，石火矢衆40人を借りるというかたちをとらねばならなかった理由は，ここにあると思われます。なぜなら，師匠連より火薬を受け取りつつ，独自に改良した石火矢を配備し，それを女たちに持たせて侍を打ち倒すこと——それこそが，エボシの狙いだったからです。

エボシと師匠連を結ぶ流通構造

　それでは，師匠連とはどのような組織だったのでしょうか。念頭におかれているのは，天皇や寺社に帰属して交易にも従事した中世の供御人・神人のようです。供御人とは，天皇の食事(供御)や衣料，身の回りの物品をおさめる人びとで，神人は下級の神職でしたが，彼らはしだいに天皇や神仏に献上する物品の流通・販売を特権的に担うようになり，商人としての性格を帯びるようになります。例えば，石清水八幡宮に灯油をおさめていた大山崎神人は，石清水八幡宮の威光を背景に，朝廷・幕府から関銭(通交税)の免除や広範囲にわたる油およびその材料となる荏胡麻の独占的な販売権などの特権を保障され，各地にいる神人を組織しながら，京都を中心とする広い商圏を築き上げました。こうしてみると，「天朝様」の権威を振りかざしつつ，都と地方のあいだを往来し，いろいろな生業をもつ職能民を率いる師匠連のジコ坊の姿は，実在する供御人・神人と重なってきます。

　師匠連と供御人・神人の共通性は，彼らが担っている物流の仕組からもうかがえます。当時，荘園からの年貢はおもに銭でおさめられましたから，地方の市場は年貢の現物を銭と交換する場となり，市場には多くの現物が商品として蓄えられました。そのため遠隔地の商人は，京都近郊で発行された事実上の紙幣ともいえる「割符」を持って地方に向かい，

地方の市場で割符と商品とを交換し，地方の商品を京都にもたらしました。こうして地方と京都を結ぶ物流がつくりあげられていったのです。

　この流通の仕組は，たたら場の鉄の販売でも確認できます。エボシと師匠連の結びつきからして，たたら場の鉄が師匠連と関係をもつ商人に渡されることは，間違いないでしょう。そのうえで注目すべきは，次の２点です。ひとつは，鉄を売るためにエボシが率いた牛飼がたたら場へいっせいに戻り，大量の食糧を持ち帰っていること。もうひとつは，戻ったエボシがその日のうちに翌日の出荷の準備をしていることです。以上から，一時的に地方に下り，エボシが運んだ大量の鉄を一括で購入し，都へ戻る商人の姿が浮かび上がります。そしてエボシは，商人から渡された割符で地方の市場に蓄積された食糧を購入したのでしょう。

　さらにいえば，彼らの取引きの現場は，たたら場からそう遠くなく，かつそれなりに大きな港町に違いありません。そう判断する根拠のひとつは，中国山地から瀬戸内海側・日本海側の港町に運ばれ，そこで海運に積み替えられるという室町期の鉄流通のあり方ですが，加えて注目すべきは，エボシが引き取っているという「売られた娘」と，「業病」者たちです。この時代には，飢饉や戦のために人びとが奴隷として売られることが多くありました。エボシは売られた女たちを買い取り，たたら場の労働力としたわけですが，じつに多くの女たちが短期間のうちに集められています。その供給源としては，人身売買をおこなう市を想定するのが自然でしょう。港町には遊廓も多く，その手の需要も高かったのだと思います。「業病」者についても，現実世界の「らい者」と同じなら，「非人施行（ひにんせぎょう）」を担う聖（ひじり）のいる都市に集住していたと考えられます。

　このように，たたら場と師匠連の関係は，現実にもみられる都と地方を結ぶ流通構造に基づくものであったと考えられます。しかし，現実の日本では15世紀後半には，都の支配者たちの力が衰えるなか，都に向かう物の流れが先細りとなり，寺社の権威の低下を反映して，大山崎神人の商圏は縮小していきました。以下では，そうした観点から，師匠連についてもう少し踏み込んでみたいと思います。

師匠連の危機とアサノ公方

　アニメでは，ジコ坊がかもしだす怪しげな雰囲気もあって，師匠連は

万能かつ強大な組織にみえてきます。ですが，商人というものは，たいていの場合，自らの組織を大きく強くみせようとするものではないでしょうか。むしろ，ジコ坊らの組織もまた，15世紀後半の大山崎神人と同じように，危機の時代を迎えていたと考えられます。

　そのひとつの要因は，「天朝様」の権威がそれ以前に比べて通用しなくなってきたことです。大山崎神人の活動が石清水八幡宮の威光に支えられていたように，師匠連のジコ坊は，天朝様の書付を何かにつけて振りかざします。もちろん，天朝様は人びとにとってもともと身近な権威ではないでしょうから，たたら場の女たちがその存在さえ知らなかった（アニメにそういうシーンがあります）からといって，天朝様の権威が失われたとはいえません。ですが，エボシが天朝様を軽んじる素振りをみせた際，ジコ坊がみせた不愉快そうな表情を無視すべきではないでしょう。これは，天朝様の権威の低下という自身が十分に知っている都合の悪い事実を，エボシによってこれみよがしにつきつけられ，からかわれたことへの不快感ではないでしょうか。「そんなことはわかってる」と言うところです。こうした仮定に立つなら，シシ神の首獲りにあたって，エボシに製鉄を続けさせて，森の力が衰えるのを待つのではなく，あえて大量の人員と火薬を投入し，拙速ともいえる強引な手段をとった理由も，説明しやすくなるように思います。乙事主だけではなく，師匠連もあせっていたというわけです。

　また，シシ神退治を受け，たたら場からエボシと石火矢衆，さらに男たちまでもがいなくなった機会を狙って，アサノ公方の軍勢が攻めてきたのも気になります。これが師匠連とアサノとが手を組んだことを意味することは明らかだからです。しかも，このことは「ごうつく」な悪者同士が協力したという単純な問題ではありません。

　先にみたように，たたら場と師匠連の関係は，都へ向かう流通構造に基づいています。しかし，この構造による限り，たたら場でつくられた鉄の多くはたたら場周辺の地域ではなく，遠く離れた都に向かうことになります。これは，侍の支配をきらうエボシにとっても，都合がよいものでした。火薬以外に，エボシが師匠連との関係を重視した理由があるとすれば，このあたりにあるはずです。アサノは，従来型のこうした物流の構造を変え，地域が生み出す富を自らのもとに引き寄せようとして

いたのではないでしょうか。アニメでは，アサノはエボシに地侍をけしかけ，「鉄を半分よこせ」と言っているわけですが，ここから2つのことがわかります。ひとつは，アサノが周辺の地侍を家臣としつつあったこと。もうひとつは，付近の職能民を支配しようとしていたことです。これらを踏まえると，アサノのめざすところが，いわゆる戦国大名による領国の統治に近いものだとわかります。自らを「公方」と称しているのも，そうした観点から理解すべきでしょう。例えば，戦国大名尼子氏の場合，16世紀初頭までには，作中のアサノと同じく国人を支配下に組み込みながら出雲を拠点に勢力を伸ばし，それとともに西日本海の重要拠点である美保関（現在の島根県松江市）を抑えて日本海流通に影響力をおよぼそうとしています。

　この見立てが間違っていなければ，師匠連にとって，アサノとの提携はたんなるエボシからの乗換えではありえません。アサノとの提携は，それまで師匠連が利用していた物流の構造を大きく変えることを意味します。しかも，この選択は師匠連の合意があったにせよ，アサノの主導でなされた色彩が濃厚です。師匠連がアサノによるたたら場への襲撃を許したとすれば，それはその後のたたら場に対する主導権をアサノに譲り渡したようなもので，代償としてはあまりにも大きすぎるからです。たたら場の拡大に師匠連が「金も時間も十分につぎこんだ」と言うなら，なおさらでしょう。はたしてこれが，全国に安定した商圏をもつ巨大な組織が，一地域の新興勢力に対してとる戦略でしょうか。私にはそうは思えません。それどころか，大山崎神人が15世紀後半よりしだいに遠隔地の商圏を失っていったことからすれば，師匠連にとって，エボシのたたら場が最後の砦だった可能性すらあると考えます。フィクションである火薬がエボシと師匠連をつなぐカギだというのも，両者の関係が例外的なものであったことの現れのようにみえます。

エボシの理想とその挫折

　こうして師匠連は，アサノ公方と連携し，エボシに催促してシシ神退治を強行するわけですが，師匠連とエボシのあいだには，シシ神退治に対する温度差が見受けられます。シシ神の首獲りを急がせる師匠連に対し，エボシは師匠連との約束を引き延ばし，シシ神の森との長期戦を展

開しようとしています。エボシの目標は，シシ神殺しではなく，たたら場を侍の支配を受けない「豊かな国」とすることにありました。その理想のためには，もののけだけでなく，侍をもしのぐ軍事力が必要であり，師匠連との関係を保ちながら，石火矢の改良と配備を進める時間を確保しなければなりませんでした。エボシのたたら場とシシ神の森が抜き差しならぬ矛盾と対立をかかえているのは確かです。ただ，エボシにとって理想の実現のために必要としていたのは，森のいましばらくの存続とゆるやかな衰退だったのではないでしょうか。

　エボシの理想といえば，女たちの手によって，侍を打ち倒すことへの執着は，並々ならないものがあります。アシタカが受けた「死に至る呪い」を「わずかな不運」と切り捨てたとき，エボシの脳裏にあるのは，自らの過去と侍の支配に対する憎悪であったと思います。アシタカがエボシのなかにみた「夜叉(やしゃ)」とは，まさしくエボシの憎悪そのものといえるでしょう。そして，この「夜叉」が，エボシの行動を決定づけています。もののけを倒すには普通の石火矢で十分なところ，あえて新型の開発にこだわっているのは，そのためです。そして，石火矢への執着がもたらしたものが，「侍殺し」になくてはならない火薬をもつ師匠連への従属でした。エボシは，最終的にシシ神退治を強行したうえに，師匠連の作戦を黙認し，たたら場の男たちを見殺しにしましたが，このような行動をとった理由は，エボシが師匠連との関係を断つことができなかったことにつきます。彼女にとって，石火矢と火薬を失い，侍の支配を受け入れ，彼らに鉄をおさめるという選択はありえませんでした。ただし，それは自らの理想を他者に強いることでもあります。シシ神退治の途中，アサノがたたら場を襲っていることを知ったあとも，エボシは引き返すことなく，女たちに自分の身は自分で守ることを求めます。そして，自分はシシ神殺しに向かっていくのです。その狙いは，彼女の言動による限り，シシ神の首獲りそれ自体ではなく，自分以外になしえない神殺しをする自身の姿を，ジコ坊らの目に焼きつけさせることにありました。これは，その後の師匠連や侍との関係を見越したものであったはずです。

　しかし，最後にはシシ神の暴走によって，おとりとなった男たちだけでなく，少なくない女たちも命を失い，たたら場も壊滅してしまいます。これもまた，エボシの侍に対する憎悪＝「夜叉」が生んだ結果です。し

かも自らは，エボシへの憎しみにつき動かされた山犬モロによる最期の力で右腕を失いながら，あげく山犬（モロの息子）の背で運ばれ生き残ってしまった。侍を倒し，「豊かな国」の建設をめざしたエボシの理想は，こうして破綻(はたん)します。

ここで印象的なのは，物語の最後で，エボシが生き残った人びとに対して，新たな理想としてたたら場を「いい村」にしようと告げるシーンです。ここに，侍への憎悪につき動かされたエボシの姿をみることはできません。このとき，新たな理想とされた「いい村」は，「豊かな国」をめざしていた頃の環濠都市とは異なり，15世紀後半という時代に広く形成されつつあった普通の村にほかなりません。そのような「いい村」では，侍に鉄をおさめることも毎日の営みのなかに組み込まれたでしょう。もっとも，ここにみえるエボシの挫折と，ともに生きる人びとに寄り添うかのような新たな道を，どのように評価するかは，意見が分かれるところだと思います。またそれを考える際には，多くの人びとの犠牲をやむなしとしながら「豊かな国」をめざし，強力な自己と自立を求めるエボシが，性差や病気といった身体的な問題など，本人の努力では解決できないハンディを決して認めない姿勢をとっていたことも，忘れてはいけない点です。

アシタカ䷥記

じつは，本作のタイトルをめぐっては，完成間近になって宮崎駿が，『アシタカ䷥記(せっき)』への変更を提案したというエピソードがあります。「䷥記」とは，草に埋もれながら人の耳から耳へと語り継がれていく物語だそうです（「䷥」は，宮崎による造字）。最後に，『アシタカ䷥記』というタイトルの意味を考えることで，結びにかえたいと思います。

本作は，『もののけ姫』と題しながらも，サンの物語という色彩は稀薄です。むしろ描かれているのは，エボシを指導者とし，みんなで「いい村」をめざすようになったたたら場で暮らすことを，アシタカが決断するまでの物語です。それが『アシタカ䷥記』の主張だとすれば，その「䷥記」を語り継いだのは，たたら場の人びとに違いありません。大和（日本国）に属さないエミシの里に出自をもつからこそ，アシタカは，「曇りなきまなこ」で物事をみすえることができた。しかも彼は，「ものの

け姫」であった人間サンとの交渉を通じ，森とたたら場の共生を実現しました。そのアシタカを迎え入れたのが，たたら場を「いい村」にすると決めたエボシと自分たちである。「萌記」とは，いわば村の由緒であり，そこで語られるメッセージは，このようなものであったと思います。

　ただし，シシ神の森が死んだということも，アニメで強調されるとおりです。シシ神の森がなくなり，アシタカを迎え入れたその以前と以後で，たたら場と森の関係も，また大きく転換しています。エボシがもののけ姫や太古の神々と対峙するという構図は，人間優位といっても，それはあくまで人間と神の交渉という枠組をでていません。けれども，たたら場に生きるアシタカと森に生きる人間サンがお互いの信頼関係をもとに協力し，たたら場が森との共生をはかるとなると，話はまったく違ってきます。森と人をつないでいるのは，あくまで人間同士の交渉だからです。この変化は，日本国の社会が中世から近世に移行する過程で経験した転換にほかなりません。この物語が，エボシの登場による巨大なたたら場の出現を起点としたのと同様，そのラストシーンは，15世紀から16世紀を通じて徐々に進行していった人間と神々の関係の転換を，シシ神の死とアシタカのたたら場への移住を転換点とするかたちで劇的に表現しているといえるでしょう。

　しかも，この作品は，近世になって，自然が人間の支配下に入ったというだけでは完結しません。たしかに，シシ神が死んだあとの森は，太古の深い森ではなく，里山というべきものですが，そこにはコダマが1匹（1人？）とはいえ，残っています。ここには，深い森がなくなったことへの歎きとともに，里山と共生する人間に対する信頼感が，同時に表現されているようにみえます。実際，宮崎は，「過ちを犯したら二度と回復できないのだったら，人類はもうとっくに滅亡してる」と言い，「やり方は変えられる」と強調します。振り返ってみれば，ここ数年来の人間社会の変化は，目を見張るものがあります。「やり方」を変えること。それは，好むと好まざるとにかかわらず，人類史上の転換点というべき現代において，私たちに与えられている大きな課題です。

中村　翼

参考文献

DVD『もののけ姫』ブエナ・ビスタ・ホーム・エンターテイメント，2001
アニメージュ編集部編，宮崎駿脚本：監督『フィルムコミックもののけ姫完全版』1～5，徳間書店，2000
網野善彦『歴史と出会う』（洋泉社新書）洋泉社，2000
市沢哲「もののけ姫分析」『日本中世公家政治史の研究』校倉書房，2012（初出『国文論叢』2004）
浦谷年良『もののけ姫はこうして生まれた』徳間書店，1998
神田千里『日本の中世11　戦国乱世を生きる力』中央公論新社，2002
久留島典子『日本の歴史13　一揆と戦国大名』（講談社学術文庫）講談社，2009（初版2001）
桜井英治『日本の歴史12　室町人の精神』（講談社学術文庫）講談社，2009（初版2001）
佐藤弘夫『神国日本』（ちくま新書）筑摩書房，2000
平雅行「中世仏教における呪術性と合理性」『国立歴史民俗博物館研究紀要』第157号，2010
中島楽章「銃筒から仏郎機へ」『史淵』第148号，2011
藤井譲治「16・17世紀の生産・技術革命」歴史学研究会・日本史研究会編『日本史講座5　近世の形成』東京大学出版会，2004

第4章 ノートルダムの鐘
中世都市パリの光と影

原作 ◆ ヴィクトル・ユゴー
『ノートルダム・ド・パリ』
1831年刊

中世のパリを探して

　フランスの首都パリは，人を惹きつける特別な魅力をもつ街です。ファッション，アート，グルメなど，皆さんのなかにも花の都に憧れをいだいている人は少なくないことでしょう。

　パリは古代ローマ時代までさかのぼる歴史をもつ都市ですから，時代を感じさせる街並みももちろん大きな魅力のひとつです。ですが，よく調べてみると有名な観光地の多くは，じつは19世紀以降につくられた比較的新しいものばかりです。例えば，エトワール広場の凱旋門は，皇帝ナポレオンがアウステルリッツの会戦の戦勝記念につくらせたもので，1836年の完成です。オペラ座のこけら落としは1875年で，現在のパリの景観を生み出した，セーヌ県知事オスマンの都市計画のなかで建設されたものです。また，エッフェル塔が1889年の第4回パリ万国博覧会のシンボルとして建設されたことはよく知られています。少し珍しいものでは，パリ南部にあるカタコンブ（地下納骨堂）があります。パリに住む人のなかにも，古代ローマ時代の遺跡だと思っている人は少なくないのですが，そうではありません。これはかつて採石場であった地下坑道を，18世紀末になってから地下納骨堂として再利用したものなのです。こうしてみると，皆さんがパリの街を歩いて目にする風景は，大半がフランス革命以降に生み出された近代都市パリのものだということがわかります。

　意外に古代や中世の遺産が少ないパリで，中世の面影を伝える代表的な建物がノートルダム大聖堂です。パリ発祥の地，シテ島にそびえ建つこの教会は，パリ司教の命令で1163年から200年近くの歳月をかけてつくられた初期ゴシック建築の傑作です。最大9000人収容可能な巨大な内部空間を支える複雑に組み合わされたアーチ，美しいバラ窓，大聖堂の正面部分に並ぶ聖人や国王たちの彫像，壁から突き出た不気味な石像ガーゴイル（怪物をかたどった彫像）など，まさに見る者を圧倒する迫力に

第4章　ノートルダムの鐘

満ちています。また鐘楼（しょうろう）に登れば，きらめくセーヌ川の水面，その先に広がるパリの街を一望することができ，パリの中心に鎮座する大聖堂の重みを実感させられます。

　現在，このノートルダム大聖堂が中世文化の結晶として美しく輝いているのは，じつはフランスの文豪ヴィクトル・ユゴーのおかげです。19世紀初頭，大聖堂はフランス革命期に荒らされたまま放置され，人びとから忘れられていました。ユゴーは中世パリの象徴ともいえる大聖堂のさびれた姿を憂い，1831年に『ノートルダム・ド・パリ』を発表しました。これが反響を呼び，人びとは再びノートルダム大聖堂へ目を向け，1845年から補修工事が始められたのです。ロマン主義文学を代表するこの作品では，中世末期のパリに生きる人びとの繰り広げる愛憎劇がリアルに描かれています。人間臭くかつ悲劇的な展開は，読む者に多くの刺激を与えるようで，今までに何度も映画化・舞台化されています。

　1996年に公開されたディズニーアニメ『ノートルダムの鐘』も，そのなかのひとつです。原作が重厚なだけに，ディズニーのアニメとしてはシリアスな雰囲気が強いのですが，ミュージカル仕立ての映像・音楽によって，大人も子どもも楽しめるとても色彩豊かな作品に仕上がっています。とくに，原作とは少し角度を変えて描き出されるパリの都市社会には，中世文化の活気に満ちた一面が顔をのぞかせています。この章では，アニメ『ノートルダムの鐘』の世界を詳しくみていくことで，「暗黒」だけではない中世文化の奥深さを皆さんにお伝えしたいと思います。

アニメのあらすじ

　アニメ『ノートルダムの鐘』は，1492年1月6日の朝から始まります。キリスト教ではこの日は公現祭（こうげんさい），イエス・キリストの誕生を祝福するために東方の三博士が贈り物をもって訪問した日にあたります。ノートルダム大聖堂前の広場は，年に一度の道化の祭りを準備する人びとで活気づいています。その楽しげな様子を，大聖堂の鐘楼からじっと見つめているのが，ここに住む鐘つき男カジモドです。内気ながら心やさしい青年カジモドは，育ての親であるフロロー判事の命令で，ずっとこの鐘楼のなかでガーゴイルの石像だけを話し相手に1人で暮らしていました。というのも，カジモドには大きな身体的コンプレックスがあったからで

す。小柄でずんぐりしたカジモドは，巨大な鐘を打ち鳴らすのに十分な怪力の持ち主だったのですが，その姿かたちはとても醜かったのです。片目の上が膨れ上がり，鼻や口もゆがんだいびつな顔，大きく湾曲した背中を左右に揺らしながら歩くその姿は，外に出れば見る人を怖がらせ，きらわれるだけだと言い聞かされて育ってきました。

しかし，この年ついに外の世界への憧れを抑えきれなくなったカジモドは，1日だけと決めてフローの命令に背いて鐘楼を抜け出しました。はじめての外の世界，しかも華やかな祭りの会場です。カジモドはすっかり雰囲気に酔いしれて，大聖堂前の広場を歩きまわります。すると突然，祭りのメインステージに引っ張り上げられてしまいました。そこでおこなわれていたのは，「道化の王様」コンテストというこの祭り最大のイベントでした。このコンテストでは，パリでもっとも醜い者がその日限りの王様として選ばれるのです。その恐ろしげな容姿を見た観客から思わず悲鳴があがったほどですから，カジモドはみごとにこの年の王様に選ばれてしまいました。

とまどうカジモドは王座に押し上げられ，観衆から歓声をあびます。祭りに臨席していたフロロー判事は驚きと怒りの表情でカジモドを見つめています。するとほどなく歓声はばかにするような笑いに変わりました。観衆のからかいはどんどんエスカレートしていき，カジモドは投げ縄でからめとられ，次々と物を投げつけられます。カジモドはフロローに助けを求めますが，自分の命令に従わなかった罰として，フロローは冷酷にもカジモドを放置します。騒然とした雰囲気のなか，カジモドを助けに駆け寄ったのは，祭りの花としてステージ上にいたジプシー（現在はロマなどの名称で呼ばれています）の踊り子エスメラルダでした。エスメラルダはカジモドを道化の王様コンテストに引っ張り込んだことに責任を感じていたのでした。フロローの制止を振り切ってカジモドを解放したエスメラルダはさらに，日頃のフロローの権力乱用を非難し，フロローこそ道化の王様だと言い放ちました。これを聞いてフロローは怒り，エスメラルダを逮捕するように配下の兵士たちに命じました。おりからの雨もあって，もう祭りどころではありません。体も心も傷ついたカジモドは，よろけながらノートルダム大聖堂へ戻ります。一方，エスメラルダも兵士らを煙に巻いて大聖堂に逃げ込みます。何が何でもエス

メラルダを逮捕しようと大聖堂を隙間なく包囲させたフロローですが，エスメラルダは鐘楼に戻ったカジモドの手を借りて，夜の闇にまぎれて外壁伝いに脱出してしまいました。

　翌日からフロロー判事はエスメラルダ逮捕のために，パリの街中で家探しをおこないます。怪しいとにらんだ者は手当たり次第に裁判所へ連行し，関わりのありそうな家は次々に焼きはらいました。あまりに理不尽なフロローのやり方に，つき従う護衛隊長フィーバスさえも異を唱えます。しかし，フロローはまったく手をゆるめません。判事として20年来，パリの治安を維持するためジプシーの排除にこだわってきたからです。「エジプトから来た人」を語源とするジプシーは，移動生活を送る人びとです。北ヨーロッパの人びととは肌の色など見た目が違ううえ，キリスト教徒でもない彼らは，つねに社会に溶け込むことのないよそ者でした。その多くは都市を渡り歩き，広場や街角で曲芸や歌，ダンスを披露して観衆からお金を受け取って暮らしていました。フロローにとって，自分たちの好きなように暮らし，ときには犯罪にも手を染めるなど，社会のルールに従わないジプシーたちは，秩序を乱す邪魔者でしかありません。しかも道化の祭り以来，美しいエスメラルダのとりことなってしまい，フロローは愛情と憎しみの入り混じるなかで，エスメラルダ追跡に異常なまでの執念をみせるのです。

　過酷な捜索にもかかわらず，一向にエスメラルダの手がかりはつかめません。カジモドがエスメラルダと通じていると踏んだフロローは一計を案じ，翌朝ジプシーたちの隠れ家を襲撃する計画があるとカジモドに話します。フロローの目論んだとおり，カジモドは急を知らせるためにエスメラルダのもとに駆けつけようと決意します。フロローのもとを去った護衛隊長フィーバスと協力して隠れ家の場所を探し出すと，カジモドは何とかエスメラルダとの再会をはたしました。しかし，フロローのほうが一枚上手でした。カジモドのあとをつけてきたフロローの軍勢が一気に押し寄せ，そこに集まっていたジプシーたちは，エスメラルダを含めて全員逮捕されてしまいました。

　翌日の夕方，ノートルダム大聖堂前の広場には，すでに処刑の準備が整えられていました。エスメラルダは妖術を使って人心をまどわし，パリの民衆を危機にさらした魔女と断罪され，フロローによって火あぶり

の刑を宣告されます。最後の瞬間が迫るなか，フローローは欲望をあらわにし，自分のものになるなら命を助けてやるとエスメラルダにもちかけます。しかしエスメラルダは，はっきりとこれを拒絶し，フローローは怒りとともに薪(たきぎ)に火をつけます。まさに炎がエスメラルダをつつもうとしたその瞬間，大聖堂の鐘楼からカジモドがロープ伝いに処刑台に降り立ちました。エスメラルダを抱きかかえるとカジモドは再びロープを使って鐘楼へ登り，大聖堂という聖域内での保護を宣言します。無論，フローローがこれを許すはずがありません。フローローは兵士に大聖堂への攻撃を命じ，自らも鐘楼にあるカジモドの部屋へ駆け上がります。完全に狂気に取りつかれたフローローは，エスメラルダをかかえて逃げるカジモドを，剣を振りかざして追いかけます。鐘楼脇の通路での壮絶なもみ合いの末，ついに2人を追いつめたフローローでしたが，その瞬間，足場のガーゴイルが崩れ地上へと転落していきました。

　翌朝，カジモドやエスメラルダたちが大聖堂前に姿をあらわすと，集まった人びとは大きな歓声をあげました。心やさしい「モンスター」カジモドは今や英雄です。たくさんの笑顔に囲まれて，カジモドは人びとに受け入れられた幸せを心の底から感じるのでした。

道化の祭りと「判事」フローロー

　アニメ『ノートルダムの鐘』は，原作『ノートルダム・ド・パリ』に比べると，ストーリーが単純化されてわかりやすくなり，さらに雰囲気も明るくなっています。例えばアニメは，道化師クロパンの歌のように，外見とは異なり美しい心をもつカジモドが，冷酷で屈折した心をもつフローローを倒してハッピーエンドを迎えます。しかし，19世紀に書かれた原作では，この世に生きる苦しみが徹底的に描かれ，エンディングもとても非情で不条理です。エスメラルダは魔女としてあえなく処刑されてしまいます。フローローはこのアニメ同様に大聖堂から転落死しますが，何とカジモドに突き落とされています。カジモドはエスメラルダとフローローの死をまのあたりにしたあと，大聖堂から姿を消し行方不明になります。ディズニーアニメのだれでもわかるハッピーエンドに対して，原作の読後感は大変複雑です。

　アニメでは，すでにご紹介したとおり，道化の祭りを軸にストーリー

が展開します。現在はすたれてしまい，あまりなじみのないこの祭りは，原作でももちろん登場します。しかし，原作では冒頭の章のひとつのエピソードにすぎず，道化の王様コンテストのあとに例の大騒動は起こりません。この日，シテ島の裁判所の大広間では道化の教皇を選ぶしかめっ面競争がおこなわれ，ただ素顔を見せるだけで観客を沸かせたカジモドが教皇に選ばれます。カジモドは教皇の衣装をつけて上機嫌になり，みこしにかつがれて一日中街を練り歩きます。それだけの話です。原作では，この会場にフロローやエスメラルダの姿さえありません。しかも，意外なことに，原作ではノートルダム大聖堂前の広場は祭りの会場ではないのです。実際，15世紀パリの復元図を見ると，ノートルダム大聖堂の周辺は現在よりもずっと建て込んでいて，この広場では祭りの観衆が集まるのに狭すぎます。

　原作を読んだ人ならすぐに気づくと思いますが，道化の祭りで観衆にいじめられているカジモドをエスメラルダが助けるというシーンは，原作の別のエピソードを下敷きにしています。原作では，カジモドが逮捕され，グレーヴ広場でむち打ち刑を受けて苦しんでいたときに，エスメラルダが水を恵んでやる場面があります。エスメラルダが魔女の疑いで逮捕されるという展開や，カジモドがエスメラルダを処刑台から救い出すシーンもまた，原作のほかの場面からヒントを得たものです。原作ではエスメラルダはフィーバス殺害や魔術の容疑に問われ，高等法院で死刑を宣告されます。処刑場へ向かう途中，ノートルダム大聖堂前の広場で最期の祈りの時間をもつのですが，このとき大聖堂の上からカジモドがロープ伝いに降りてきて，エスメラルダを大聖堂内に避難させています。つまり，「ノートルダム大聖堂前の広場でおこなわれる道化の祭り」というのは，原作にあるさまざまな印象的なシーンを凝縮することでつくりだされたアニメ独自の設定なのです。原作のエッセンスがちりばめられたこの道化の祭りは，原作以上にノートルダム大聖堂を中心に，劇的な展開をみせます。そこには，民衆の放つエネルギーが満ちあふれていて，中世パリに息づく都市の祝祭文化を知るにはまたとない機会となっています。

　アニメでは，善悪のはっきりした描き分けによって，登場人物のキャラクターも原作からずいぶん変更されています。例えば，アニメでのカ

ジモド，エスメラルダ，フィーバスはとてもわかりやすい正義の味方です。対照的に原作では，カジモドは外見が醜いだけでなく，心もゆがんでいて性格が悪いと書かれていることを知れば，ショックを受ける人も多いことでしょう。また，盲目的な恋愛にのまれてしまうエスメラルダ，根っからの遊び人のフィーバスには，がっかりしてしまうかもしれません。

　一方，ディズニーアニメに欠かせない悪役は，カジモドの育ての親フロローです。ゆがんだ正義感をもち，弱い者いじめをするまったく共感できない悪人です。しかし，原作でのフロローは，錬金術にのめり込む怪しげな一面はありますが，その学識から敬意を集める司教補佐です。ただエスメラルダに魅了されたことで，破滅的な運命をたどるだけなのです。おそらく，狂気にかられた悪役としてフロローを描くには，聖職者という身分はまずかったのでしょう。アニメでは，フロローの職業は司教補佐から判事に変更されています。あとで説明するように，当時のパリの司法制度はとても複雑で，一口に判事といってもさまざまなタイプがあります。フロローの場合，シテ島にある裁判所（パレ・ド・ジュスティス）に居室をもち，職務にあたっていることから，高等法院の判事だと考えることができます。

　フロローを高等法院の判事に設定することで，アニメの社会背景は原作のそれとは大きく違ったものになっています。原作を読むと，当時のパリの治安は決してよいものではありません。通りには多くの物乞いや路上生活をする子どもがいて，夜警隊が巡回して強盗や殺人，傷害事件に備えています。こういった社会のはみ出し者に対して，個人的に悪感情をいだく住民も登場します。とはいえ，彼らは基本的に野放しの状態で，深刻な社会問題としてみられている様子はありません。それに対して，アニメではパリでの公権力による浮浪者の取締りが正面から描かれています。何しろ，フロロー自身が高等法院判事として，パリの秩序を守るために長年ジプシー狩りを指揮しているのです。つまり「判事」フロローの姿をとおして，中世都市から近世都市への過渡期にあらわになる浮浪者問題が，アニメのなかで一気にクローズアップされることになります。先程ふれた都市の祝祭文化が，中世末パリの都市生活の光だとすると，その影の部分にあたる社会不安の増大は，中世から近世への社

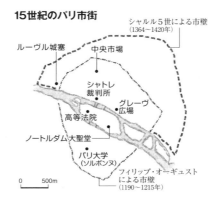

会変化を象徴するものといえます。カジモドたちの生きた時代のパリを特徴づけるこの光と影については，このあとの項で都市パリの発展，それにかかわる教会や国王の動きなど，歴史的な背景にふれながらもう少し詳しくみていくことにしましょう。

中世都市パリの発展と苦難

　フランスの首都パリは14世紀初頭の人口が20万ともいわれる，ヨーロッパ最大の中世都市です。城壁に囲まれた市域は現在のパリの街よりもずっと狭いのですが，そのなかに政治，経済，商業，宗教，学問の中心組織が集まっていました。セーヌ川に浮かぶシテ島には，国の行政・司法をつかさどる高等法院が13世紀におかれ，パリ大司教のいるノートルダム大聖堂もここにありました。セーヌ川左岸は文教地区になっており，12世紀前半に設立されたパリ大学には2000人近くの学生と数百人の教師がヨーロッパ各地から集まっていました。セーヌ川右岸は商業・経済・金融地区で商人街や職人街が広がっていました。河岸には船からの荷揚げ場がおかれ，食料品を扱う中央市場もフランス国王フィリップ・オーギュストによって整備されました。セーヌ川の水運，川と交差する陸路と地の利に恵まれたパリは，小麦・魚・毛織物・ぶどう酒取引きの場として栄え，のちにパリ市の行政をつかさどるようになる水運商人組合が11世紀末に組織されています。パリはしだいにシャンパーニュに取って代わる商業センターに成長し，パリ北部で開かれた市にはヨーロッパ中から商人が集まってきました。

中世末期にヨーロッパは社会的・経済的危機を迎えますが、パリも例外ではありません。14世紀から15世紀半ばにかけて、パリは飢饉、ペスト、戦乱、暴動とさまざまな苦難に直面しています。14世紀前半、ヨーロッパは広く天候不順にみまわれ、穀物生産が大幅に減りました。とくに1315年から17年にかけて農村・都市を問わず大飢饉が発生し、パリ周辺の小麦価格は2倍になったといわれます。都市にはすでに職や住居のない多くの貧民がいたのに加えて、農業だけでは生活できなくなった農民たちが、賃金収入を求めて都市に流入したので、都市内部では貧困がいっそう拡大していきました。次いで悪天候と飢えで弱った人びとを襲ったのはペストです。肌に黒紫色の斑点がでることから黒死病とも呼ばれるペストは非常に致死率の高い伝染病で、モンゴル帝国の拡大によってアジアからヨーロッパに広まりました。1346年にクリミア半島にあった通商都市カッファなどで発生すると、ジェノヴァ人の交易ルートに乗って瞬く間にヨーロッパ全域で大流行しました。フランスには1347年冬に港町マルセイユへ上陸し、プロヴァンス地方の人口を半減させ、翌年の夏にはパリに達して5万人もの犠牲者をだしました。

　英仏間の百年戦争(1339～1453年)では、パリは巨額の防衛支出を強いられただけでなく、大きな戦災も受けました。パリはフランス軍、イギリス軍によって計7回も包囲され、1370年の包囲の際にはパリ近郊の村が焼きはらわれています。1420年から36年はイギリス軍の占領下におかれ、36年にフランス国王シャルル7世がパリを奪い返した際には、パリ市内に崩れ落ちた空き家が多いことに王自身が驚いたといわれています。14世紀後半には都市民の反乱もあいついでいます。百年戦争の代表的な戦いのひとつであるポワチエの戦いでフランス軍が敗北したのち、パリ市長に相当する商人奉行のエチエンヌ・マルセルは王権に制限をかけようとして王太子シャルルと対立し、1358年にパリ市民を率いて蜂起しています。1382年には国王による課税に反対する反乱も起きています。15世紀に入っても社会の混乱は収まりをみせず、アルマニャック派とブルゴーニュ派の対立に端を発した内乱など、パリは断続的に戦乱にみまわれます。この激動の時代にパリが受けたダメージは大きく、人口はペスト以前の半分程度まで減少し、経済活動が勢いを失っていく一方、近世へ向かって王権がどんどんと拡大していきます。

ジプシー狩りの背景

　中世の都市では，社会的弱者は教会の慈善行為によって保護されていました。よいキリスト教徒には教会と貧民を援助することが求められていたので，教会にはたくさんの寄進が集まってきました。これをもとに修道院や施療院(オテル・デュー)，救護施設などで，夜の寝どころや食事が貧民に提供されました。施療院は11世紀頃からヨーロッパ各地で巡礼路沿いに，巡礼者の宿泊・療養施設として整備されていましたし，とくに都市では12・13世紀から市民や信心会などによって多くの病院施設がつくられました。そのため，近隣を移動して，さまざまな教会施設で貧民への施しをもらい歩いて生活する者もいました。また，広場や通りで物乞いをして，教会の手を介さず直接施しを受け取る者も，都市につきものの人びととして社会的に認められていました。ボロ着を身につけたり，病気や障害のあるふりをしたり，歌いながら物語を語り，芸を披露したりとさまざまなテクニックを駆使した物乞いは一種の職業となり，職業集団としての団体さえ組織するようになります。

　中世末期から近世にかけて，こうした社会的弱者のうえにだんだんと公権力の管理の手が伸びてくるようになります。すでにみたように，ペストや百年戦争による被害，農村経済の停滞，都市内部での貧困の拡大などの影響で，中世末期の都市には大量の貧民がいました。施しを求める貧民の群れは，都市民のあいだに貧民への恐怖心を植えつけ，社会不安を増大させました。そこで公権力が都市の安全な生活秩序を保とうと，貧民を監視して，取り締まるようになります。キリスト教的な倫理観に基づき保護されていた「貧民」には，「労働」という価値観による新たな線引きが持ち込まれました。病人，障害者，老人などは，労働に従事することができないため，これまでと同じように教会が扶養しましたが，それ以外の貧民には労働が強制されました。また，健康な貧民の物乞いや彼らへの施しも規制されるようになります。

　通りをうろつく物乞い，路上生活者，ならず者，ジプシーなど，健康でありながら定職に就かない貧民は，近世的な視点によって「浮浪者」とみなされ社会問題化していきます。犯罪，暴動，伝染病の危険をもたらしかねない「浮浪者」は犯罪者と同じように扱われ，都市から出て行かなければ逮捕・投獄され，むりやり働かされました。健康でありなが

ら働かず，芸を披露して物乞いをする時点で，すでにジプシーは排除の対象なのですが，街から街へ移動して暮らす素性の知れないよそ者という異質さは，ジプシーをとくに危険視する理由となっています。ジプシーのもつ歌や踊り，占いなど特殊な技能も，人の心をまどわすいかがわしい力として人びとに警戒される点でした。そのため，エスメラルダが魔女として逮捕されたように，不測の事態にはスケープゴートとしてていよく利用されやすかったといえます。

　パリの場合，一国の首都としての性格もあって，司法・行政制度はとても複雑です。治安維持にあたる公権力と一口にいっても，いくつもの機関がありました。まず王権の下にあるのが，百年戦争中の1356年にフランス国王シャルル5世が首都パリの守備のためにおいたパリ総督，それに高等法院とシャトレ裁判所です。国王の諮問（しもん）機関であった王会に起源をもつ高等法院は，13世紀にシテ島に設置され，14世紀までは全国を管轄していたフランスの最高司法組織です。国王の任命する高等法院院長以下，多くの司法官をかかえていた高等法院は首都パリでの王権を代表しており，とくに重大な事態では，パリの秩序維持に直接かかわることもありました。アニメ『ノートルダムの鐘』のフロロー判事は，シテ島の裁判所で職務に就いていたので，この高等法院の司法官の一員だと思われます。ただ，高等法院の役割を考えると，20年ものあいだ，パリからのジプシー一掃に取り組むフロローの姿は，司法官の本来の職務にはそぐわないものです。

　一方，シャトレ裁判所は，国王の代理であるパリ奉行（プレヴォ）の拠点で，パリとその周辺地域での民事・刑事事件を扱う第一審裁判所でした。パリの秩序維持について責任をもち，紛争を調停したり，暴動を抑えたりするほかに，商業上の違反も取り締まっていました。刑事代官が犯罪を裁く刑事裁判権をもつ一方，徐々にシャトレ裁判所の実質的な長になる民事代官は，裁判権と警察権をもっており，パリの安定をめざし，さまざまな職業の規制，食糧供給，ゴミ収集，疫病や暴動対策に従事しました。職務の内容からいうと，ジプシー対策に没頭するフロローには，シャトレ裁判所の判事の立場がより近いように考えられます。

　セーヌ川の水運商人組合に起源をもつパリ市当局は，パリ市長に相当する商人奉行のもと，助役と市参事会で構成され，都市や市壁の防衛，

河川整備，食糧供給，税の分担，商業関連の裁判などを取り仕切っていました。その権限のおよぶ範囲はシャトレ裁判所のそれとずいぶん重なっています。このほかにも，シャトレ裁判所が17世紀にパリの領主裁判権をすべて握るまでは，パリ司教を筆頭とする30人程の領主たちがパリのかなりの部分を領有していて，それぞれが領地内での裁判権をもっていました。また，当時，14世紀後半に築かれたシャルル5世の市壁で囲まれていたパリ市では，街区制のもとで住民による市壁や通りの組織的な自衛がおこなわれていました。16の街区が通り単位で組織される小街区のうえに成り立っており，顔見知りの住民たちがお互いに監視し合うことで，よそ者や社会的ルールから逸脱する人びととからの危険に対処していました。

　パリ総督，高等法院，シャトレ裁判所は，いずれも権限を国王から委任された機関で，高等法院はシャトレ裁判所に対して上級裁判所の立場にあります。都市当局は，国王の承認を得て1236年に初代の商人奉行を選んで以来，パリ総督からは保護を，高等法院からは命令を受ける立場です。16世紀から王権の支配下にある組織が，だんだんと影響力を強める傾向がありますが，それぞれの権限の範囲はいぜんとして重なっており，はっきりと分けられるものではありません。さらにここにパリの有力領主やパリ住民らが加わってくるわけですから，中世から近世にかけての首都パリの秩序は，いくつもの担い手によって，多元的に維持されていたとみるべきでしょう。例えば，原作『ノートルダム・ド・パリ』でも，エスメラルダ誘拐未遂の容疑でパリ奉行の警備隊に逮捕されたカジモドは，シャトレ裁判所で裁かれる一方，シテ島近くのセーヌ川のほとりで夜警の兵士に逮捕され，魔女と殺人犯の嫌疑に問われたエスメラルダは，高等法院で裁かれています。

　実際にパリの治安維持のための浮浪者対策が始まるのは16世紀に入ってからで，アニメや原作の設定である15世紀末よりも少しあとの時代になります。浮浪者の管理を政策として推し進めるのに大きな影響力をもっていたのは高等法院です。まず1516年にすべての健康な浮浪者にパリからの退去を命じ，従わない場合は市当局が捕らえて，公共事業で働かせるように命じています。実際にはこの指示は徹底されませんでしたが，公権力が浮浪者に強制労働を科すという先例になっています。1535年に

は，この命令に従わない場合は縛り首に処すという刑罰で脅すといういっそう厳しい裁定がくだされます。病人のふりをした浮浪者，施しを与えた住民も処罰されることになっており，うまく進まない都市からの浮浪者の排除に，高等法院が業をにやしている様子がうかがえます。

　実際にパリの治安維持にあたる現場に関しては，13世紀以来，160名の巡査を使って市内の見回りをおこなっていたシャトレ裁判所が，だんだんと権限を強めています。1515年には，シャトレ裁判所の警視1名が直属の巡査10名とともに各街区に配置され，地域住民は国王役人である警視の監督下におかれることになりました。1524年には，高等法院が夜間に不審者を拘束・投獄する権能を街区長に対して認め，パリ市内での浮浪者の取締りが強化されています。さらに1526年には，シャトレ裁判所に浮浪者対策を専門とする騎馬代官職が新設されました。騎馬代官は20名の巡査を連れてパリの街を巡回し，広場や居酒屋などでたむろする浮浪者を摘発しました。パリからジプシーを一掃するため配下の兵士と一緒に街を巡回し，その隠れ家を捜索するフロローの姿は，この騎馬代官にぴったりと合います。

　一方，パリでの貧民保護は，1505年に高等法院が施療院の行政官を任命するようになったことで，教会離れが進みます。1544年には，パリ市当局が救貧局を設置し，これ以降，貧民保護を統括するようになりました。この救貧局の設置は，秩序維持を目的としておこなわれた社会政策です。市当局は，救済対象となる貧民の保護に関心があったというよりも，街をうろつく貧民の群れに恐怖をいだいていました。そのため，教

区ごとに登録された働くことのできない者に対して，1525年から始まった貧民税を財源に，定期的な施しが与えられることになりましたが，貧民の流入を懸念して，よそ者は貧民保護の対象から除かれています。パリ市は公共事業の現場で浮浪者を雇うことにも消極的でしたが，これも，貧民の集団を引き寄せること，また彼らが暴徒化することを警戒したためです。

都市の祝祭文化と逆さまの世界がもつ力

　道化の祭りは，フランスを中心にヨーロッパ各地の都市でおこなわれていた中世の年中行事のひとつです。12月後半から1月初めの，クリスマスから公現祭までの12日間，キリスト教の下位聖職者のあいだでおこなわれていた祭りが原型になっていると考えられています。若い下位聖職者らは普段，厳しい戒律のもとで生活していたのですが，祭りのあいだだけは上下関係や戒律をひっくり返して，日常のストレスを発散することが許されていました。

　この祭りの大きな特徴は，通常の教会儀式のパロディーです。下位聖職者のなかから道化の大司教を選び，祭り用のこの大司教が本物の大司教と衣装を交換してミサをおこないます。ミサは通常の方法を徹底的に逆転しておこなわれ，身分の上は下に，時間は昼が夜になり，祈りの言葉や説教はすべてでたらめの内容でした。ミサに列席する司祭たちは仮面をつけて仮装し，教会内で歌い踊り，祭壇で飲み食いをするなど悪ふざけをつくしました。そのあと，仮装した聖職者たちは街に出て，通りでプロセッションといわれる宗教行列もしばしばおこないました。

　もともと聖職者たちのものであった道化の祭りは，13世紀頃に教会の外側に広まり，一般の都市民も参加するようになったことで，都市の祝祭としての性格をもつようになります。道化の司教選挙では聖職者と俗人との垣根がとりはらわれ，ときには学生や普通の都市民が道化の司教に選出されることもありました。祭りの日には広場や通りで見世物がおこなわれ，都市の人びとは仕事を休み，思い思いに飲み歌い楽しみました。プロセッションは道化の司教に従う仮面行列として都市民のあいだに広く浸透しましたが，宗教色はどんどん薄れ，まもなくけんか騒ぎがあちこちで起こるようなにぎやかで荒々しいものになりました。

都市民のための祭りに発展した道化の祭りは，もはや教会のコントロールを超え，日常の秩序の反転というより，何でもありの無礼講に様変りしました。それまで道化の祭りを黙認してきた教会も，15世紀に入るとこの祭りを問題視し，取締りを何度も試みています。1435年のバーゼル教会会議では，ついに道化の祭りは教会から閉め出され，教会のなかで踊ることも劇や仮面行列などをおこなうことも禁止されました。1444年にはフランスの代表的な宗教的権威であったパリ大学神学部（ソルボンヌ）が国内の聖職者に対して回状を出し，道化の祭りは異教的な迷信だとみなし，教会の外でおこなわれようと，この祭りは異端的だと非難しています。フランス国王シャルル7世も教会の方針を支持し，1445年の勅許状で，道化の祭りの禁令を破った者を，司教や異端審問官の手を借りて処罰するよう命じています。異端審問官というのは，教会に反する考えをもつ者を取り締まるための教会の専門職で，教皇によってヨーロッパ各地に派遣されました。高等法院もまた，祭りでの過度の飲酒や暴力沙汰，社会風刺が暴動に発展することを懸念し，道化の祭りの仮面行列を禁止するなど規制をはかっています。こうして教会と国王が異端取締りと治安維持の観点からの圧力をかけたことで，16世紀以降，道化の祭りは活力を失い，だんだんとすたれていきます。

　アニメ『ノートルダムの鐘』は1492年，原作『ノートルダム・ド・パリ』は82年の時代設定ですので，いずれの場合も教会が取締りを強化した時期の道化の祭りを取り上げていることになります。アニメの場合，道化の祭りはまるでサーカスのようなにぎやかなお祭り騒ぎです。ノートルダム大聖堂前の広場には，道化師や踊り子らが集まって，広場やステージ上で芸を披露しています。紙吹雪(ふぶき)の舞うなか，観衆は大人から子どもまで楽しく踊り，歌いながらこれらを見ています。祭りは王様選びでクライマックスを迎えます。ここで観衆の興奮も一気に高まり，感情をむき出しにして王様に選ばれたカジモドをあざ笑います。日常の社会秩序を反転させるという祭りの精神は道化の王様選びに受け継がれていますが，聖職者の姿はまったくなく，キリスト教的な要素はみあたりません。下位聖職者の祭りという原点はすっかり失われ，13世紀以降に付け加わった，都市の祝祭の部分だけが祭りを構成しています。また，治安維持の責任者である高等法院の判事フローが貴賓席(きひんせき)から観衆を監視

しているように，この祭りはしっかりとした公権力の管理下でおこなわれています。素朴な笑いにあふれた，陽気で底抜けに明るい祭りは大変な盛上りをみせますが，行き過ぎた暴力や風刺，暴動といった危険はみられません。

　一方，原作では，祭りの起源を伝える教会色がまだ残っています。道化の祭りはグレーヴ広場，ブラック礼拝堂，シテ島の裁判所の大広間とパリ市内3カ所で大がかりにおこなわれます。グレーヴ広場ではかがり火がたかれ，食堂で食べ物が振る舞われています。エスメラルダはこの広場で舞を披露しています。シテ島の裁判所の大広間では，道化の教皇選びが聖史劇とともに開催されます。大広間には聖史劇の始まる前から多くの学生たちが集まり，ヤジを飛ばして大騒ぎをしています。聖史劇というのは宗教劇の一種ですが，この年はフランス王太子の結婚が比喩（ひゆ）的に祝われています。フランドルの使節団が観衆をあおったことで会場は早々に収拾がつかなくなり，聖史劇は寸断され，主賓である枢機卿（すうききょう）一行は逃げるように退席してしまいます。無秩序のなかで道化の教皇選びがおこなわれ，観衆はカジモドを教皇に選び出すと玉座に載せて裁判所を出発します。この行列にはジプシー，ならず者，学生，下位聖職者がそれぞれ徒党を組んで付き従っています。

　高位聖職者が多数列席するなかで，聖史劇や道化の教皇選びがおこなわれる点，学生が大学の教授や高位聖職者をからかいヤジを飛ばす点などは，若い下位聖職者のガス抜きという道化の祭り本来の趣旨に重なります。一方，祭りのおもな内容はすでに都市の祝祭に移行しています。聖史劇も名ばかりで王太子の結婚を祝う内容ですし，祭りの主導権は聖職者ではなく，パリの都市民や都市民からなるフランドルの使節団が握っています。会場の手のつけられない混乱ぶりやとても物騒な行列は，パリのあらゆる住民を日常生活の枠から解き放つこの祭りの危険性を感じさせ，治安維持をはかる公権力の介入が遠くないことをうかがわせます。もっとも，高位聖職者が列席しているくらいですから，この祭りは教会の許容範囲内でおこなわれていて，当時出ていた禁令にふれる部分はありません。

　道化の祭りが発達したのは，カーニバルタイプの祝祭としての性格によるものだと考えられます。カーニバル論で知られるミハイル・バフチ

ーンは，教会の厳格な公式儀礼が実際の社会を支配する社会秩序とルールをつかさどるのに対して，そのパロディーとしておこなわれるカーニバルタイプの祝祭は，そこからの解放・放棄を意味すると述べています。もちろん，カーニバルタイプの祝祭は道化の祭りだけではなく，バフチーンは教会の祝日のほぼすべてにカーニバルタイプの祝祭の性格を認めています。

　カーニバルタイプの祝祭では，祭りのあいだだけ普段の社会秩序が逆転されます。道化の祭りで醜い者が王様に選ばれるのはその典型です。祝祭が生み出す日常とは逆さまの世界は，中世の人びとの生活に大きな場所を占めていました。というのも，中世の人びとは教会や領主によってコントロールされる現実社会と，その枠におさまりきらない民衆的な生活とが並行して存在する二重性のある世界を生きていました。教会文化はたしかに中世ヨーロッパ社会において支配的でしたが，キリスト教化以前から続く民衆文化が，人びとの生活から失われることはありませんでした。陽気さ・笑いといった民衆文化の一部は，本来はあいいれないはずの教会文化のなかに入り込み，教会の祭日でありながら，笑いを基調とする民衆的な祝祭をつくりだしました。その結果，カーニバルタイプの祝祭の期間は，教会文化のもとで合法的に民衆文化が顔を出し，エネルギーを爆発させる貴重な機会となったのです。

　日常の社会秩序が一時的に破棄され，何でもありの無礼講がおこなわれるカーニバルタイプの祝祭は，体制側の教会や領主らにとってコントロールのきかないとても危険な状態です。しかし，現実の社会で階層秩序や特権，規制，禁令にがんじがらめにされている人びとにとって，圧迫感のある「暗黒」の日常を一時的に抜け出すことは，絶好の鬱憤のはけ口になるのです。現実をパロディー化して笑い飛ばし，ストレスを発散したあとでまたもとの生活に戻る。このサイクルによって祝祭は逆説的に社会秩序の安定に役立つことになります。

　カーニバルタイプの祝祭では，広場に集まった人びとが日常の身分の違いを忘れて自由なふれあいを楽しむこともできます。このみなが平等で自由な状態は，現実社会では実現不可能なユートピアです。つまり，祝祭にあらわれる逆さまの世界には，逆さまの真実，現実にはありえない理想が姿をあらわします。中世の人びとは年に何度か，現実を忘れさ

せ，理想を実現してくれる祝祭でおおいに笑うことで，日頃の抑圧的でストレスの多い生活を生き抜いていたのです。

中世から近世へ移りゆくパリ

　飢饉，ペストの流行，たえまなく続く戦乱など，さまざまな災害にみまわれた中世末期のパリは，現代の私たちには想像もつかないくらい，生きることが厳しく苦しい時代であったことでしょう。しかし，アニメ『ノートルダムの鐘』という窓をとおしてながめた当時の人びとの日常生活には，恐怖と絶望の毎日に疲れはてた人びとという悲観的なイメージだけでは語り切れない，人間のたくましさや底力が感じられます。ジプシー狩りがおこなわれるなか，街角で踊り，小銭を集めるエスメラルダは，兵隊の取締りに遭った際にも，変装して逃げ切るなど都市パリをしなやかに生きています。通りにあふれていた貧民の群れも，逆境をただ耐え忍んでいたのではありません。仕事にありつけず，施しを求める彼らは，教会の貧民保護を抜け目なく活用して生き抜いていました。また，都市の祝祭もたんなる年中行事ではありませんでした。道化の祭りに典型的にみられるように，都市の住民たちは現実の世界の過酷さを逆手にとって，これを笑い飛ばすことで明日を生きる力を得ていたのです。中世の人たちの生きるための知恵としたたかさには本当に驚かされます。

　一方，近世に入ると，国王を中心とした公権力が，秩序維持のために社会統制に取り組むようになります。教会による貧民保護は都市当局による浮浪者排除へと変質し，都市住民のエネルギー源であった道化の祭りも，規制を受けて急速にすたれていきます。中世をあの手この手で巧みに生きてきたパリの住民たちですが，公権力への服従を強いる管理社会の到来で，それまでとは違う息苦しさを味わうことになるのです。

松尾佳代子

参考文献

DVD『ノートルダムの鐘』ブエナ・ビスタ・ホーム・エンターテイメント，2002
V・ユゴー（辻昶・松下和則訳）『ノートル゠ダム・ド・パリ』潮出版社，2000
河原温『都市の創造力』岩波書店，2009
B・ゲレメク（早坂真理訳）『憐れみと縛り首』平凡社，1993

高澤紀恵『近世パリに生きる——ソシアビリテと秩序』岩波書店，2008
M・バフチーン（川端香男里訳）『フランソワ・ラブレーの作品と中世・ルネッサンスの民衆文化』せりか書房，1973
J・ホイジンガ（堀越孝一訳）『中世の秋』中央公論社，1969

第5章 ポカホンタス
2つの世界の架け橋

ディズニー・オリジナル作品

ディズニーアニメの新たな挑戦

『ポカホンタス』は，1937年の『白雪姫』に始まるディズニーの長編アニメーション映画の33番目の作品で，95年に公開されました。有名なアメリカ建国の神話をもとにしており，ディズニーアニメのなかで史実と実在の人物が取り上げられたはじめての作品です。先住民（インディアン）女性と，白人男性とのロマンスが描かれています。主人公の先住民女性ポカホンタスは，小さな女の子の憧れ，ディズニーに登場するお姫様13人（2014年現在）からなる「ディズニー・プリンセス」の1人として，シンデレラ，白雪姫，人魚姫たちと肩を並べています。

主題曲「カラー・オブ・ザ・ウィンド」は有名な歌手ヴァネッサ・ウィリアムズが歌い，アカデミー歌曲賞，作曲賞，ゴールデングローブ主題歌賞，グラミー最優秀映画映像歌曲賞など，多くの賞を受賞しました。

あまり知られていない続編に，ビデオだけが発売された『ポカホンタスⅡ　イングランドへの旅立ち』(1998年) があります。また同じくポカホンタスを主人公にして，『ポカホンタス』と続編の両方の時代を扱った実写版映画に，作品の数が少ないことで有名なテレンス・マリック監督による『ニュー・ワールド』(2005年) があります。ここでは共通の主人公をもつこれらの作品にもふれながら，ディズニーアニメ『ポカホンタス』についていろいろな角度からお話をしていきたいと思います。

なお，「インディアン」という呼び名はアニメのなかでもたびたび使われていますが，もともと「インド人」であると誤解されたことからつけられた名称ですので，間違いを正すという意味も込めて，ここでは「先住民」と呼びます。

豪華な声優陣

ポカホンタスの声は，アメリカ先住民映画『スモーク・シグナルズ』で印象的な役柄を演じた，アラスカとカナダの先住民の血を引くアイリ

ーン・ベダードが担当しました。彼女は子どもの頃，ポカホンタスというあだ名をつけられていたそうで，アニメのポカホンタスの容姿も，彼女をモデルにしたといわれています。たしかによく似ている気がします。

　ポカホンタスと恋に落ちるキャプテン・ジョン・スミスの声は，『マッドマックス』『リーサルウェポン』シリーズなどで有名な俳優メル・ギブソンです。続編では，声がそっくりの弟ドナルに交代しています。ポカホンタスの父ワフンソナコックは，先住民集団ラコタ（スーともいいます）出身で，著名な活動家兼俳優のラッセル・ミーンズが演じました。このうちベダードとミーンズは，続編でも引き続き声優を務めました。スミスの植民仲間トマスの声は，『バットマン』で有名なクリスチャン・ベール。彼とポカホンタスのベダードは，『ニュー・ワールド』にも出演し，そこではベダードがポカホンタスの母親，ベールはポカホンタスの夫ジョン・ロルフを演じています。なお，ポカホンタス，キャプテン・ジョン・スミス，ワフンソナコック，ジョン・ロルフ，さらにこのあとに述べるジョン・ラトクリフなど，アニメの主要な登場人物は，いずれも実在した人物をモデルにしています。

アニメ『ポカホンタス』のあらすじ

　1607年，ジョン・ラトクリフ総督率いる白人植民者たちの乗る１隻の帆船が，ロンドンからアメリカ大陸の「ヴァージニア」に到着しました。イギリスはここを新たな植民地にしようとしていました。欲張りなラトクリフ総督は，土地に「黄色の貴重なもの」，すなわち黄金が埋まっていると信じ，これを手に入れ本国で王侯貴族になることを目論んでいました。また皆に尊敬される勇敢な軍人キャプテン・ジョン・スミスは，壮大で美しい大自然のなかでの冒険と，「野蛮人」に白人文明を広めることを夢見ていました。

　彼らが上陸した土地では，先住民ポーハタンの人びとが豊かな暮しを送っていました。その指導者ワフンソナコックの娘が，長い髪をなびかせ大地を自由に駆けまわる，ポカホンタスでした。彼女はアライグマのミーコ，ハチドリのフリット，柳の木の精霊グランドマザー・ウィローと心を通い合わせることができました。グランドマザー・ウィローは，これからの進むべき道を迷うポカホンタスに，正しいほうに向かって吹

く風が後押ししてくれるし，心の声を聞けば進むべき道が見つかると教えます。

　海からあらわれた帆船を目にしたポカホンタスは，上陸してきたスミスに惹かれ，夢に見た運命の人と思います。言葉が通じない２人は，しだいに心でお互いを理解できるようになります。そして，スミスはポカホンタスから，「新大陸」の「黄色の貴重なもの」とは，黄金ではなくトウモロコシで，自分の考えは間違いであったことを教えられます。

　一方，金を求めるラトクリフ総督は，従順な植民者たちに命じて土地を掘らせ，森の木を切り倒させます。

　　ヴァージニアを掘りつくせ……黄金は私のもの……この地をわがものに！

　　　　（『ポカホンタス』劇中歌「マイン・マイン・マイン」の一節より）

　侵入者への警戒心から偵察に来たポーハタンの戦士の１人が撃たれると，先住民と白人は戦争寸前の状態になります。心配するポカホンタスとスミスが密会していたところ，ポカホンタスの婚約者でもある戦士ココアムがスミスに襲いかかりますが，植民仲間のトマスに撃たれて命を失います。スミスは捕らえられ，首長ワフンソナコック自らの手によって処刑されることになりますが，ポカホンタスは愛するスミスの上に身を投げ出して彼をかばいます。心打たれた父ワフンソナコックは，白人との争いをやめることを宣言し，この様子を見て，いままさにポーハタンを攻撃しようとしていた植民者たちも銃を下ろします。しかし，怒ったラトクリフはワフンソナコックに向けて引き金を引きます。スミスは首長をかばって重傷を負い，ラトクリフは白人たちの手で捕らえられます。

　治療のためイギリスに帰る日，スミスはポカホンタスに一緒に行こうと誘います。父もこれを許しました。しかし，彼女がいなくなれば，これからだれが白人との戦いをとめるのかと友人に言われ，ポカホンタスは留まる道を選び，愛するスミスを乗せた船が旅立つのを見送るのでした。

　続編の『ポカホンタス II』は，イギリスがおもな舞台。ジョン・スミスはラトクリフの刺客に襲われて行方不明になり，ラトクリフは国王ジェームズ１世に，金を手に入れるためには先住民との戦争が必要であ

ると説きます。王は先住民をイギリスに呼び寄せ話を聞いて，事の次第によっては遠征艦隊を派遣することを決します。スミスが死んだと聞き悲しみに暮れるポカホンタスでしたが，戦争をとめるため，先住民の使節をイギリスに連れていく任務を帯びた「貴族」ジョン・ロルフと一緒にイギリスに旅立ちます。

　白人の着るドレスを身にまとい，王室の舞踏会に出席したポカホンタスは，ラトクリフの陰謀で王の怒りをかい投獄されますが，じつは生きていたジョン・スミスとロルフの協力で脱出。ラトクリフの嘘を訴えて王を説得し，艦隊の出港を中止することに成功します。最後に自分がロルフと愛し合っていることに気がついた彼女は，新たな冒険の旅に出るスミスに別れを告げ，ロルフとともにアメリカへと帰っていくのでした。

「アメリカ」の始まり

　アニメ『ポカホンタス』の背景となった，アメリカ大陸の歴史を簡単にみてみましょう。1492年のコロンブスの「新大陸発見」後，そこに金銀が満ちあふれているという伝説にも惹かれて，1500年代前半にポルトガルやスペインによって南アメリカ大陸が征服されます。また，北アメリカ大陸にもヨーロッパ人が入植し，スペインがその先陣を切りました。スペインは，1565年に今のフロリダ州北東部にあるセントオーガスティンで定住にはじめて成功し，その後はフロリダやカリフォルニアを中心に植民をおこないます。

　1580年代になると，スペインだけでなくイギリスも，大西洋岸から現在のヴァージニア，ウェスト・ヴァージニア，ケンタッキー州などにおよぶ広大な地域への植民を試みます。この地域は，当時のイギリス女王エリザベス1世にちなんで「ヴァージニア(処女地)」と命名されました。このときタバコとジャガイモがヨーロッパにもたらされたといわれていますが，真偽は定かではありません。新しい植民地では，土地が耕作に適さなかったため食糧が不足し，植民の数年後イギリスから派遣された補給船の報告によると，柱に刻まれた謎のメッセージを残し，植民者たちは全員消えてしまっていました。ほかの土地に移住したのか，飢餓や先住民の攻撃で死んでしまったのか，真相は今も明らかになっていません。この「失われた植民地」事件のために，イギリスの植民活動は頓挫

し，20年近く再開できませんでした。

　フランスは16世紀から，またオランダとスウェーデンも17世紀から，北アメリカでの植民活動を始めます。1606年４月，イギリスではエリザベス１世の後を継いだジェームズ１世が，ロンドン会社(のちにヴァージニア会社と改称します)とプリマス会社に植民地設立の勅許状を与えます。国家の後援を受けた探検家や寵臣によるのではなく，国家の認可を受け，投資者から資金を集めた企業による植民事業がおこなわれることになったのです。つまりポカホンタスのところに来たイギリス人たちは，企業が率いる集団だったのです。

　アニメでは１隻でしたが，ヴァージニア会社は，同年12月に144名の植民者を乗せたディスカバリー号，ゴッド・スピード号，スーザン・コンスタント号の計３隻を出港させました。翌年の５月，生き残った104名がヴァージニアに到着し，上陸した土地を，国王の名を冠してジェームズタウンと名づけました。もうひとつのプリマス会社については，13年後の1620年にメイフラワー号に乗った植民者がプリマス植民地を設立します。ジェームズタウンは，はじめて「成功」をおさめたイギリス植民地でした。プリマス植民地とあわせて，約170年後の18世紀後半に独立するアメリカ合衆国の歴史は，ここに始まるとされています。

　『ポカホンタス』劇中歌「ヴァージニア・カンパニー」の歌詞にも歌われているように，ヴァージニア会社は３つのG，「栄光(glory)，神(God)，金(gold)」という宣伝文句で出資者を募りました。会社とその投資者はもちろんのこと，植民に参加した者たちは金銀を発見し富を得ることと，土地の獲得，本国では手に入れることが難しい自由な身分などを期待していました。

　　新世界は天国のような場所　俺たちは皆　金持ちと自由になれる
　　　　　　　　　　　　　　　　　　(「ヴァージニア・カンパニー」の一節より)

　最初の植民者は男性だけでしたが，のちに女性も加わります。そのなかには裕福な「ジェントルマン」や，農民，職人，牧師など，さまざまな職業の人びとがいましたが，男性の若者の多くは「年季奉公人」として「新大陸」に渡りました。植民地の地主と契約を結んで渡航費を払ってもらう代わりに，最大７年間の期限付き奴隷ともいえる過酷な労働に従事し，契約満了後に自由の身になるのです。この後のアメリカ大陸へ

第5章　ポカホンタス

『ポカホンタス』の舞台

の移民は大多数は奴隷でしたが，それだけではなく，奴隷でない移民の過半数がこうした年季奉公人でした。多くの若者がアメリカで「自由になれる」までには，長いあいだ待つ必要があったのです。

　『ポカホンタス』のかたき役ジョン・ラトクリフは，アニメでは植民のリーダー，「総督」として登場しますが，実際には最初の植民者たちを乗せた3隻の船のなかのディスカバリー号の船長の1人にすぎませんでした。ラトクリフはその後初代総督の後を継いで，短期間ではありますが2代目総督（在任1607〜08）となり，内陸の探検にジョン・スミスを送り込みました。このときスミスがポーハタンに捕らえられ，ポカホンタスに救われる事件が起きたのです。アニメのラトクリフは，1616年のポカホンタスのイギリス訪問を描いた続編でもかたき役として活躍しますが，実在の人物のほうは，09年に先住民に襲われて命を落としています。

先住民と白人の架け橋となって

　ジェームズタウンの植民は最初から苦難の連続で，生き延びることさえ危ぶまれるような状況でした。敵から防衛しやすいように川沿いの半島状の地域を定住地にしたものの，そこは先住民も住まない湿気と蚊の多い沼地でした。水は塩分を多く含み，土壌もやせているために農作物を育てることもできず，赤痢やマラリアで植民者の数は最初の3年間で6分の1にまで減ってしまいました。

　一方，先住民が住む場所には，東京ディズニーランドの1.5倍もの大きさのトウモロコシ畑が広がっていたといいます。『ポカホンタス』の

101

なかでも，豊かに実ったトウモロコシを先住民が収穫する光景がでてきます。この時代の入植は，進歩した文明社会のヨーロッパ人が未発達のアメリカ先住民社会の真ん中に住むようになったわけではなく，2つのタイプの違う農業社会の出会いでした。新しい環境に不慣れなイギリス人は，先住民から作物の栽培法など多くのことを学ぶことで，アメリカに適応していきました。また，現在のアメリカの大都市の多くは，先住民の村のあった場所に建てられています。アメリカの入植地ヴァージニアは処女地ではなく，先住民たちが自然と均衡を保って暮らす環境だったのです。アニメでは描かれていませんが，先住民はトウモロコシなどの農作物だけではなく，森で狩猟した鹿などの肉や，大西洋でとれる魚や貝も食べていました。合衆国の東海岸では今でも，ロブスターやクラムチャウダーなど，海の幸が豊富に食べられるレストランが観光の目玉になっています。

　ポカホンタスの属する先住民「集団」は，「ポーハタン」あるいは「ポーワタン」といいました。16世紀，ポーハタンの「首長」であったポカホンタスの父ワフンソナコックの，そのまた父親の時代から，巧みな政治や戦争や通婚を通じ，周辺の30〜40の先住民集団を征服・統合し，強力な連合体を形成していました。『ポカホンタス』では，小さな村に住んでいる集団にすぎないようにみえますが，実際にはこの時代のポーハタンは，現在の合衆国ヴァージニア州のチェサピーク湾を中心とする，大西洋岸の先住民の一大連合体であったといわれています。

　ちなみに19世紀の日本の幕末期もポカホンタスの時代と同じで，遠くからやって来た白人によって欧米に対する扉が開かれました。興味深いことに，この時代の日本と『ポカホンタス』のあいだには，意外な因縁があります。1854年，ペリーが率いる黒船7隻が2度目に来航した際，その旗艦には「ポーハタン」という名前がつけられていました。吉田松陰（しょういん）が密航を訴えたのも，日米修好通商条約が調印されたのも，このポーハタン号の艦上でした。ポーハタン号はその後，勝海舟（かつかいしゅう）の乗る咸臨丸（かんりんまる）と一緒に太平洋を渡り，日本使節団をアメリカに連れていきました。

　さて大規模な先住民連合体の強力な長（おさ）ワフンソナコックは，白人たちからは「ポーハタン王」と呼ばれました。彼は威厳ある風貌と長身の堂々とした体の持ち主であったと伝えられ，『ポカホンタス』でもその

ような姿に描かれています。彼の子どもたちのひとりに，本来の名前を「アモヌテ」，家族だけが知る秘密の名前を「マトアカ」といい，「小さないたずらっ子」を意味する「ポカホンタス」という愛称で呼ばれる娘がいました。

　食糧にも事欠くイギリス人たちは，しばしば先住民を脅して食糧を調達しました。しかし，少人数の自分たちなど簡単にひねりつぶせる強大なポーハタンに対する不安から，首長ワフンソナコック「王」には，ロンドンから取り寄せた王冠と多くの贈り物を渡し，戦争にならないように友好関係を保とうとしました。ポーハタンのほうはというと，白人を襲撃し殺す場合もありましたが，数で劣り自給自足できない白人に食糧を与える代わりに，銃やナイフなどの便利な西欧製品を貢がせました。このような状況のなか，ポカホンタスはポーハタンの使節としてジェームズタウンをしばしば訪れるようになったのです。

アメリカ建国の神話に

　アニメでポカホンタスと恋に落ちる白人のジョン・スミスは，軍人兼探検家で，このとき28歳でした。オスマン帝国軍と戦い捕虜になったあと脱走するなど，地中海やアメリカ大陸での体験を，数々の著作に残しています。1607年，総督ラトクリフの命令で食糧確保のための探検に出たスミスは，ワフンソナコックの弟オペチャンカナウに出くわして捕らえられ，首長の前に連行されます。スミスがまさに死刑を執行されようとしたとき，スミスの回想によれば「容姿の際立つ10代の子ども」であったポカホンタスが駆け寄って彼の上に身を投げ出し，助命を父に願ったのです。ワフンソナコックは娘の願いを聞き入れ，命拾いをしたスミスは，その後しばらく捕われの身になったあと，翌年に解放されました。

　このあまりにもよく知られた話が本当に起きたことかどうか，現在では確かめる術はありません。しかし，このエピソードは18世紀以降，アメリカの劇，詩，大衆小説，児童文学，教科書に取り上げられ，ついにはスミスとポカホンタスが恋に落ちるというロマンスにまで姿を変え，アメリカ建国神話のひとつになりました。アニメの『ポカホンタス』シリーズも実写版『ニュー・ワールド』のどちらも，この設定に基づいたストーリーです。

ディズニーによれば，アニメではポカホンタスの年齢を18歳に設定しているそうですが，画面上の彼女はむしろ，20代の大人びた女性にみえます。しかし実際のポカホンタスは1595年に生まれたといわれており，ヨーロッパからやって来た白人たちを彼女が生まれてはじめて目にしたのは，わずか12歳のときだったことになります。ジョン・スミスの証言にもあるように，このように幼かったポカホンタスがスミスと恋に落ちるという話には，少なからず無理があります。

　また当のスミスが自著のなかではじめてこの話を披露したのは，事件の15年後の1624年，ポカホンタスがイギリス本国にも知られるようになったあとです。また彼の著作には，オスマン帝国で捕虜になった際に司令官の妻と恋に落ち，脱出の手引きをしてもらうという，似たようなエピソードも記されています。このため，ポカホンタスとの一件は事実だという研究者がいる一方で，スミスが嘘をついているという歴史家もいます。相手に自分の娘をめあわせ「養子」とし，友好関係を築くという，当時ワフンソナコックがしばしばとった手法のための儀式をスミスが誤解したという説もあります。

　ワフンソナコックがスミスを助命することにしたのは，映画にもあるように白人の滞在は一時的なものであると思い，また自分たちの力に自信をもっていたためかもしれません。

　　彼〔スミス〕は，娘〔ポカホンタス〕に海の彼方の土地のことを教えて
　　くれるだろう
　　白人たちが去らなければ……こちらが奴らを追いはらえばよい
　　　　　　　　　　　　　（映画『ニュー・ワールド』の一場面より）

いずれにせよ，ポカホンタスは，先住民ポーハタンとジェームズタウンの白人を結ぶ象徴となったのです。

　スミスはこののち，一時的にジェームズタウンを指導する立場に就きますが，勢力争いに敗れたこともあり，1609年にイギリスに帰国し，二度とジェームズタウンに戻ることはありませんでした。その後，1614年に大西洋岸の北部地域，ニューイングランドを探検し，プリマス会社は彼の情報に基づいて植民地を建設したといわれています。スミスは1631年に死去しますが，アメリカ建国の始まりとされる2つの重要な植民地，ジェームズタウンとプリマスの建設に深く関係した人物でした。

改宗，結婚と出産

　飢えと病のなかを生き延びてきたジェームズタウンに，1611年から13年頃にかけて転機が訪れます。のちにポカホンタスの夫となるジョン・ロルフが，タバコの品種を，栽培しやすく，しかもヨーロッパ人の嗜好にあった味に改良するのに成功したのです。今でも「ヴァージニア種」は，世界の三大タバコのひとつになっています。イギリスへのタバコの輸出は1615年から20年の5年間で20倍，17世紀末までに750倍以上に拡大します。アニメの続編に貴族として登場するロルフは，実際には一介の商人でしたが，タバコ栽培によってジェームズタウンの有力者になりました。

　タバコ栽培の発展と並行して，1619年以降のジェームズタウンの人口は，当初の10倍以上に膨れ上がっていきます。また同じ年，11の地区に拡大していたヴァージニア植民地の首都になり，各地区から2名ずつの代表が参加するかたちで，アメリカではじめての議会が開催されました。先住民や本国の援助に頼った過去が嘘であるかのように，ジェームズタウンは政治的自立と経済的繁栄を謳歌し始めます。1613年にジェームズタウンの植民者たちは，現在のカナダにあたる北方のフランス植民地アカディア，つまり『赤毛のアン』の舞台として知られるプリンスエドワード島や，ノヴァスコシア，ニューブランズウィック州の一帯にも侵攻し，フランス植民地をほぼ全滅させています。1624年，国王ジェームズ1世はヴァージニア会社への特許を取り消し，ジェームズタウンを含むヴァージニアを王領植民地にしますが，植民地は18世紀末に本国から独立するまで，大きな自治権をもちつづけました。

　タバコの栽培は，土の栄養分を枯渇させていきます。そのため植民地は，いつも新しい土地を手に入れなければなりませんでした。先住民から土地を奪おうとする欲求は，いっそう強まります。また，拡大する農地でいっそう必要とされた労働力は，当初は年季奉公人によって担われましたが，1619年にはアメリカのイギリス植民地ではじめて，20名の黒人奴隷がオランダ人によって連れてこられました。奴隷は年季奉公人に代わって，1670年代から80年代以降年々増加します。ヴァージニアを含むアメリカ南部では，広く黒人奴隷制度が発達して，1861年の南北戦争までの約200年にわたって，社会や経済と密接にかかわっていくことに

なります。

　話を，ポカホンタスの時代に戻しましょう。かねてより食糧の確保をめぐって先住民と対立を繰り返してきたジェームズタウンは，詐欺的にしろ，強制的にしろ，ポーハタンの土地を奪っていき，ほかの地域にも植民地を広げていきます。1609年にはついに白人と先住民のあいだで戦争が始まり，12年にイギリス人はポカホンタスを誘拐します。彼女は捕虜生活のなかで，そうすることを強いられたのかもしれませんが，英語を学び，服装も白人風に変え，洗礼を受けキリスト教徒になり，「レベッカ」という名を授けられます。1614年にはタバコ栽培の功労者ジョン・ロルフと教会で結婚し，レディ・レベッカ・ロルフとなります。父ワフンソナコックは式へ出ることは拒否し，代理のポーハタンを出席させましたが，この結婚を許し，ジェームズタウンはポーハタンとの友好関係の樹立に成功します。その後2人のあいだには息子トマスも生まれ，ポカホンタスは再び先住民と白人の平和の架け橋となったのです。

　なお，アメリカ合衆国首都ワシントンDCの連邦議会議事堂中央ドーム屋根の円形大広間には，コロンブスの「新大陸発見」からアメリカ独立戦争に至るまでの，合衆国建国にまつわる8枚の大判の絵画が展示されています。そのなかに，「ポカホンタスの洗礼式」という1840年に描かれた作品があります。真っ白なヨーロッパ風のドレスを身にまとい，ひざまずいて洗礼を受けるポカホンタスと，そのそばに立つジョン・ロルフ。一方で，厳しい表情で顔をそむける先住民（ポカホンタスの兄）の姿が印象的です。

ニュー・ワールドから来た最初のヒロイン

　1616年，ポカホンタスは夫のロルフ，息子トマスとともに，イギリスを訪れます。十数名のポーハタンも同行しました。その理由は続編で述べられているのとは違って，植民地が現地先住民との友好関係の確立とそのキリスト教徒化に成功し，経営も順調であることを宣伝し，ヴァージニア会社への投資と植民者を増やすためでした。

　なお，彼女はイギリスを訪れた最初の先住民女性ではありません。現在のニューイングランド地域で捕らえられた先住民が1605年にイギリスに連行された際，そのなかの「ミセス・ペノブスコット」と呼ばれた女

性が肖像画に残されています。ペノブスコットとは，現在もメイン州に残る先住民集団の名前です。それはともかく，ポカホンタスの父ワフンソナコックは実際には「王」という立場にはなく，またポカホンタスは王子と結婚したわけでもないので，彼女を「王女（プリンセス）」と呼ぶことはふさわしくないのかもしれません。ちなみにこれと同じことは，もう1人のディズニー・プリンセスで，第1章でも取り上げたムーランにもいえます。しかしポカホンタスは，「ヴァージニアのプリンセス」として，国王ジェームズ1世とアン女王に謁見をたまわり，貴族，聖職者，商人たちから歓待を受けました。シェイクスピアと同時代の，著名な劇作家で詩人のベン・ジョンソンと会い，その仮面劇『ビジョン・オブ・デライト』の初演を，ジェームズ1世とともに貴賓席で楽しみました。また彼女が死んだと思っていたジョン・スミスも宿所を訪問し，2人は久しぶりに再会をはたしました。

　この訪英時の西洋風の衣装と帽子を身につけたポカホンタスの肖像は，ワシントンDCにあるスミソニアン協会ナショナル・ポートレート・ギャラリーに展示されており，現在でも彼女のありし日の姿をしのぶことができます。ただしこの絵の彼女の顔は西洋女性風にもみえ，もしかすると実際の容貌とは少し違うのかもしれません。

　続編のラストシーンでロルフと一緒にアメリカに帰るポカホンタスですが，実際には翌1617年にヴァージニアへの帰途につこうとした矢先，病（肺炎か結核といわれています）に倒れ，7ヵ月滞在したイギリスで亡くなりました。最期の言葉は，次のようなものであったと伝えられています。「あらゆるものは死んでいく運命にあるの。私は子どもが生きていれば満足よ」。彼女の遺体は，テムズ河口のグレイヴゼンドにあるセント・ジョージ教会に葬られました。教会のステンドグラスには，彼女の姿がいくつも描かれています。同じ年，父ワフンソナコックも死去し，その弟でポカホンタスの叔父にあたるオペチャンカヌウが後を継ぎました。

　イギリスはこのあとも，自発的にであれ，強制的にであれ，あるいはだましてかもしれませんが，多くの先住民を本国に連れてきます。その多くは病気で命を失いますが，ポカホンタスはその始まりでもあります。

『ポカホンタス』のその後

　ポカホンタスを通じて2度ともかろうじて保たれたポーハタンと白人の友好関係は，力関係がしだいに逆転し先住民が土地を奪われるなか，ついに破綻(はたん)します。1622年，オペチャンカナウはジェームズタウンを襲撃し，人口の4分の1から3分の1におよぶイギリス人が殺され，ジェームズ川沿いにあるそのほかの入植地もすべてが破壊されました。しかしそのなかでなぜか，黒人奴隷だけは殺されませんでした（「ジェームズタウンの虐殺」）。

　その後，10年間にわたって戦争が続きます。多くの先住民が殺され，集落は焼きはらわれ，収穫物が奪われました。1632年に講和条約が結ばれ，ポーハタンはさらに多くの土地を失い，かつての強大な連合体は崩壊し始めます。12年後の1644年，オペチャンカナウは再び蜂起し，500名以上の白人を殺します。しかし，もはや以前に比べて4倍近くの人口に膨れ上がっていたヴァージニア植民地の敵ではなく，オペチャンカナウは捕らえられて殺され，戦争は1646年に終わります。それ以降もポーハタンは集落や畑を焼きはらわれ，人びとは殺され，土地も奪われ，連合体はついに消滅してしまいます。かろうじて生き残った者も，居留地に押し込められるか，各地に離散してしまいました。プリマス植民地をはじめ，これ以外の場所でも白人は続々とアメリカ大陸に進出し，各地の先住民は最終的にはポーハタンと同じ運命をたどっていくことになるのでした。

　なお妻ポカホンタスの死後，夫ロルフは教育を受けさせるため息子トマスをロンドンの親戚のもとに残し，自身はアメリカに戻りました。植民地有力者として暮らしていましたが，1622年のポーハタンの襲撃でタバコ農場を破壊され，亡くなりました。息子トマスはその十数年後，20代のときにアメリカに戻り，父と同じタバコ農園経営者として成功をおさめ，白人女性と結婚しました。しかし，母の血とのつながりも忘れてはいなかったようです。その証拠に，ポーハタンとの対立が深まるヴァージニア植民地議会に，当時禁じられていた大叔父オペチャンカナウとの面会の許可を求めているからです。オペチャンカナウが2度目に蜂起して処刑される3年前のことでした。

『ポカホンタス』への批判

　『ポカホンタス』はディズニーアニメのなかで人気の高い作品のひとつですが，先住民を含む外部からのさまざまな批判も寄せられています。ジョン・スミスとポカホンタスのロマンスは史実と異なるといわれていることに加えて，当時のポーハタンの風俗との違い，例えば未婚女性は前髪と側頭部を短くしているはずなのに，ポカホンタスが長髪であることや，バービー人形風の体の線のはっきりした，ミニスカートなど露出の多い服装であることなどが批判を受けました。また，『ポカホンタス』の戦士ココアムや，続編でポカホンタスの訪英に同行した戦士ウタマトマッキンは，「滅多に笑わない」「無表情」「無口」という，西部劇でもおなじみの先住民の典型的なステレオタイプであることも，問題でしょう。劇中歌「サベジズ（野蛮人ども）」に対しても，アニメを見た小さな子どもたちが先住民の同級生を歌ってはやしたてることを懸念する声があがりました。

　しかしこの「サベジズ」という歌には，ヨーロッパ白人からの一方的な先住民への差別だけではなく，先住民からの白人に対する批判的なまなざしもあります。敵対する白人と先住民の双方が，相手を人間以下の有害で退治すべき「悪魔」「野蛮人（サベジ〈ズ〉，バーバリアン）」などとののしっているのです。双方が相手を見くだすことは，異文化の出会いの際にしばしば起きることです。この歌は，そのことをあらわした歌であるという見方もできないでしょうか。アニメのなかのいろいろな場面で白人が先住民を，「野蛮人」以外にも「異教徒」と呼ぶ一方，先住民も白人を「白い悪魔」「青白い野郎」などとののしっていることも，同じことです。ポカホンタスがイギリスに渡る続編の副題 *Journey to a New World* では，唯一をあらわす "the" ではなく，たくさんあるうちのひとつとしての "a" が使われています。これも，ヨーロッパに「発見」された先住民からみれば，ヨーロッパ「旧」大陸も「ニュー・ワールド」であるという，従来の白人中心の見方への異議を提示しているように思えます。

今に生きる『ポカホンタス』

　現在，先住民ポーハタンの子孫は，もともと居住していた地域の西の

方向，現在のニュージャージー州やペンシルヴェニア州などに住んでいます。ヴァージニア州のジェームズタウン跡地は史跡公園となり，ポカホンタスの像が立っています。州内にはポカホンタス，マトアカ（ポカホンタスの別名），ポーハタンという名の町が各地にあります。

　今も昔も，多くの白人にとっては，同じ異人種であっても黒人と先住民に対する意識は少し違っています。かつてアメリカには，黒人に対して「血の一滴の原則」と呼ばれる考え方があり，先祖に1人でも黒人の血をもつ者がいた場合，多くの場合，その者は黒人とみなされました。黒人は，当初は奴隷として，奴隷身分から解放されたあとも20世紀中頃まで，アメリカ社会内で差別的に隔離されつづけました。一方，白人のなかには先住民を「高貴な野蛮人」とみなし，アニメのキャプテン・ジョン・スミスのように，未開ではあるものの白人の影響を受けることで「文明化」し，最終的に白人社会に統合される可能性をもつ人びとと考える者も多くいました。

　この考え方をよくあらわしているのが，『ポカホンタス』の舞台となったヴァージニア州で1924年に制定された「人種純血保全法」という法律です。この法律は，1967年に違憲判決がおりて撤廃されるまで，州民を出生時に，先祖にいっさい黒人の血を含まない白人と，有色人種（黒人か先住民）の血を含む者のどちらかに規定しました。これをみると先住民も黒人と同じく白人から差別されているように思えますが，じつはこの法律には驚くべきことに，ポカホンタスの血統に連なる者については一括して白人とみなすという，「ポカホンタスの例外」という規定があったのです。

　また同州には「ヴァージニア植民期からの旧家（FFV）」という，政治家，教育者，聖職者を多く出し，社会的にも経済的にも大きな勢力を誇るいくつもの家系があります。これらの一族の多くは，ポカホンタスとロルフの息子トマスの子孫を称しています。そのひとつであるボーリング・ファミリーの血筋には，元大統領の妻ナンシー・レーガン，共和党のジョン・マケイン議員，元大統領ブッシュ父子らも名を連ねています。

　これらのことが示すように，ヴァージニア州にとってポカホンタスは，植民地の伝説的な救世主であるというだけでなく，キリスト教徒になり，白人と結婚し子孫を後世に残したことで，白人と先住民の絆の象徴とな

り，その血統は白人上流層の誇りになりました。

ジェームズタウンとポカホンタスの物語は，アメリカの植民と建国，とくに南部の歴史のなかで，その後何度も繰り返されることになるパターンの始まりとみなすこともできます。社会的地位と財産の取得を目論むラトクリフ，未知なる大陸での冒険と先住民の「文明化」をめざすスミスは，「新大陸」にヨーロッパ人が夢見たものの典型といえましょう。はじめは無力だった白人は，先住民の豊かな社会からの援助を受けて生き延びます。しかし優劣が逆転すると，先住民を支配，追放，虐殺します。その過程には，白人と先住民のあいだに，たくさんのトマス・ロルフのような「混血」の子どもが生まれるという「おまけ」もありました。

耕作する作物はタバコから19世紀には綿花に代わりますが，白人は先住民から奪った土地で，年季奉公人，のちに黒人奴隷を使ったモノカルチャー経済を発展させます。またその一方，年季奉公人から解放されて自由と土地を得た若者たちを含む植民者たちは，議会を中心にイギリス本国よりも民主的な政体を育みます。このような植民地の経済的・政治的自立は，合衆国建国のひとつの原動力となりました。ヴァージニア植民地は，18世紀後半の北米13植民地の本国からの独立を主導し，アメリカ独立戦争では主戦場のひとつになりました。また，ジョージ・ワシントンやトマス・ジェファソンらの多くの大統領を含む，建国期の指導者たちの出身地ともなりました。

『ポカホンタス』の主題曲「カラー・オブ・ザ・ウィンド」の原題は「カラー（色）」が colors と，複数形になっています。ここでいう複数の「風の色」は，彩りに満ちた自然と，肌や考え方の「色」の違いをもつ人びと（ここではアメリカ大陸の先住民とヨーロッパ大陸から来た白人）も指しているのでしょう。自然と多様な人間たちが調和し和解することへの祈りを，この歌は訴えているように思えます。『ポカホンタス』では，事実であったかどうかはともかく，先住民ポカホンタスと白人のジョン・スミス，あるいはジョン・ロルフはついには愛で結ばれ，また先住民社会のアライグマのミーコと白人ラトクリフの飼い犬パーシーも，最初はいがみあっていますが，最後に友達になるのですから。

　　　夜は長くは続かない……二つの世界に愛の架け橋をかけたから
　（『ポカホンタスⅡ』劇中歌「ビトイーン・トゥー・ワールズ」の一節より）

これまでみてきたように，アニメ『ポカホンタス』には史実とは異なる(と思われる)点や，批判に値する箇所もたしかに見受けられます。しかしポカホンタスの声を担当した女優アイリーン・ベダードは，『ポカホンタス』は子どもたちがアメリカ先住民の歴史にふれるきっかけになったと評価します。はじめてこのアニメを見た人は，「本当の歴史はどうだったのだろう」と，ポカホンタスとその時代についてもっと知りたいと思うようになるかもしれません。ポカホンタスが，アメリカ先住民とイギリス人植民者(白人)との出会いという世界史のひとつの節目となる時代に，両者の交流と衝突，そこから生じた社会の大きな変化のただなかで翻弄されながら，懸命に生きた女性であることは間違いありません。このアニメが，そのような彼女の生涯を知るよいきっかけになることを願ってやみません。

岩﨑佳孝

参考文献

DVD『ポカホンタス』ブエナ・ビスタ・ホーム・エンターテイメント，2004
DVD『ポカホンタスⅡ　イングランドへの旅立ち』ブエナ・ビスタ・ホーム・エンターテイメント，2004
DVD『ニュー・ワールド　コレクターズ・エディション』ポニーキャニオン，2006
CD『ポカホンタス　オリジナル・サウンドトラック』ポニーキャニオン，2005
ジーナ・インゴリア（池内智佳子訳）『ポカホンタス』扶桑社，1997
スーザン・ドネル（池田真紀子訳）『ポカホンタス』竹書房，1995
富田虎男『アメリカ・インディアンの歴史（第3版）』雄山閣出版，2002
藤永茂『アメリカ・インディアン悲史』朝日新聞社，1974
「ポカホンタス」研究会『「ポカホンタス」の秘密』データハウス，1995
和栗隆史『ポカホンタス』講談社，1995

第6章 南の虹のルーシー
植民地開拓の物語

原作 ◆ フィリス・ピディングトン
『南の虹』
1982年刊

オーストラリア開拓の物語

『南の虹のルーシー』は，1982年にフジテレビ系列で「世界名作劇場」の枠で放映されたアニメです。また，オーストラリアを舞台とする数少ないアニメでもあります。原作は，フィリス・ピディングトンの『サザン・レインボウ』，つまり『南の虹』という作品です。アニメは原作が発表されるのとほぼ同時に制作されており，この点でも異色です。『南の虹』は，イギリスによる植民が始まった頃に，南オーストラリアのアデレイドに移住したポップル一家の生活を，実際の歴史にかなり忠実にそって描いています。アニメのほうも，途中までは原作をしっかり再現しているので，時代錯誤的な部分は少ないのですが，残りの3分の1くらいは，別世界の物語になっています。ところで，『南の虹のルーシー』の歴史的背景を案内する私は，オーストラリアの歴史の研究をしている者です。こうした研究をしている人の数は，オーストラリアの絶滅危惧種ビルビーよりも希少ですので，温かい目で見てください。

ハイジやマルコなどに比べれば，ルーシーのことをご存知の方は少ないと思いますが，熱心なファンの方もおいでのようで，グーグルで検索すれば全50話すべてを要約したサイトがすぐに見つかります。またアニメ自体もバンダイビジュアルからDVDで発売されています。ただし原作の日本語訳は入手が難しいでしょう。

アニメ『南の虹のルーシー』のあらすじ

1837年11月，ポップル一家は，イギリスから3カ月以上の航海を経て，ようやく南オーストラリアのホフスタッド・ベイに着きました。ポップル一家は，父のアーサー，母のアニー，クララ，ケイト，ルーシー・メイの三姉妹とベンとトブの兄弟の7人家族で，オーストラリアで農場を手に入れることを夢見てやってきたのです。ホフスタッド・ベイの海は遠浅で，船は沖合に泊まり，小舟で上陸しなければなりません。上陸の

第6章　南の虹のルーシー

順番をくじ引きで決めたのですが，ポップル家の順番が来たとき，そこに割り込んできたのが金持ちのペティウェルさんでした。ペティウェルさんは，召使の分も含めて船賃を払った自分は，「政府の金でやって来た者と扱いを別にしてもいい権利がある」と言って，先に下船してしまいました。ここからペティウェルさんとの長い因縁が始まります。長男のベンは，「ぼくたちが南オーストラリアに来たのは何のため。ここには自由と平等があるからだって父さんは言ったはずだ」と不満を口にしました。

　上陸しても，そこから目的地のアデレイドまでは，約10キロの道のりがあって，荷物を運ぶには高価な牛車を手配しなければなりませんでした。移民たちはテントを張り，キャンプ生活を始めます。キャンプでは，ペティウェルさんの黒犬がポップル家の羊の肉を盗む事件があり，両者の関係はさらに悪くなりました。父のアーサーとベンは，当時人口300のアデレイドの町に行き，トレンズ川の近くに小屋のついた小さな土地を手に入れました。その代わり，アーサーは一家がイギリスから運んできた組立て式の家を売ることを決めます。それを運ぶ牛車が手配できないからでした。その家に住むことを夢見ていた家族は，アデレイドまで移動し，アーサーが買ったみすぼらしい家を見た瞬間，ひどくがっかりします。

　こうして厳しいアデレイドでの生活が始まります。家を売ったお金はありますが，植民地の測量が遅れていて，農地を買うことはできません。しかも，物価も高く，生活はだんだん苦しくなります。皮肉なことに，アーサーが手放した組立て式の家を買い取ったペティウェルさんが近くに引っ越してきて，いさかいが起こります。ペティウェルさんは，アーサーに高給で家の組立てを頼みますが，アーサーはこれを断ります。ポップル一家は，家を住みやすくすることに没頭し，大工のジャムリングさんの協力を得て，小屋を大きくし，井戸を掘り，新しい住居のかたちが整い始めました。

　この仮住まいでは，多くの逸話が語られます。動物好きのルーシーとさまざまな動物とのふれあい，ヘラクレスと呼ばれる先住民との交流，医者になりたいと思っていたベンがルーシーのいたずらでラテン語の本を失い，勉強をあきらめる話，ルーシーの病気の話など，原作にはない

逸話もかなり含まれています。とりわけオーストラリアの野生犬ディンゴの子ども，リトルをルーシーが育てる話は重要です。ところで言い忘れていましたが，タイトルは『南の虹のルーシー』となってはいますが，ルーシーの物語というよりは，苦労してようやく成功する家族全員の物語です。とりわけ姉のケイトとルーシーのやりとりは格別です。ケイトは，アニメではルーシーほどの活躍はしないのですが，原作ではもっとよく登場します。また，アニメでもケイトが物語の解説をおこなっています。

1838年の春，ルーシーの8歳の誕生日がやってきます。ベンが羊飼いのロングさんからもらった子羊をルーシーにプレゼントしました。ルーシーはそれをスノーフレークと名づけます。そして，アーサーは，土地が手に入りそうだと家族の前で発表します。農地は20エーカー，イギリスの農場の5倍以上の広さで，家族の期待は膨らみました。けれども，またしてもペティウェルさんがあらわれて，この土地を先回りして買い取ってしまいます。ここで物語は1840年10月へと飛びます。

物語の残る3分の1は，トレンズ川に架かるアデレイド橋の開通で幕が開きます。ポップル一家は，1年前にアデレイドの南東に位置するアンガス通りにある石造りの家に引っ越し，ベンはポート・アデレイドで税関の仕事を，クララはパン屋で働き始めます。また，移民船の船員で，クララの恋人だったジョンがアデレイドに戻り，2人の交際が深まりました。偶然は重なるもので，このアンガス通りにペティウェルさんも引っ越してきます。この間，土地の値段は上がり，農地を手に入れる希望はますます遠のきました。父アーサーは希望を失いかけて，仕事をせず，酒におぼれるようになりました。それでもアーサーは，気持ちを切り替えて，石切り場での仕事を始めようとするのですが，そこで事故に遭って1カ月も仕事ができなくなり，再び酒で気を紛らせます。事故のとき，母のアニーが馬車を借りに行くのですが，ペティウェルさんはこれを断ります。

1840年12月あるいは41年の初めに，ケイトとルーシーはベンに連れられてポート・アデレイドの港に行きます。カンガルーを見かけないという話から，物価が高く，カンガルーやオポッサムの肉も食べられており，一家の生活も苦しいことが示されます。港に着くと，そこで希望に満ち

第 6 章　南の虹のルーシー

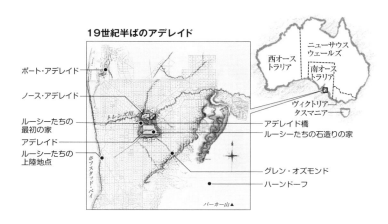

て上陸したときのことを思い出し、気力を取り戻すのです。アデレイドの町に戻るときペティウェルさんと同じ馬車に乗って、強盗に襲われるという逸話のあとで、困窮した父アーサーは、ルーシーのかわいがっていたスノーフレークを競売にかけます。それを見て呆然となったルーシーは、町をあてもなく歩いている途中、暴走する馬車の事故に巻き込まれて、記憶を失ってしまいました。

　このルーシーを助けて、家に連れ帰ったのがプリンストンさんでした。プリンストンさんは夫人と、広い庭園のある2階建ての大きな屋敷に住み、2頭立ての馬車をもち、執事やメイドや御者を雇うたいへんな金持ちでした。プリンストン夫妻には子どもがなく、とりわけ夫人は記憶を失ったルーシーを、死んだ娘を思い出してかわいがりました。夫人はルーシーをエミリーと、娘の名前で呼びました。記憶を失い、プリンストン家に住むあいだ、ルーシーは国王の名代のヨーク公爵邸を訪れるなど豊かな生活をしますが、一方で家族は必死でルーシーを探します。馬車で夫妻とルーシーがアデレイド橋を通りかかったとき、ルーシーはそこで降ろしてくれるように頼みます。すると飼っていたディンゴのリトルと再会し、ついに記憶を取り戻しました。

　ルーシーが戻ると、アーサーは生活のためにバーカー山の露天掘りの鉄鉱石鉱山で働く決心をします。しかし、プリンストンさんから自分の農場で働かないかという誘いがあり、これを引き受けます。ところが、プリンストンさんは、夫人にせがまれたこともあって、ルーシーを養女

にしたいと希望し，それと引き替えに土地を譲り渡すと申し出たことで，アーサーは腹を立て，この仕事の話は壊れてしまいます。さらに悪いことに，プリンストンさんが鉄鉱石鉱山の持ち主の1人でもあったので，鉱山で働くこともできなくなりました。こうしたなか，長女のクララとジョンの結婚式が開かれますが，その楽しみのあとには寂しさと憂鬱さがいっそう募りました。父は再び酒におぼれるようになり，いつも陽気なケイトさえも夢を失いかけます。

最終回，ルーシーはプリンストンさんの屋敷に行って，父が土地を手に入れられるように，その養女になりたいと言い出しました。すぐに，養女になりたいということが本心でないことを悟った夫妻は，「きっといいことがある」と言ってルーシーを家に送って行きます。そこでプリンストンさんはあらためて，アデレイドの北東にある町ゴーラの農場の一部，家つきの農地を譲り渡すという申し出をしました。アデレイドの家を売った代金を頭金にして，自分の仕事の合間にプリンストンさんの農場で働くことで残金を払うという条件でした。これで物語は大団円。ポプル一家とクララ夫婦が，虹のかかる方向にあるこの農場に2台の牛車で向かう情景で物語は終わります。

以上があらすじです。これから順に，おおまかに物語の歴史的な背景を説明しながら，原作と違う部分などを必要に応じて紹介していきます。

「科学的な」植民地

1815年にナポレオン戦争が終わると，ヨーロッパは移民の世紀に入ります。19世紀末までに4000万人以上のヨーロッパ人が海を渡って移住しました。南オーストラリアへの移民は，この世界的な人口移動の一部でした。ただし，イギリスから南オーストラリアへの移民にはいくつかの特徴がありました。

18世紀末にアメリカ独立戦争で負けてから，イギリス政府も世論も，海外に新しい入植地をつくるのに乗り気ではありませんでした。こうした雰囲気を大きく変えるのに成功したのが，組織的植民論者と呼ばれる人びとです。イギリス政府は，彼らの要求を受け入れ，組織的植民論によるひとつの実験場として，南オーストラリア植民地の建設を認めます。ところでニューサウスウェールズ，つまりオーストラリアの東部の植民

は，すでに1788年に流刑囚を入植させることで始まり，1830年頃までには牧羊業を中心に急速に発展していました。しかし，オーストラリア大陸南部は，イギリス人にとってはいまだに未開の地でした。

　エドワード・ギボン・ウェイクフィールドは，組織的植民論者を理論的に支えた人です。彼は，これまでの囚人を用いたオーストラリアの入植を，道徳的に堕落し，人口を拡散させることで文明生活を失った失敗例だと批判しました。それに代えて彼が勧めたのが，組織的もしくは「科学的な」新しい植民です。

　イギリスでは1832年の選挙法の改正で，中産階級に選挙権が与えられましたが，労働者には政治的権利がありませんでした。また，両者の経済的・社会的格差も大きく，「２つの国民」と呼ばれるほどのいちじるしい格差社会でした。ウェイクフィールドは，この中産階級のための天国を南オーストラリアに建設することをめざします。そのためには，ペティウェルさんのような金持ちの資本家に，植民地の土地を相当の額（現実には１エーカー１ポンド）で売って資金を調達。それを労働者（貧しい人びと）の渡航費用にあて，資本家が植民地で買った土地を耕作するのに必要な労働力を与える。こうして土地の売却と労働力の調達をリンクさせるのがこの制度の仕組です。この理論によると，タダで移民した貧しい人びとがすぐに土地を手に入れては，制度が成り立ちません。せっかく金持ちが買った土地を耕す人がいなくなるからです。渡航費用を払ってもらった労働者が，土地を買えるようになるまでのかなりのあいだ，金持ちのところで働くことが，この制度がうまくいく前提です。それに加えて，東部の植民地が道徳的に堕落した原因が，８割以上を男性が占める流刑囚を入植者にしたことだと考えられたので，囚人移民を禁止し，それに代えて，若くて健康な夫婦と子どもを中心に，しかも男女比が等しくなるように，自由な移民を選ぶことが望ましいとされました。

　組織的植民論者は，資金を出す中産階級の人びとに魅力的なように，本国の階層の隔たりをそのまま植民地にも再現しました。しかし他方では，本国社会の悪弊と考えられた国教会（アングリカン）の特権を廃止し，いずれの宗派も自由に活動できることも求めます。なぜなら，植民地に関心をもっていた中産階級の多くは，国教会ではなく，プロテスタントの諸宗派に属していたからです。

ポップル一家は厄介者

こうした背景を考えると，長男のベンの「ここには自由と平等があるからだ」という発言は，ずいぶんな勘違いだということがわかります。南オーストラリアは個人が自由に活動できる植民地でしたが，決して個人の平等をめざした植民地ではありません。ペティウェルさんの言葉からは，その家族が船賃を払った乗客（パッセンジャー）で，ポップル一家が渡航費を免除された貧しい移民（エミグラント）だったことがわかります。現実の歴史では，乗船したときから，呼び名の区別に応じて，乗客と移民のあいだにははっきりと待遇に差がありました。乗客は，個室をあてがわれ，清掃や調理などの雑務から解放されて，船内を自由に動きまわることができました。けれども，移民は大部屋に家畜などと一緒に押し込められて，毎日の雑務をこなすだけでなく，個室や上甲板の一部には立ち入ることさえできませんでした。アデレイドの新聞は，船が到着すると，乗客の氏名を掲載しましたが，移民についてはふれていません。そういう違いがあったので，下船の順番を決める抽選など問題外だったでしょう。物語では憎まれ者のペティウェルさんですが，「扱いを別にしてもいい権利がある」というのは，しごくあたりまえの常識でした。

原作では，母のアニーが「土地だけのためにここに来たのではありません。私の夫は，この地で約束されているすべての宗派の自由と平等を信じています」と言っています。そうです。南オーストラリアでは，すべてのキリスト教の宗派が自由に活動し，その宗派の平等が保障されるのが原則でした。それこそがポップル一家の移民の動機のひとつなのです。個人の平等は問題外でした。アニメは，自由と平等を日本的に読み替えてしまったのです。

ほかの「世界名作劇場」の作品と同じように，「ルーシー」でも宗教性が薄められています。原作の食事は，いつも神への感謝の祈りで始まりますが，アニメにはそれがありません。アーサーはとりわけ厳格なプロテスタントで，クララが劇場に行くのをアニメでは認めますが，原作ではかたくなに拒んでいます。そういうアーサーですから，原作ではアニメのように酒におぼれることもありませんし，怒りっぽくはなりますが，強い父親でありつづけます。

第6章　南の虹のルーシー

　ところで，植民地を建設した人びとの考えによれば，ポップル一家はペティウェルさんのような人のために働くことで，植民のシステムがうまく動くのです。ペティウェルさんは前もって土地を買うことで，間接的にポップル一家の船賃を払っており，植民地では自分たちのために働いてもらうことを期待していました。無料で家族全員が渡航しておいて，その代金を使ってすぐに土地を手に入れようなどというポップル一家のようなやからは，移民選別のときにふるいにかけて取り除くべき人びとだったのです。ペティウェルさんは，組立て式の家を，望みどおりの賃金を払ってでもアーサーに建ててくれるように頼みますが，アーサーは断ります。「なんて生意気な奴だ」と立腹するペティウェルさんは，当時としては，とても普通の人だったでしょう。

　1837年には，イギリスから7隻の移民船が南オーストラリアに到着しています。いずれもアニメに登場する汽帆船ではなく，普通の帆船です。オーストラリア航路では帆船の時代が1880年頃まで続き，帆船のスピード競争が繰り広げられるのはまだ先の話です。どの乗船名簿にも残念ながらポップルの名前はありません。また，アニメから（原作ではもう少し早い）ポップルさんが到着しただろうと思われる11月初旬には，移民船の到着はなく，ハートリー号とキャサリン・スチュワート・フォーブス号の2隻が10月の後半に到着しています。このうちキャサリン号の詳細がわかっています。乗客と移民あわせて177人，30歳以上は6人で5人は運賃を払っています。15歳から30歳は129人で運賃を払ったのは4人，15歳以下は42人でみんな無償です。ここからもわかるように，30歳以上で船賃を払わなかったポップル夫妻は特殊な人びとです。植民地への移民の選別では，30歳以下のカップルとその子ども，独身の男女を，男女比が等しくなるように選ぶのが原則でした。この点でもポップル一家は厄介な人たちだったといえるでしょう。

　同じく1837年の移民船の記録からは，航海の日数がわかります。平均123.4日，約4カ月かかっています。アニメや原作の3カ月以上は誤りではありませんが，実際にはもう少し長くかかる場合が多かったようです。1836年をみると，ラピッド号の114日が最速でした。アニメのようにヨークシャーを8月に出発，アデレイドに11月上旬に到着というのは，不可能ではないにしても，奇跡的に順調な道のりだったといえるでしょ

う。また，植民地の入植者人口は1837年11月で約2500，年末までには3000を超えています。その多くがアデレードにいたと考えられるので，アニメと原作の町の人口300は，明らかに過少な見積りです。すでに病院や裁判所が設立され，港の整備が始まっていました。

　じつは，イギリスからアデレードに来る船よりも，シドニーやタスマニア島のホバートなど，東部オーストラリアから来る船のほうが多く，そこからも移民が入ってきました。羊，牛，馬などは，本国から運ぶよりも安かったので，多くはオーストラリア内から持ち込まれています。イギリスから来る船に乗っている家畜も，南アフリカのケープタウンで積み込まれることが多かったようです。

　ポップル一家のように，初期の移民は，借りの住まいとしてのテントよりも，組立て式の小屋を持参するようにいわれていました。ただしそれは，一家が夢見たような立派なものではなく4坪程度の掘っ立て小屋です。ドアをもってくれば，のちに家を建てるときに便利だという助言がおこなわれています。しかし，早くも1839年末には，新しい移民を迎える手続きが整えられます。アデレードの町の北西に移民を受け入れる移民村が開かれ，到着した移民の荷物をそこまで無料で運ぶ牛車も備えられました。また，仕事が見つかるまで，移民には無償で食糧が与えられました。ポップル一家は，もう少し待ってさえいれば，移動の苦労もせずに，容易に定着できたでしょう。

動物たちの歴史

　オープニングのテーマ曲はいい歌だとは思うのですが，映像には少しいただけない点があります。描かれている木です。「こだまが胸に」の部分であらわれる，幹がボトルのように膨れているボトル・ツリー。これは南オーストラリアには自生していません。オーストラリア北東部，クイーンズランドの木です。第14話ではカモノハシが登場しますが，これも現在は南オーストラリアには棲息していません。ただし，物語の時代には南オーストラリアにもいた可能性はあります。

　ルーシーがイギリスから連れてきたペット，モッシュはハムスターです。おそらくハム太郎と同じ外来種のゴールデンハムスター。ルーシーがこのハムスターを飼っていたとすると，歴史が書き替えられてしまい

ます。伊藤博文（ひろぶみ）が携帯電話を使っていたようなレベルの話です。ゴールデンハムスターは，ルーシーの時代にはペット動物ではありません。1930年になってはじめて人間がその繁殖に成功し，第二次世界大戦後にようやくペットとして広く飼われるようになります。日本のペットショップに登場するのは，このアニメが放映される少し前くらいでした。もし，1837年にルーシーのような少女が，本当にハムスターを飼育していたら，ルーシーの名前は歴史に残ったことでしょう。動物を登場させるのはいいのですが，無茶しますね。原作には，当然ながらモッシュは登場しません。

　アニメ放映当時の子どもたちは，登場するいろいろな動物を見て喜んだことでしょう。とくにオーストラリアの見慣れない動物には，興味津々（しんしん）だったのではないでしょうか。でも外来種のハムスターはよけいでしたね。アニメには，オーストラリアにいなかった外来の動物も，けっこう登場します。けれども，しばしば動物にも歴史があることは無視されています。

　アニメでも，原作でも，迷いヤギのステッキーを手に入れる話が登場します。1837年の南オーストラリアにヤギがいたかどうかはわかりませんが，38年10月には羊が２万頭以上いたのに対し，ヤギは75頭だけだったことが確認できます。ルーシーがヤギを見つけたときには，おそらく10頭もいなかった，大切な家畜でした。飼い主は，ヤギを必死で探したに違いありません。実際，1839年12月には，見つけた人に約１ポンドの礼金を渡すという，迷いヤギを探す広告が新聞に掲載されています。これは，記憶喪失になったルーシーや家族を見つけるために，ポップルさんとプリンストンさんが試した方法と同じです。1838年12月には，メスヤギを射殺した犯人に関する情報を提供した人に報奨金を与えるという広告も掲載されています。状況を考えると，ステッキーの所有者も，きっとヤギを取り戻しに来たに違いありません。

　最大の難点は，オーストラリアには本来いない動物のウサギです。第21話，ダメ押しのように第24話と25話でも，子どもたちが野ウサギを追いかけるシーンが登場します。野ウサギがたくさんいる。これが歴史的な大問題です。原作では，1837年にジャムリングさんがウサギを１匹飼っていますが，南オーストラリアで歴史上はじめて14匹の飼いウサギが

確認できるのもこの年です。1842年には，アデレイドの郊外でウサギが飼われており，貴重な財産だと記されています。ウサギは1788年のオーストラリア入植開始のときに，すでに5匹が運ばれていますが，タスマニアを除けば，少数の人が飼う比較的珍しい生き物でした。それが本土で野生化するのは19世紀後半になってからです。

　ウサギは野生化するとほぼ同時に，農業州南オーストラリアにとって深刻な被害をもたらす害獣になります。1875年にはウサギを駆除する法律が制定されています。1887年にはヴィクトリア植民地と共同で，500キロ近いウサギ除けのフェンスが設置され，大規模な駆除がおこなわれました。それでもウサギは増えつづけ，大きな被害をもたらしました。1920年代には，オーストラリアから年間平均900万匹以上のウサギの肉と，7000万枚の毛皮が輸出されています。ウサギの被害を食い止めるには，ウサギだけに有効なウイルス，ミクサマトウシスによる駆除を待たなければなりませんでした。

　現在，南オーストラリアでは野ウサギを飼うこと自体が禁止されています。また，復活祭には，多産の象徴として愛されているウサギに代えて，絶滅危惧種の有袋類ビルビーのチョコレートを積極的に売り出すキャンペーンがおこなわれています。

先住民の歴史

　アニメにも，原作にも先住民が登場します。ただし，原作のほうが，あやとりをする子どもや先住民女性との交流など，いくぶん多様なように思います。また，父のアーサーが先住民に対していだく偏見は両方で描かれていますが，原作のほうがこれを強調しています。原作でアーサーは，家族に「私たちのやり方を尊重するようになるまでは」，信用しても，近づいてもいけないと命じます。しかし一方で，母のアニーは，これに納得せずに，先住民と交流し，アーサーの考え方が変わるようにうながします。アニメにはこうした場面はありません。

　原作が発表された時代，オーストラリアは多文化主義社会に進もうとしていました。異なる文化とどのように接すればよいかを問い直していた時代背景が，原作にはあらわれています。ところで，アニメ独自の先住民のキャラクターが1人だけいます。それは川でおぼれたルーシーを

救った先住民の大男です。ルーシーは，名前のわからないこの筋骨たくましい先住民を，尊敬を込めてヘラクレスさんと呼びました。けれども，非ヨーロッパ人に適当なヨーロッパ系の名前をつけて呼ぶ慣わしは，植民地支配の道具のひとつです。原作は当然ながらこうしたことを避けています。多文化主義的な感性がない，植民地支配の記憶を失った国だからこそ使うことができた名前だったように思います。

　ヨーロッパ人による植民地建設といえば，先住民との暴力的な衝突が予想されます。アニメにも原作にも，そういう場面はあらわれません。それは現実の歴史を見て見ぬふりをしたからでしょうか。いいえ，物語の舞台となったアデレイド周辺では，小規模な争いは起こりましたが，先住民との本格的な戦いは記録されていません。その背景を説明したいと思います。

　植民地の設置を認めた1834年のイギリスの法律には，先住民のアボリジニーズについては何もふれられていませんでした。けれども，南オーストラリアの植民地の創設を宣言した1836年の特許状には，先住民たちが当時占有していた土地に対してもつ権利を守るという規定がありました。この規定は法的には有効でしたが，まったく無視されて，ほとんどすべての土地が先住民の権利などおかまいなしに売られてしまいます。ただし，入植者の暴力を抑制する効果はあったようです。

　初代総督のハインドマーシュは，先住民がイギリス臣民として，入植者と同じように法の保護のもとにあると宣言しました。先住民保護官が任命され，先住民学校や先住民村がつくられ，食糧や毛布の配布がおこなわれました。植民地の指導者たちは，先住民たちはイギリス的やり方に同化する。つまり文明化されるべきだと考えていました。自民族中心主義で，上から目線の傲慢な考え方ではありましたが，社会的にのけ者にするつもりはなく，その能力に従って社会の底辺に受け入れるつもりでした。また，入植者のなかにも，奴隷制廃止運動や先住民保護運動にかかわった人びともいて，そうした政策に共感をもつ下地はありました。

　先住民の側にも，入植者を穏やかに受け入れる事情がありました。入植が始まる少し前に，先住民のあいだで天然痘が流行し，人口が激減していて，入植者が入ってきてもすぐに食べ物がなくなることはありませんでした。また，一部の先住民は，ヨーロッパ人のことを死後の世界か

らよみがえった先祖だと思ったために，入植者を歓迎したともいわれています。次に少しだけ実際の入植者の発言をみてみましょう。

　1837年２月，フィンレイソンという牧師は，船の上で「丘から丘へと急に火が広がり，目の前の丘陵がひとかたまりの巨大な炎となるのを見ました。……それは先住民の部族が白人の侵略者を殺すために集合する合図だと物知り顔で断言する者がおり」，多くの者は一晩中その恐ろしい光景を甲板から見つめていました。「最初の数カ月間，アデレイドの全入植地が決して来ることのなかった「黒人の襲撃」を予期して，見張りを怠りませんでした」。しかし，先住民はすぐに「女々しく哀れな声をあげて，ペコペコするようになりました」と記しています。恐怖から軽蔑へ，これが多くの入植者のいだいた気持ちの変化だったと思います。

　ただし別の意見をもつ人もいました。1913年に，前述のキャサリン号の乗客の１人は，当時を回顧して次のように話しています。「恥ずかしながら，入植者はアボリジニーズを適切に扱わなかったと認めないわけにはいきません。白人の一部よりも，黒人のほうがはるかに紳士的でした」。

　ところで，入植者は，わりと早くこの火事の原因を理解できるようになります。1838年３月，「意図的に悪意をもって」草に火をつけた先住民が逮捕されますが，裁判官は彼を釈放します。なぜなら，「動物たちが好む若い草の成長をうながすために，毎年狩猟場にある枯れ草を焼くのは，必要かつ賞賛に値する行為」だからでした。裁判官は，先住民を罰する場合には，重大な罪を犯しているという悪意をはっきりと証明する必要があると述べています。

　南オーストラリア植民地も全体的にみると，平和だったわけではありません。アデレイドから離れた場所では，先住民に対する攻撃や不当な殺戮が繰り返されるようになります。その基本的な原因は，東部の植民地からマリー川の流域を通って，オーヴァーランダーと呼ばれる人たちが，多くの牛や羊の群れを連れてくるようになり，その輸送途中で先住民との対立が激しくなっていったこと。家畜の増大が先住民の土地を急激に奪い取ることになったことです。直接的な衝突のきっかけの多くも，入植者の側にあったことは，政府の報告書なども認めていました。

　政府は，「人道的な方法」を模索し，家畜を奪ったり，入植者を攻撃

したりしない代わりに，先住民に対して食糧を与える補給所を設けるようになります。1867年までにこうした拠点は61カ所になりました。この方法が，南オーストラリアを少しは人道的にしたのかもしれません。しかし，南オーストラリアの先住民は，ほとんどすべてのものを失い，ヨーロッパ人との接触で得たものは，ほんのわずかか，まったく何もありませんでした。

羊毛と露天掘り

　植民地が創設される何十年も前から，南オーストラリア沿岸には捕鯨船があらわれて，クジラの油を手に入れていました。捕鯨は，初期の植民地経済を支えた，たいせつな産業です。アデレイドから車で1時間くらいのヴィクター・ハーバーには捕鯨博物館があります。また，これに続いたのが，先程も少しふれましたが，オーヴァーランダーが連れてきた多くの家畜を用いた牧畜業です。農業のための土地は，測量後に売られることになっていましたが，家畜を測量前の土地で飼うのは放任されていて，初期に家畜を手に入れて放牧に加わった人たちは，おおむね経済的に成功をおさめました。最初は鯨油と羊毛が，南オーストラリアからのおもな輸出品目でした。

　アニメではこうした事情はまったくわかりません。しかし，原作では，ケイトがペティウェルさんは測量していない土地で放牧を始めたけれども，「パパはたとえお金がなくなっても，ちゃんと測量されていない土地を使うつもりはないと言っていた」と発言しています。ここからは，あまりにまじめすぎて，機転を利かせて経済の流れに乗れないアーサーの姿が浮かび上がります。また，原作では，トブが多数の牛を連れてきたオーヴァーランダーの1人からハンカチと引き替えに1シリングをもらう場面があります。1840年頃のアデレイドの町の様子をうまく表現しています。

　アニメでは1838年から40年に物語が飛び，2年間の空白があって，突然アデレイドの中心部に引っ越しているのですが，その理由がさっぱりわかりません。原作でも1838年から40年に話が飛んでいますが，その理由が述べられています。新総督ゴーラが着任し，公共事業が大規模におこなわれ，アーサーが安定した職に就けるようになったので，アンガ

ス・ストリートに石造りの家を買ったのでした。

　ゴーラ総督は1838年10月に着任します。土地の測量を大規模に進め，総督公邸，税関，港湾施設，病院，刑務所などの建設を続けました。経済は活況を呈しましたが，移民補助と同時に，その移民を公共事業で雇うという二重の支出を続けられるはずもなく，南オーストラリア植民地の財政は破綻。経済は不況に陥ります。ところが，逆にそのおかげで投機によって上昇していた土地価格が暴落し，小金をためていた労働者たちが農地を買えるようになりました。ポップル一家が土地を入手したのは，ちょうどこの時期にあたります。現実の世界では，ポップル一家のように，何年間もまじめに働いていた勤勉な人たちは，プリンストンさんのような金持ちの手助けがなくても，その気になれば20エーカー程度の小さな農地くらいは買うことができたのです。

　この不況から植民地を救い出したのは，羊毛とともに鯨油に代わって主要な輸出品となった鉱石でした。アニメの第45話には，アーサーがバーカー山の近くの鉄鉱石の露天掘り鉱山で働くという話がでてきます。けれども，鉄鉱石の露天掘りというのは，当時の日本にとってのオーストラリアのイメージを反映させただけで，植民地時代の状況とは異なります。原作では，アーサーがグレン・オズモンドに鉱石を探しに行くという話がでてきます。

　現実の歴史では，1841年2月に偶然に銀鉱石が発見されたのがきっかけとなって，グレン・オズモンドの周辺で銀と鉛の鉱石を採掘する鉱山が生まれました。ここでは今でも鉱山跡を見学することができます。こ

の鉱山自体は大きくなりませんでしたが，銀の発見はアーサーが試みたような探鉱への関心を呼んで，翌年にはカパンダ，続いてバラで銅鉱石が発見され，当時としては世界最大の露天掘りの銅鉱山が開かれます。バラの鉱石の銅含有率は20％以上。脅威の高率を誇っていました。これらの銅鉱山は南オーストラリアを再び繁栄に導きました。羊毛と銅が経済を支えるあいだに，南オーストラリア農業の屋台骨となる小麦の生産も拡大します。

　羊毛をイギリスに輸出するとき，積み荷としては軽すぎるので，船の重心を安定させるための石や砂利などのバラストを載せる必要がありました。銅鉱石は，もうひとつの主要輸出品の羊毛を積んだ船にバラストとして積み込むことができたので，長距離を運んでも十分に採算がとれました。このようにして，農業とともにオーストラリアを世界とつなぐ鉱業が生まれたのは，ここ南オーストラリアの銅鉱山からでした。

アデレイド橋から別世界に

　アニメの第33話は，すでに述べましたが，1840年10月のアデレイド橋の開通セレモニーから始まります。ガス灯の照明のある石造りの橋。その姿は当時のロンドン・ブリッジに似ています。じつは1840年のトレンズ川には，粗末な木造の橋しか架かっていませんでした。このアニメの橋と同じ場所にある，幅約12メートルで歩道が両側にあるアデレイド・シティ橋が開通するのは1877年のことです。1842年8月に総督がフロム橋，43年6月にアデレイド市長がより古いアデレイド・シティ橋の開通式をおこなっていますが，いずれも木造の橋です。名前にアデレイド橋ではなく，アデレイド・シティ橋とシティがついているのは，この橋が市民の寄付だけで造られた，という事実に対する市民の誇りが表現されています。ちなみに夜間の橋の照明は4つの鯨油ランプでおこなわれていました。

　原作にもでてきますが，1840年10月のセレモニーは，じつはポート・アデレイドの桟橋の完成を祝しておこなわれた式典です。ゴーラ総督がマクラレン桟橋の命名式をおこない，最初の積み荷の茶箱が陸上げされました。430台の馬車や牛車，500人以上の騎馬が町からポート・アデレイドへと行進し，港には5000人もの人びとが集まる，植民地創設以来最

大のイベントになりました。

　ところでアニメのアデレイド橋から見るキング・ウィリアム通りには，町を象徴する建物，タウン・ホールと中央郵便局が見えます。けれども，これらの建物はそれぞれ1866年，72年の完成です。また当時，まがりなりにも舗装されていたのは，現在の繁華街，ハインドリー通りとランドル通りだけでした。そのほかの道はでこぼこ，夏には馬車が通るとほこりが舞い立ち，目が見えなくなるほどで，雨の多い冬には沼のようになりました。夜になると，明りが灯るのはホテルだけで，町は真っ暗でした。ただしホテルといっても事実上は酒場でした。こうした店には，開店免許の条件として，一晩中表にランプを灯す義務がありました。ガス灯が灯るのは1865年です。

　プリンストン邸のような豪邸も総督の豪邸も，当然ながら当時のアデレイドには影も形もありません。プリンストン邸があったとされるノース・アデレイドには，1855年でも2階建ての私邸は3軒しかありませんでした。アニメの町は，1870年代末のアデレイドの町の姿に似ています。2年間のうちに約40年が過ぎ去った計算です。

　アニメでは驚いたことに，総督のヨーク公爵が登場します。もちろん原作にはそんなおかしな話はでてきません。ヨーク公はイギリスの王族で，1840年にはそういう人物はいませんでした。のちにヨーク公となった人物は，1901年，27年にオーストラリアを訪問した際に大歓迎を受けており，訪問すること自体が歴史的事件でした。オーストラリアの初期の総督は，だいたい軍人が務めており，ただの平民です。ゴーラ総督は元中佐で，貴族の下のナイトになることを切望していましたが，生涯なれなかった人です。

　原作では，ルーシーが3度プリンストンさんに出会い，記憶喪失にもならずに，父が農地を手に入れるきっかけをつくりました。最初に会ったときに，プリンストンさんがルーシーに尋ねたのが「デューク・オヴ・ヨーク（ヨーク公）」という場所です。1840年にはそういう名の場所はありませんでしたが，10年以上たつと，この名の友愛協会（のちの保険会社）の支部や酒場があらわれます。原作者は，おそらく酒場のつもりだったのでしょう。

　アニメの矛盾しているところは，これほど町が発展しているにもかか

わらず，ディンゴのリトルが放し飼いにされている点です。アデレイドの町では，1839年に町の秩序を維持するためのさまざまな規則が定められています。犬の所有者は警察で登録し，所有者の名前と住所のついた首輪をつける決りがありました。口輪をしていないディンゴのような猛犬を町で見つけた人は，これを捕らえ，殺してもかまいませんでした。さらに規則はこれを守らない飼い主には10シリングから10ポンドの罰金を科すと定めています。まじめな市民のペティウェルさんは，ブルドッグにちゃんと首輪をしていましたが，厄介者のポップル家のリトルには首輪さえありません。当時の規則では，ペティウェルさんがリトルを殺してもかまわなかったのです。

アニメに登場しない人びと

　原作にあって，アニメにない登場人物についてふれて，このお話を閉じたいと思います。当時，南オーストラリアの人口の約1割をドイツ人が占めていました。ドイツ人はプロイセンの宗教的圧迫を逃れて，宗教が自由な植民地に移住してきました。グレン・オズモンドからさらに山奥に入ったハーンドーフから，ドイツ人の女性は信じられないくらいの重い荷物，農産物を背負ってアデレイドの町に売りに行き，日用品を買って戻りました。こういう強いドイツ女性が原作には登場します。ポップル家の農場はハーンドーフのすぐ近くです。また，ベンは，アニメのように勉強をあきらめることはなく，大工を志すジョンの支えもあって，いつかイギリスで勉強することを夢見て，農場に行く前に牧師さんに本を借りに行きました。

　アニメは，家族みんなが農場にそろう幸せな姿で終わります。しかし，原作では，若い男性は違う志をもっていることが示されていますし，ドイツ人女性によって農業による暮しの過酷さも暗示されています。いずれはケイトもルーシーも当然自立します。原作は，さらなる未来があることを暗示しているようです。

　アデレイドの先住民にとっては，プリンストンさんもペティウェルさんも，ポップル一家もすべて厄介な人びとでした。カーナと呼ばれるアデレイド周辺の先住民は，ほどなく滅亡しました。現在，アデレイドの町でよくみられる先住民は，ほかの地域で過酷な入植の歴史を生き延び

た人びととその子孫です。

藤川隆男

参考文献

DVD『南の虹のルーシー』12巻，バンダイビジュアル，2000
フィリス・ピディングトン（草原ゆうみ訳）『南の虹のルーシー』竹書房，2004
フィリス・ピディングトン（一関春枝訳）『南の虹』（セシール文庫），講談社，1982
Piddington, Phyllis, *Southern Rainbow*, Melbourne/Oxford University Press, 1982
南オーストラリア図書館ホームページ（http://www.samemory.sa.gov.au/site/page.cfm）
オーストラリア国立図書館のホームページにあるTrove（http://trove.nla.gov.au/）
藤川隆男『猫に紅茶を──生活に刻まれたオーストラリアの歴史』大阪大学出版会，2007
藤川隆男編『オーストラリアの歴史』有斐閣，2004
Richards, Eric ed., *The Flinders History of South Australia*, Netley/Wakefield Press, 1986

第7章 ジャングル・ブック
イギリスの支配とインドの対応

原作 ◆ ラドヤード・キプリング
『ジャングル・ブック』
1894年刊

オオカミに育てられた少年の物語

　アニメ『ジャングル・ブック』は，ラドヤード・キプリングが書いた『ジャングル・ブック(*The Jungle Book*)』(1894年)という物語を原作としたディズニーの長編アニメーション映画です。それは，インドのジャングルでオオカミに育てられた人間の子モーグリが，さまざまな動物たちとの友情や闘いを経て成長していく物語です。ウォルト・ディズニーが制作に携わった最後のアニメで，アメリカではウォルトが亡くなった翌年の1967年に公開されました。日本での公開は1968年です。その後，『ジャングル・ブック2』も制作され，2003年に公開されました。オリジナル・サウンドトラックも制作されており，現在iTunesでもダウンロード購入できます。また日本では，このキプリングの『ジャングル・ブック』を原作として，『ジャングルブック・少年モーグリ』というテレビアニメが制作され，1989年にテレビ東京系で放送されました。

　原作『ジャングル・ブック』および『続ジャングル・ブック(*The Second Jungle Book*)』(1895年)は，どちらも短編集です。『ジャングル・ブック』は7編，『続ジャングル・ブック』は8編の短編からなっています。しかし，『ジャングル・ブック』の7編の話のうち，少年モーグリについての話は，「モーグリのきょうだいたち」「カーの狩り」「トラ！トラ！」の3編だけで，残りの4編はまったく別の内容の話になっています。『続ジャングル・ブック』では，モーグリについての話は8編のうち「「恐怖」のおこり」「村をのんだジャングル」「王のアンカス(象つき棒)」「赤犬」「春のかけ足」の5編です。

　ではまず，ディズニーアニメ『ジャングル・ブック』および『ジャングル・ブック2』のあらすじをご紹介しましょう。

アニメ『ジャングル・ブック』のあらすじ

　『ジャングル・ブック』は，ある日，ヒョウのバギーラが人間の赤ん

坊をジャングルのなかで見つけるシーンから始まります。赤ん坊にはお乳が必要です。しかし人間の村までは遠く，放っておけば赤ん坊は死んでしまいます。そのときバギーラは，オオカミの一家にも赤ん坊がいたことを思い出し，オオカミの巣穴まで赤ん坊を連れていきました。オオカミの母親と父親は，赤ん坊を見つけて驚きますが，家族の一員として受け入れることにしました。

　それから雨期が10回過ぎ，つまり，10年の月日が流れ，少年モーグリはオオカミの群れの人気者となっていました。バギーラはモーグリの成長をずっと見守っていましたが，いつかモーグリは人間の村に帰らなければならない，と考えていました。

　そんなある夜，オオカミの長老が会合を開きました。トラのシア・カーンがジャングルに戻ってきたというのです。シア・カーンは人間が大嫌いであるため，見つかればモーグリは殺されてしまう危険がありました。バギーラの提案もあり，オオカミたちはモーグリを人間の村へ戻すことに決め，バギーラが村まで送っていくことになりました。

　しかしモーグリ自身は人間の村には戻りたくなくて，ジャングルにずっといたいと訴えますが，バギーラは耳を貸そうとはしませんでした。大蛇のカーに襲われそうになりながら，人間の村へと向かうバギーラとモーグリ。そんなときモーグリは，クマのバルーと出会います。モーグリとバルーはたちまち意気投合し，一緒に歌いながら川にそって進みました。ところがその途中，モーグリはサルの大群にさらわれてしまいます。

　とある遺跡に連れていかれたモーグリ。そこには，サルの王クーイが，大勢のサルたちに取り囲まれていました。ジャングルにいたいというモーグリの願いを聞いたクーイは，ジャングルに残れるよう力になる代わりに，火の秘密を教えるようにとモーグリに取引きをもちかけます。クーイは人間になって町に出たいと思っており，「赤い花（＝火）の秘密を知れば人間になれる」と信じていたのです。

　そこへバギーラとバルーがモーグリを救い出そうと遺跡に駆けつけてきました。しかし元来，歌と踊りが大好きなバルーは，サルの歌とダンスにのって一緒に歌い踊り始めてしまいます。まもなくバルーはサルたちに気づかれてしまい，遺跡のなかで大乱闘が始まりますが，バギーラ

とバルーはどうにかモーグリを救い出します。

　バギーラは，人間の子は人間の村で育つべきであり，ジャングルはモーグリの住むところではないと主張します。バルーはモーグリと離れたくありませんでしたが，バギーラのいうとおり，モーグリを人間の村に連れていくことに同意しました。しかしモーグリはそれに反発し，逃げ出してしまいます。ひとりでとぼとぼとジャングルをさまよっていたところ，モーグリはまたも大蛇のカーに捕まってしまいます。そして，ついにモーグリはシア・カーンに見つかってしまうのです。

　シア・カーンはモーグリに襲いかかりますが，間一髪でバルーがあらわれ，シア・カーンと格闘します。モーグリはシア・カーンに追いつめられますが，そのとき大きな枯れ木に雷が落ちて木が燃え上がりました。モーグリは火のついた木切れをシア・カーンのしっぽにくくりつけます。火を見たシア・カーンは恐怖にかられ，逃げ去っていきました。

　シア・カーンとの格闘に勝ったモーグリはバルーと喜び合い，二度と離れないと誓います。しかしそこへ，少女の歌声が聞こえてきて，モーグリはその歌声に惹かれます。そこは人間の村のすぐ近くで，少女は水汲みにやって来たのでした。少女はモーグリを見てほほ笑みます。心がときめいたモーグリは，少女の住む村へ一緒に向かいます。それを見送っていたバギーラは「これでモーグリは同じ仲間と一緒だ」と言います。バルーも「そういうことらしいな。さて，俺たちも仲間のところに戻るか」と。2匹は歌いながらジャングルに戻っていきました。

　『ジャングル・ブック2』の最初のシーンでは，ある晩モーグリが影絵で自分の生い立ちを語り始めます。翌朝もモーグリはジャングルでの生活について歌い踊って聞かせます。モーグリは，人間の村で生活しながらも，ジャングルでの生活を忘れることはなく，クマのバルーを恋しく思うのでした。一方，バルーもモーグリのことを忘れられないでいました。

　ついにバルーはこっそり村へしのび込み，モーグリとの再会をはたします。しかしその場を，村の少女シャンティに見つかってしまい，さらにはモーグリを狙って村にしのび込んでいたシア・カーンも村人に発見され，村中が大騒ぎとなりました。

　そのすきにバルーはモーグリを肩車してジャングルへ向かいました。

それを見たシャンティはあとを追い，そして，そのあとを弟のランジャンも追っていきます。シャンティは川を渡ることに一瞬ひるみますが，意を決して川を渡り，バルーとモーグリのあとを追います。モーグリたちがいないことに気づいた大人たちは，ジャングルに入ったのだと察しました。

　モーグリは，村での生活には決りごとが多く，毎日働いてばかりだとバルーに愚痴をこぼします。バルーは，クマとして生きればいい，とモーグリに言い，モーグリも賛成し，2人で歌いながら踊り始めます。しかしモーグリは，心の底ではシャンティとの村での生活を恋しく思い始めてもいたのでした。

　シャンティとランジャンはモーグリを探してジャングルのなかをさまよいつづけていました。モーグリが木の上で寂しげに歌っていたのを，シャンティが聞きつけ，ついにモーグリを見つけ出します。しかしシャンティはモーグリとけんかになってしまい，怒ってその場を立ち去ります。バルーは，モーグリが本当はシャンティに見つけてもらいたがっていたことに気づきます。モーグリはシャンティとランジャンのあとを追いますが，そこにシア・カーンがあらわれました。

　モーグリはシャンティとランジャンに隠れているように言い，自分は走り去ります。シャンティはランジャンにじっとしているように言い，モーグリのあとを追います。ランジャンも，そして途中からバギーラも，バルーと一緒にあとを追いました。モーグリは廃墟となった遺跡に逃げ込み，シア・カーン，シャンティ，バルーも続きました。モーグリとシャンティはシア・カーンに追いつめられますが，バルーに助けられ，シア・カーンは谷底に落ちていきました。

　モーグリはバギーラとも再会し，シャンティを紹介しますが，そこへ村人たちがモーグリたちを探す声が聞こえてきました。モーグリは村に帰ることをためらいますが，バルーは村に帰るように説得します。モーグリとバルーは互いに別れを惜しみます。モーグリは先に行ったシャンティとランジャンのあとを追い，村人たちと再会をはたしました。バルーは寂しく思いながらも，モーグリは村で生きるべきだ。あの子の将来は村にあると自分に言い聞かせるのでした。

原作と作者ラドヤード・キプリング

　すでに述べたように，原作の短編集には，モーグリの物語以外にも，人間が来ないアザラシだけの場所を見つけようとする白アザラシの物語や，ゾウ使いの物語など，さまざまな物語がおさめられています。動物が主人公の物語が多くみられるのも特徴といえるでしょう。しかし，少年モーグリの物語に限ってみても，アニメと原作では，かなりの違いがみられます。

　例えば，モーグリと大蛇カーとの関係をみても，アニメと原作では描かれ方が大きく異なっています。アニメでは，カーにとってモーグリは獲物であり，カーはすきあらばモーグリを食べてしまおうと狙っています。シア・カーンに脅されて縮み上がったり，いい加減なことを言ったりと，カーは小心な一面も垣間見えるキャラクターです。しかし原作におけるカーは，ジャングルでも指折りの長寿で知恵者の大蛇で，モーグリにとって頼もしい味方です。アニメでは，サルの大群にさらわれた際にバギーラとバルーがともにモーグリを救い出す，というシーンになっていますが，原作では，「カーの狩り」というお話のなかで，バギーラとバルーに頼まれてカーも一緒にモーグリを救い出します。救い出されたモーグリが，バルーに教えられたとおり，ジャングルの掟に従ってカーにきちんと礼を述べたため，カーはモーグリのことをすっかり気に入りました。

　ジャングル近くの村に住む人間たちとの関係や村での生活についても，アニメと原作では描かれ方がかなり異なっています。アニメでは，少女シャンティの笑顔に惹かれてモーグリは村で生活するようになります。けれども，村の生活に息苦しさも感じており，一度はジャングルに戻ります。しかし，最後には迎えに来たシャンティやランジャンたちとともに村に戻りました。

　原作では，「モーグリのきょうだいたち」というお話のなかで，モーグリは，ジャングルの動物たちが何よりも怖がっている「赤い花」＝火を使って，トラのシア・カーンやシア・カーンに言いくるめられたオオカミたちと戦って撃退したあと，人間のところへ行く決意をします。このお話に続く内容が「トラ！トラ！」というお話です。ジャングル近くの村に向かったモーグリは，メシュアという婦人に出会います。メシュ

アは村いちばんの金持ちの妻でしたが，かつてトラに子どもをさらわれるという悲しい経験をしていました。メシュアはモーグリに「ナトゥー」と呼びかけ，いっしょに暮らすようになります。ですが，カーストという階級制度によって人びとのあいだに区別がつけられるなど，モーグリには理解できないことも多くありました。

　そんななか，モーグリはジャングルでともに育ったきょうだいオオカミから，シア・カーンがモーグリを狙っていると聞かされます。シア・カーンと決着をつけることを決意したモーグリ。壮絶な闘いのすえモーグリは勝利します。息絶えたシア・カーンの皮をはいで，自分を育ててくれた母オオカミのところへその皮を持っていこうとします。しかしその際に村の狩人ブルデオに邪魔されて，モーグリはかつてオオカミのかしらであったアケーラを使ってブルデオを黙らせます。腹を立てるとともに恐れをもなしたブルデオは，モーグリを悪魔の子，魔法使いだと村人たちに言いふらし，モーグリは村から追い出されてしまいます。

　さらに「村をのんだジャングル」のお話で，悪魔の子をかばったというのでメシュアとその夫を拷問にかけて火あぶりにしようとしますが，モーグリは自分をかばってくれたメシュアとその夫を村から逃がしてやります。メシュアたちを逃がしたあと，村人たちに対する憎しみと怒りから，モーグリはゾウのハティやジャングルの動物たちと村を襲い，滅ぼしてしまいました。アニメでは，村で人びとは仲良く穏やかに暮らしている印象を受けますが，原作ではインド人社会は，人を焼き殺そうとする者がいるなど野蛮な一面もみられるものとして描かれています。

　しかし最後の短編「春のかけ足」でモーグリはメシュアと再会します。メシュアと彼女の赤ん坊と一晩一緒に過ごしたモーグリは，必ず戻ってくると告げて，ジャングルに行きバギーラ，バルー，カー，きょうだいオオカミに別れを告げ，再びメシュアのところへ戻っていきます。

　このように，インドのジャングルをおもな舞台として，人間と動物のさまざまな物語が繰り広げられる『ジャングル・ブック』ですが，この物語を書いた作者はいったいどんな人だったのでしょうか。『ジャングル・ブック』の作者ラドヤード・キプリングは，1865年にインドのボンベイ（現在のムンバイ）という都市で生まれました。父ジョン・ロックウッド・キプリング（1837〜1911）は，ボンベイの美術学校で建築彫刻の教

授を務めていました。キプリングは1871年にイギリスに帰国し，78年から82年までのあいだ，デヴォンシャーにあるユナイテッド・サーヴィス・カレッジで学業をおさめました。この学校は，退役軍人たちが資金を出し合ってつくった学校で，学生の多くは卒業後軍隊に入ることをめざしていました。しかしキプリングは，1882年に再びインドに渡り，ジャーナリストとして活躍します。そして，作家・詩人としても作品を発表し始めました。1889年に再びイギリスに帰国しましたが，旅の途中にキプリングは，シンガポール，中国，日本，サンフランシスコに立ち寄り，アメリカ合衆国を横断しました。帰国後も作家活動に励み，1894年には『ジャングル・ブック』を，翌95年には『続ジャングル・ブック』を発表しています。また南アフリカもしばしば訪れました。1936年に亡くなるまで多くの作品を発表し，高い名声を得た反面，その帝国主義的な姿勢に対しては多くの批判も受けたといわれています。1907年にはノーベル文学賞を受賞しました。

イギリスによるインドの植民地支配の始まり

　アニメのなかで，ジャングルのパトロールをおこなっているゾウの軍団のリーダー，ハティ大佐が，かつて王様のゾウ部隊で修業し，「1888年，任務を超えた武勲を立て，ヴィクトリア勲章を授かった。当時は規律がものをいった時代だった」と誇らしげに語るシーンがあります。このヴィクトリア勲章というのは，1856年に当時イギリスの国王であったヴィクトリア女王により制定された，イギリスの武功勲章，つまり，戦争で功績をあげた人に授けられる勲章です。インドのジャングルを舞台とした物語に，なぜイギリスの武功勲章がでてくるのでしょうか。

　原作でも，イギリス人の存在の大きさをうかがわせる場面があります。例えば，村人たちによって火あぶりにされようとしているメシュアを逃がそうとするモーグリに対し，メシュアはカニワラの町でイギリス人に会う，と告げます。メシュアは，イギリス人は顔色が白くて世界中の陸地をおさめているらしいが，証拠もないのに人間を焼き殺したりすることは絶対許さないらしいから，カニワラまで行くことができれば自分たちは助かる，と言うのです。どうやら『ジャングル・ブック』という物語の歴史的背景を読み解くには，作者キプリングが生まれた時代，そし

第7章　ジャングル・ブック

インド洋周辺のイギリス帝国領
（1901年）

て『ジャングル・ブック』が書かれた19世紀末に，イギリスとインドがどのような関係にあったのかをみてみることが必要となりそうです。

　じつはインドは長いあいだ，植民地としてイギリスの支配下にありました。『ジャングル・ブック』が発表された19世紀末，さらにいえば，作者ラドヤード・キプリングが生きた19世紀後半から20世紀前半にかけて，イギリスはインドを含めて世界各地に植民地をもっており，「イギリス帝国」を築いていました。

　では，インドはなぜ植民地としてイギリスに支配されるようになったのでしょうか。それにはまず，「イギリス東インド会社」についてお話しする必要があるでしょう。イギリス東インド会社は，1600年に当時のイギリス国王エリザベス1世から特許を受けて設立された貿易会社で，インドも含めてアジアとの貿易を独占しておこなう権利をもっていました。ちなみに，イギリスだけでなく，オランダやフランスなどほかのヨーロッパ諸国も，特権をもった貿易会社として「東インド会社」を設立しており（オランダ東インド会社は1602年設立，フランス東インド会社は1604年設立，64年再建），これらの会社もインドを含むアジアと貿易をおこなっていました。しかし，ここでは「東インド会社」というときは，イギリスが設立した東インド会社のことを指します。

　東インド会社を通じて，インドの産品がイギリスに輸入されるようになりました。そのなかでもイギリスで大人気となった品が，キャラコと

呼ばれる手織りの綿織物でした。キャラコのあまりの人気ぶりに，自分たちの製品が売れなくなることを恐れたイギリスの毛織物業者などは，政府にキャリコの輸入を制限するよう働きかけました。その後キャラコには高率の輸入関税がかけられるようになり，イギリスの市場から締め出されていきました。そのキャラコが開拓した市場に隙間が生じ，その空白をイギリス産の綿織物が代わりに埋めたことが，イギリスで綿工業が急速に発展するきっかけになりました。つまりインドから輸入された綿布は，イギリスで世界最初の産業革命が起きる原因のひとつになったのです。

　話をインドに戻しましょう。インドには，ムガル帝国という，16世紀に創始され北インド一帯を支配していた王朝がありました。ムガル帝国は，16世紀後半のアクバル帝の時代以後，18世紀初めまではとても繁栄していました。しかし18世紀になると，短命な皇帝が続いたこともあって，勢力はすっかり弱まり，デリー周辺だけを支配する一地方政権に転落していました。ちなみに，デリーにはラール・キラー（レッド・フォート）と呼ばれる城が，ムガル帝国時代の遺跡として残っています。この城は，ムガル帝国第5代皇帝シャー・ジャハーンがアグラからデリーに都を移したあと，築かれたものといわれています。

　ムガル帝国の弱体化が始まるのと同時に，インド各地に有力な政権が割拠するようになっていました。そのなかで，イギリス東インド会社は，各地に商館や要塞（ようさい）を建設して勢力を拡大していきます。おもな拠点のひとつはベンガル地方におかれていましたが，1757年にインドの地方支配者だったベンガル太守とイギリス東インド会社軍とのあいだでプラッシーの戦いがおこなわれました。この戦いによって，イギリス支配は新しい段階に達したともいえるでしょう。戦いが起こった理由のひとつとして，自由通関権をめぐるベンガル太守と東インド会社との対立がありました。ベンガル太守は，自分の支配領域を通過する商品に関税をかけており，その収入は自身の政治支配にとっての重要な財源でした。しかし東インド会社は，会社が取り扱う商品に対して関税をかけないようにベンガル太守に要求し，自由通関権を獲得した代わりにベンガル太守へお金を支払っていました。しかしこの自由通関権はしばしば，東インド会社の社員が個人で貿易をおこなうときにも流用されただけでなく，イン

第7章 ジャングル・ブック

ド人商人にも転売されることがあったため，ベンガル太守にとっては財政面で大きな打撃でもあったのです。ベンガル太守はフランスと手を結んでこの戦いに臨みましたが，東インド会社軍がベンガル太守の軍勢を敗退させ，勝利をおさめました。次いで1764年におこなわれたバクサールの戦いでも東インド会社軍が勝利をおさめ，イギリスの支配は強まっていったのです。

　さらに1765年，東インド会社はベンガル太守からベンガル，ビハール，オリッサ３地域の「ディワーニー」，つまり，税金を集める権限のほかに，裁判権など多方面にまたがる権限を手に入れました。このディワーニー獲得によって，イギリスによるインドの領土支配が実質的に始まったとみなされています。こうして東インド会社は，貿易会社から統治機構へと少しずつ姿を変え，インド支配体制を整えていきました。

税制と軍隊

　支配を進めるうえで，財源を確保することは必要不可欠です。当時のインドで，もっとも重要な税は地税，つまり土地に対してかける税でした。十分な税収を確保するためには，東インド会社は，インドの土地制度に介入せざるをえなかったのです。しかし18世紀インドの農村社会は，とても複雑で，しかも地域による違いもみられました。このようななかで，すべての地域に同じ制度を敷くことは現実的ではなく，その地域社会の実情にあった制度が導入されました。

　ここでは代表的な制度を２つご紹介しましょう。まず北インドでは，ザミーンダーリー制が導入されました。地方の武装階層である土豪（ザミーンダール）が地主となり，地主は，農民がおさめた小作料から東インド会社に地税を払い，残りは自分の取り分としました。南インドでは，ライーヤトワーリー制が導入されました。これは，南インドではザミーンダール層の力が弱かったためだといわれています。南インドでは農民が土地所有者となり，東インド会社に地税をおさめることになりました。

　軍隊も，イギリスのインド支配にとっては重要でした。東インド会社は，商館を守るという目的もあって軍隊をもっていました。東インド会社軍は，イギリス人将校のもと，多数のインド人，ヒンドゥー教徒やムスリムのなかでも，比較的高いカーストに属するインド人が傭兵として

雇われていました。

　1857年に，インド大反乱と呼ばれる反乱が起きました。反乱を起こしたのは，インド人傭兵（シパーヒー）たちでした。大反乱が起きた原因としては，低い手当や，さまざまな差別待遇に対してインド人傭兵が不満を募らせていたこと，イギリス人によるキリスト教の布教活動に対して反発が生じていたこと，領地をイギリスに併合された旧支配者たちが反発していたことなど，いくつかあげられます。ですが直接的なきっかけとなったのは，イギリス側が新式の銃を導入したことでした。この銃を使用する際に火薬を詰めなければならなかったのですが，その火薬が包まれている袋に牛や豚の脂が塗られているという噂が流れたのです。ヒンドゥー教徒にとって牛は神様からの使いであり神聖な生き物とされていました。一方ムスリムにとっては，豚は汚れた生き物とみなされていました。彼らにとってこの新式の銃を使うことは，自分たちの宗教的タブーを犯すことでした。新式銃の受取りを拒否したインド人傭兵が多数投獄され，彼らを解放しようと多くのインド人傭兵たちが立ち上がりました。

　最終的に反乱はイギリスによって鎮圧され，翌1858年に東インド会社は大反乱の責任をとるかたちで解散します。同時に，当時のイギリス国王であったヴィクトリア女王が，これ以降はイギリスがインドを直接統治すると宣言し，これをもってムガル帝国は滅亡しました。1877年には，ヴィクトリア女王がインド皇帝を兼ねることになり，インド帝国が成立します。このお膳立てをしたのは，当時イギリスの首相を務めていたベンジャミン・ディズレーリでした。こうして19世紀半ば以降，インドは公式にイギリスの植民地となり，約1世紀にわたってイギリスの直轄支配下におかれました。

　軍隊の再編もおこなわれました。ヨーロッパ人部隊の割合が増やされるとともに，インド人部隊では，言語や民族などが異なる人びととからなる多様な構成が採用されました。これは，大反乱の教訓も踏まえて，インド人が団結してイギリスに抵抗しづらい環境をつくりだしたものと考えられます。またインド軍は，インド国内だけではなく，アジアやアフリカの諸地域でイギリス帝国を防衛し，その権益を維持するのにも重要な役割をはたすようになっていったのです。第一次世界大戦中には，

100万人以上のインド軍が海外に送られました。

イギリス支配における教育

　イギリスが支配体制を整えていくうえで，大きな課題のひとつとなったのが，インド人に対する教育の問題でした。現地語やインドの伝統文化などを教えることに重点をおくか，英語による西欧の学問を教えることに重点をおくかで議論は分かれました。最終的に決め手となったのは，インド参事会の一員のトーマス・バービントン・マコーリーが1835年にあらわした「教育に関する覚書」でした。この覚書のなかでマコーリーは，インドにおける教育は英語でおこなわれるべきだと主張しました。この主張の背景には，イギリス人が行政活動や商業活動をおこなううえで，現地の事情に通じているインド人を支配体制側に取り込むこと，すなわちイギリス支配の「協力者」を養成することが必要で，そのためにはインド人に対する英語教育が不可欠だという考え方がありました。

　実際，インド人に対する英語教育に重点がおかれるようになり，さらに1857年には，ボンベイ，マドラス，カルカッタ（現在のコルカタ）の3都市に大学が設立されました。イギリス支配による教育の特徴のひとつとして，高等教育を重視していたことがあげられます。まず高等教育を充実させれば，その影響は初等教育の分野にもおよんでいくだろう，という考え方がありました。しかし予想どおりにはいかず，大衆教育，初等教育に関心が向けられるようになったのは，ずっとあとのことです。しかも，英語による高等教育を受け，西欧文化や思考を学んだ人びとのなかには，イギリスのインド支配の「協力者」もいれば，のちのインド独立運動の指導者になった人もいました。

　このようにインドでは独立前から，英語による高等教育制度の整備が進んでいました。独立後も，英語による高等教育に重きがおかれてきました。近年，経済のグローバル化が進むなかで，インドIT産業などの発展が注目されていますが，その背景には，英語による高等教育を受けた人材が国内のみならず海外でも活躍するようになったことがあるといえます。

　原作『続ジャングル・ブック』のなかにも，こういった背景が読み取れるお話があります。「プルーン＝バガートの奇跡」は，インドの北東

145

地方のある藩王国で首相を務めたバラモン（ブラーマン）のプルーン・ダスという主人公が，ある日，名誉も権力もすべて捨てて，1人の僧となり旅に出るという物語です。このお話のなかで，プルーン・ダスは，ボンベイ大学でイギリス式の教育を受け，イギリス人とも直接のインド人の上役ともうまくやりながら出世していき，その王国の首相にまでのぼりつめたという設定になっています。彼はイギリス式の生産技術の導入を奨励するなどしてイギリス文化を進んで取り入れ，インド帝国上級勲爵士を授けられるまでになったと描かれています。勲爵というのは勲等と爵位のことで，勲等とは，国家あるいは君主につくした功労や功績をたたえるために設けた勲章の等級ですが，このインド帝国上級勲爵士は上から2番目に高い位とされています。したがってこの勲爵を授けられたプルーン・ダスは，先に述べたところの「協力者」ということになるでしょう。

　バラモンの人びとは社会の支配層であり，インドがイギリスに支配されていた時期には，英語による高等教育を受けることで西洋化した面もあり，教育者や官僚のなかでバラモンは多くの割合を占めていました。しかし他方では，肉を食べないなど食事の戒律を守り，けがれを嫌って自分では掃除をしないなど，カーストの規範を厳しく守っています。お話のなかに「ロンドンでもてはやされていたころでさえ，目の前に，平和としずけさの夢を思いうかべていたかれであった」（キプリング著，西村孝次訳『続ジャングル・ブック』53頁）というプルーン・ダスについての描写があります。もしかしたら，プルーン・ダスが突然首相をやめて遊行者となったのは，心にいだいていた何かを抑えることができなくなったからかもしれません。

インドの森林保護

　キプリングは『ジャングル・ブック』が発表される前年の1893年に『さまざまな発明』という短編集を発表しています。このなかの「ラクにて」という短編に，じつはモーグリが登場します。インド森林省の役人である森林監督官のギズボンはある日，森林警備員が殺されたという知らせを受けて現場に駆けつけます。そこで彼はモーグリという若者に出会います。モーグリがジャングルの動物たちと自由に話ができるのを

知って驚いたギズボンは，森林警備員として自分のもとで働かないかとモーグリを誘います。

19世紀のインドでは，森林破壊が進行していました。そのおもな理由として，農地化が進んだことや木材の需要が増えたことが指摘されています。農地化が進んだのには，東インド会社が地税収入を増やしたいと思っていたという背景がありました。また木材の需要が増えたのは，イギリス海軍船を建造するための資材として必要であったことと，この時期のインドで鉄道の建設が進んでいたことから枕木の需要が増えていたことが関連していました。19世紀前半を通じて森林破壊は進みましたが，当時のインドには，森林破壊を続けるとどういう結果になるのかを考えている人も，森林が限りある資源だと思っている人もほとんどいなかったといわれています。植民地政府が森林保護の必要性を感じ始めたのは19世紀半ば頃であるとされており，その頃からインドでも森林政策が開始されました。同時に，森林破壊がもたらす環境への影響も，とくに気候の変化や土地の性質の変化にどう影響するかという視点から認識され始めたといわれています。そして1864年に，インド森林局が設立されました。

森林局においても長官や上層部門の役職はイギリス人をはじめとするヨーロッパ人が占め，下部組織の森林監視官や森林警備官，森番などにはインド人を雇用する方針が固まっていきました。インド人を登用することで，地元の森林に関する慣行や知識を手に入れるだけでなく，森林に関する政策を実行するうえで，現地住民との衝突を少しでも減らそうという意図があったと思われます。「ラクにて」のお話でも，モーグリは最終的にギズボンの申し出を受け入れ，いわゆる政府の役人になりました。現地の事情をよく知るインド人を支配体制側に取り込む，という歴史的背景はここにも見て取れるのではないでしょうか。

アングロ・インディアンと帝国支配

イギリスによる支配がおこなわれていた時代，多くのイギリス人が長期にわたってインドに住んでいました。これらイギリス人は「アングロ・インディアン」と称され，彼らの職業は，軍人，官僚，商人，企業家などさまざまでした。キプリング父子もこのアングロ・インディアン

です。また，前作『アニメで読む世界史』に登場する小公女セーラやその父も典型的なアングロ・インディアンでした。

　アングロ・インディアンは，インドで独自の社会を形成していました。アングロ・インディアンの社会は，軍人や官僚を頂点とした階級社会となっていました。しかし，外界つまりインド人の現地社会に対しては，一体感をもっていたといわれています。彼らはインド社会にとけこむというよりも，インド社会とは異なる別の社会を形成していたといってよいでしょう。

　イギリスがインドを植民地とした理由には，経済的な利益を得るため，また巨大な帝国を維持・防衛していくために必要な軍隊への人的・物的貢献を得るため，といったような理由があげられます。しかし，支配するうえで，それを外に向かって正当化できるような理由も必要でした。では，イギリスはどのようにして自らのインド支配を正当化したのでしょうか。「文明化の使命」という考え方があります。これは，インド人はイギリス人に比べて人種的に劣っており，それゆえにイギリスは西洋文明をインドに授けることでインドの人びとを教え導き，文明化する責任があるという考え方です。この考え方は，イギリスのインド支配を正当化する支柱のひとつとなりました。

　インドで暮らすアングロ・インディアンたちの意識のなかには，自分たちは本国に暮らすイギリス人よりもインドのことをはるかによく理解しているという自負がありました。それと同時に彼らは，教育によってインドの人びとを啓蒙したり，新聞や電信などさまざまな文明をもたらすことで，インド社会を改善することが支配者たる自分たちの責務だと考えていました。つまり「文明化の使命」を感じていたのです。別の言い方をすれば，アングロ・インディアンたちの意識には，自分たちが帝国を支配する側に属しているという帝国意識があったといってよいでしょう。

インドの綿工業

　インドでは，茶，米，小麦，綿花やジュート（袋などの繊維）などの一次産品の生産が盛んでした。イギリスが直接支配するようになってから，イギリスから資本や資材を導入することで，鉄道敷設が進みました。こ

の時期に鉄道が発達したおもな理由のひとつとして，上記のようなインドの産品をできる限り大量にしかも早く港まで運び，海外に輸出するため，ということがあげられます。それによって，インドでは輸出向けの商品作物の生産がますます盛んになった一方で，食糧生産のほうは停滞したといわれています。また先に述べたように，イギリスではインド産キャラコの輸入代替化というかたちで綿工業が発展しました。機械を使って大量に生産された綿布は，イギリス国内で消費されるだけでなく，海外へもさかんに輸出されるようになりました。そのおもな輸出先のひとつがインドでした。イギリスから綿布が輸入されることによって，インドの手織りの綿織物生産は大きな打撃を受けたといわれています。こうしてみると，19世紀のインドはイギリスにとって，製品輸出市場であり，食糧・原料供給地であり，投資先でもあったといえます。

　しかし，インドでも，19世紀半ば以降，近代的な産業が成長し始めました。代表的な産業が綿工業です。機械と動力を導入した工場で，綿糸や綿布がつくられるようになったのです。その中心地であったボンベイは，もともと貿易が盛んな港市でしたが，綿工業の分野に進出したのは，貿易で財産を蓄えたインド人商人でした。インドは綿花の生産地でもあったので，必要な原料はほぼ国内でまかなうことができました。また，機械はイギリスから輸入されました。

　ボンベイで生産された綿糸は，インド国内で消費されるだけでなく海外にも輸出されるようになりますが，おもな輸出先は中国でした。じつは，中国にはインドよりも先にイギリスの綿製品が輸出されていたのですが，インド産の綿糸はやがて，中国市場からイギリス産の綿糸を駆逐していきました。なぜインド産の綿糸がイギリス製品を駆逐していったのでしょうか。理由のひとつとしては，イギリスでつくられる綿布は薄くて軽い高級品が多く，中国では上海などの大都市の一部の人びとにしか受け入れられなかったからだといわれています。農村で暮らす人びとが普段着るのは，厚くて丈夫な布でつくった服であり，それにはインドでつくられた綿糸のほうが適していたからだということです。支配する側のイギリスと支配される側のインドが，海外の市場で競争を繰り広げるようになったのです。

　じつはこのイギリスとインドの市場争いには，のちに日本も加わるこ

とになりました。日本ではインドより遅れて，19世紀終り頃から近代的な綿工業が発展しますが，急激に成長を遂げていきました。日本の綿糸は中国市場に進出し，今度はインド産の綿糸が日本産のそれに駆逐されることになりました。加えて国内では，ボンベイ以外にもアフマダバードなどの都市でも綿工業が発展し，ボンベイの綿工業は国の内外で競争に直面していたのです。また日本製品は，20世紀に入るとインド市場にも本格的に進出し始めます。インドはイギリス綿製品の重要な輸出市場であったので，イギリスとインド，日本の3者のあいだで貿易摩擦が発生し，外交問題に発展します。

ちなみに，現在のインドにおいても繊維産業は重要な産業のひとつですが，近年はパキスタンやバングラデシュなどほかの南アジア諸国との競争が激しくなっています。

イギリス支配に対する抵抗

イギリスの支配が強まっていくにつれて，それに対する反発や抵抗というのも，つねにインドではみられました。その抵抗はインド大反乱後も決してなくなったわけではありませんでした。ただし，抵抗の仕方・かたちは大きく変わっていきました。インド大反乱のように力に頼るのではなく，話合いで決めたことの請願といったより穏健で，段階を追ってことを進めるかたちになっていったのです。

1885年に，ボンベイで「インド国民会議」が開催されました。この国民会議のおもな担い手は「中間層」の人びとでした。そのおもな特徴は2つあります。ひとつは，カルカッタやボンベイなどの都市のエリート層で，弁護士やジャーナリストなどの専門職の人びとが多かったことです。もうひとつは，西欧教育を受け，英語で教育をおこなう大学で教育を受けた，あるいはイギリスへの留学経験があるなど，いわゆる「新しいエリート層」であったことです。

しかし19世紀末頃から，「過激派」と呼ばれる人びとも登場しました。彼らは，インドの自治・独立をはっきりと自分たちの運動の目的として掲げていました。また，イギリスの支配のもとで，当時のインドの政治や経済の仕組がどんどん西欧化していくこと，また，その一端を担っているのが，西欧教育を受け，ある意味「西欧化」されたインド人エリー

ト層であることに，危機感を覚えていました。そのなかで，インドの伝統的な文化や価値観をもう一度見直そうという動きも生じてきたのです。

　今回は18世紀から19世紀にかけてイギリスがどのようにインド支配を強めていったか，またそれに対してインドはどのように対応したのか，『ジャングル・ブック』というアニメと原作を手がかりに，その一端をみてきました。20世紀に入ると，インドの独立をめざす運動がさらに活発になっていきました。最終的にインドが独立をはたすのは，1947年のことです。独立してから70年近くがたち，現在のインドは，世界最大の民主主義国家，アジアにおける大国のひとつとして，その動向に世界中から注目が集まっているといえます。

　原作からは，アニメでは描かれていないインド人社会のありようや，イギリスの支配のあり方が見て取れます。しかし，そこに描かれているのは，あくまでもキプリングの，つまり，支配者であったイギリス人，アングロ・インディアンからみたインド人社会であり，イギリス支配体制であるといえます。イギリスとインドの歴史をより深く知るには，別の視点も必要だと思います。

木谷名都子

参考文献

DVD『Walt Disney Classics ジャングル・ブック』ブエナ・ビスタ・ホーム・エンターテイメント，2000

DVD『Walt Disney Classics ジャングル・ブック2』ブエナ・ビスタ・ホーム・エンターテイメント，2005

ラドヤード・キプリング作（西村孝次訳）『ジャングル・ブック』学習研究社，1974

ラドヤード・キプリング作（西村孝次訳）『続ジャングル・ブック』学習研究社，1974

浅田實『東インド会社――巨大商業資本の盛衰』（講談社現代新書）講談社，1989

辛島昇編『新版世界各国史7　南アジア史』山川出版社，2004

北原靖明『インドから見た大英帝国――キプリングを手がかりに』昭和堂，2004

佐藤正哲・中里成章・水島司『世界の歴史14　ムガル帝国から英領インドへ』中央公論社，1998

内藤雅雄・中村平治編『南アジアの歴史――複合的社会の歴史と文化』有斐閣，2006

長崎暢子『インド大反乱　一八五七年』（中公新書）中央公論社，1981

狭間直樹・長崎暢子『世界の歴史27　自立へ向かうアジア』中央公論社，1999
浜渦哲雄『英国紳士の植民地統治――インド高等文官への道』（中公新書）中央公論社，1991
浜渦哲雄『イギリス東インド会社――軍隊・官僚・総督』中央公論新社，2009
広瀬崇子・近藤正規・井上恭子・南埜猛編『現代インドを知るための60章』明石書店，2007
本田毅彦『インド植民地官僚――大英帝国の超エリートたち』講談社，2001
水野祥子『イギリス帝国からみる環境史――インド支配と森林保護』岩波書店，2006

第8章 **ターザン**
文明化する幸せ,
文明化しない幸せ

原作 ◆ エドガー・ライス・バロウズ
『類猿人ターザン』
1914年刊

ターザンの魅力

　皆さんは『ターザン』を知っていますか。木々のあいだを縦横無尽に飛びまわり，動物たちを友とし，ジャングルの平和を守る野生のヒーロー，それが類猿人ターザンです。原作者エドガー・ライス・バロウズによって1912年に生み出されて以降，ターザンは小説の世界を飛び出し，映画や漫画，アニメでも大活躍しています。そのなかでも，今回はディズニー映画の『ターザン』(1999年)を中心に，その続編と彼が子どもの頃のお話にあたる『ターザン＆ジェーン』(2002年)，『ターザン２』(2005年)にもふれながら，彼が生きた世界とその時代についてお話しします。

　『ターザン』は37本目のディズニー長編アニメです。ディズニー作品は親・子・孫の３世代で楽しめることが特徴といわれていますが，この『ターザン』も子どもから大人まで，幅広い層の支持を受けて大ヒットしました。映画の総収入は４億4819万1819ドルでしたが，そのうちアメリカでの収益が１億7109万ドル。これは当時，『美女と野獣』(１億4586万ドル)を抜き，『ライオン・キング』(３億1286万ドル)，『アラジン』(２億1735万ドル)に次いで，アメリカのアニメーション映画収益トップ３に食い込む快挙でした。ちなみに日本では，スタジオジブリの『もののけ姫』が113億円，『紅の豚』が28億円，この本にはでてきませんが『魔女の宅急便』が21億5000万円の収益をあげています。１ドル＝100円としても，『ターザン』はアメリカで100億円以上の収益をあげたことになりますから，日本のアニメーション映画と比較しても決して見劣りしない売上げを誇ったことがわかります。日本ではなかなかなじみのない『ターザン』かもしれませんが，興味が湧いてきましたか。

『ターザン』のあらすじ

　ある若夫婦と赤ん坊が船の事故で見知らぬ海岸に漂着し，そこで生活を開始するシーンから，この物語は始まります。夫婦はヒョウに襲われ

て死にますが，残された赤ん坊はメスゴリラのカーラに拾われました。カーラは群れに赤ん坊を連れ帰り，ターザンと名づけて大切に育てます。ボスゴリラのカーチャクにはなかなか一族と認めてもらえないものの，ターザンはカーラの愛情を一身に受けて群れのなかですくすくと育っていきました。成長の過程では，ゴリラとは異なる自分に悩むこともありましたが，良き理解者カーラの献身的な支えや，身体的な能力不足を工夫や努力で補うことで，ターザンはしだいに仲間との絆を深めていきます。

　カーチャクにもようやく認められかけた矢先，ジャングルに人間がやって来ます。彼らはゴリラ観察に来たアルキメデス・ポーター教授とその娘ジェーン，ガイド役兼ハンターのクレイトンでした。一行とはぐれたジェーンを助けたターザンは，彼女たち人間やその文明に大きな興味をいだきます。カーチャクは人間を警戒しますが，ターザンは徐々にジェーンと思いを通わせるようになり，自分がゴリラではなく人間であることを理解します。しかし帰国するジェーンを引きとめるため，カーチャクをだまして一族の住みかをクレイトンたちに知らせたターザンは，カーチャクから裏切り者として再び拒絶されてしまいます。恋は盲目とはよくいったものですね。苦渋の決断で，ターザンはジャングルを去り，人間社会に復帰することを選択します。

　しかしその裏では，クレイトンとその仲間たちがゴリラの捕獲を画策していました。狩りの邪魔になるターザンは，彼らによって船内に監禁されてしまいます。カーチャクの正しさと自己の身勝手さで群れの災いの原因をつくってしまったことへの後悔にさいなまれるターザンを救ったのは，やはりジャングルの仲間たちでした。危機に直面しているゴリラたちを救出するため，ターザンはジャングルの動物たちと一緒にクレイトン一味に立ち向かうのでした。

ターザンがいた場所，いた時代

　さて，あらすじから『ターザン』の舞台がどこなのか，わかったでしょうか。それとも，皆さんにはまだイメージが湧きにくいでしょうか。では，もう少し焦点を絞って物語を検証してみましょう。『ターザン』にはヌマ（ライオン）やタンター（ゾウ），サポー（ヒョウ）をはじめ，さま

ざまな動物たちが登場します。まずはこの動物たちが与えてくれる情報から場所を特定してみましょう。

　『ターザン』で活躍する多くの動物たちのなかでも，ゴリラの存在を見逃すことはできません。ところで，ゴリラは大きく分けるとマウンテンゴリラとローランドゴリラの2種類がいます。マウンテンゴリラはコンゴ民主共和国からウガンダ，ルワンダあたりの内陸部の山や森に，ローランドゴリラはその名のとおり，西アフリカのローランド(低地)の熱帯雨林，国名でいえば，ナイジェリアやカメルーン，コンゴ共和国(ニシローランドゴリラ)，コンゴ民主共和国(ヒガシローランドゴリラ)に生息しています。『ターザン』で描かれているのはマウンテンゴリラです。つまり『ターザン』の舞台は，コンゴ民主共和国やウガンダ，ルワンダを想定してつくられたことになります。一方，ゴリラ以外の動物としては，スケッチブックを盗んでジェーンを困らせるゲラダヒヒが登場します。ゲラダヒヒもアフリカを代表する動物なのですが，じつは標高2500〜4000メートルのエチオピア高原や山岳地帯に生息しており，マウンテンゴリラとは生息域が異なります。

　また，ジェーンたちのテントがある場所から海が見えることにも注意してみましょう。つまりジャングルが海岸に比較的近い場所にあるということです。たしかにターザンの両親も海難事故を逃れてジャングルにたどり着いたわけですから，海からそれほど遠く離れてはいないのでしょう。少なくともゴリラたちの移動範囲内に海岸があります。しかし，マウンテンゴリラの生息地はアフリカ内陸部なので，海からは離れています。つまりゲラダヒヒの生息域といい海岸からの距離といい，現実的に考えると，ディズニーの『ターザン』には地理的な矛盾が生じてしまうのです。

　では，時代のほうはどうでしょうか。ターザンがイギリスに行くことを決め，ジェーンたちと一緒に船に乗り込もうとしたとき，ポーター教授はこう言います。「みんなが君に会いたがるぞ！　ヴィクトリア女王にダーウィン，キプリング！」。ヴィクトリア女王とは19世紀前半から20世紀初頭までのイギリス君主です。彼女の治世下でイギリスは最盛期を迎えました。その時期は，彼女にちなんでヴィクトリア時代と呼ばれており，イギリスで科学が非常に発展した時代でした。その象徴的人物

第8章　ターザン

が博物学者チャールズ・ダーウィンです。彼は1859年に『種の起源』を出版し，自然選択による進化論を提唱したことで有名です。ポーター教授はターザンを類人猿と人の中間と推測し，「進化のカギ（ミッシングリンク）」かもしれないと述べていますが，これもダーウィンの進化論，いわゆるダーウィニズムを踏まえたうえでの発言だったわけです。またラドヤード・キプリングも，ヴィクトリア時代にイギリスで大人気を誇った小説家・詩人です。ポーター教授がこの名前をあげたのは，キプリングが前章で紹介したターザンに似た境遇をもつ少年モーグリを主人公とした『ジャングル・ブック』の作者だったからでしょう。

　また2人の結婚1周年までの生活を描いた『ターザン&ジェーン』にも，時代を推測するカギがいくつかでてきます。例えば同作品には，1912年開店の看板を掲げた「デュモンの交易所」というお店がでてきますし，ジェーンの幼なじみのロバート・カンラーは「女王陛下の任務」でアフリカにやって来たといっています。ちなみに「交易所」とは，「未開地」の住民とのあいだでおこなわれる交易の場所を指す言葉です。しかしこれらの情報を統合しようとすると，じつはこれまた大きな矛盾が生じてしまいます。

まず西暦がはっきりとしているのは，交易所が設立された1912年だけです。ターザンとジェーンが結婚1年未満なことを考えると，2人が出会ってすぐに結婚したとすれば，それは早くても1911年頃ということになります。キプリングは1936年まで存命でしたので，11年の時点でも面会は可能でした。その一方でヴィクトリア女王以降，イギリスで女性の君主は現在のエリザベス2世だけですので，カンラーのいう「女王陛下」はヴィクトリア女王以外にはありえません。ところがダーウィンは1882年にすでに亡くなっていますし，肝心のヴィクトリア女王ですら1901年には亡くなっています。つまりポーター教授が勧めたようにダーウィンたちに面会するためには，ターザンとジェーンの出会いは1882年以前の物語でなければならないのです。しかし，それでは「デュモンの交易所」の話が成立しません。成立するとすれば，ターザンとジェーンの2人は出会ってから結婚するまでに10年以上，長ければ30年近くかかったことになります。『ターザン』が10代の頃の話だとしても，2人が『ターザン＆ジェーン』で40代になっているようにはみえませんし，あれほど愛し合っているのに，なぜ結婚が遅くなってしまったのかという疑問は残ります。

　そのほか，細かい部分からも時代は類推できるかもしれません。例えば，ジェーンたちがターザンを教育するために見せたもののなかに，「カンガルーと人間のボクシング」や「ペニー・ファージング型自転車」があります。ご存知のとおり，カンガルーはオーストラリア原産の有袋類ですが，けんかの仕方がボクシングそっくりでした。そのため，「カンガルーと人間のボクシング」は19世紀後半からオーストラリアで見世物とされ，1890年代以降，サイレント映画などを通じてヨーロッパにも紹介されました。

　また19世紀末から20世紀初めにかけての自転車の普及は，人びとをそれまで以上に自由に移動できるようにし，遊びの幅や機会を大きく広げました。ジェーンの故郷，イギリスではとくに1885年以降，自転車が全盛期を迎えることとなります。自転車が担った社会的な意味は大きく，例えば自分で自転車の修理ができるかどうかは，当時の人びとにとって名誉にかかわる重要な問題だったといわれています。さらに，自転車は女性の生活にも大きな影響を与えました。現在の形が完成した1890年頃

には，自転車は女性の教養のひとつとみなされるようになり，身分の高い若い女性たちのなかには，大胆にも自転車に乗ることで，お目付け役の年配女性を置き去りにし，自由を満喫する人もいたそうです。

　女性ということでいえば，『ターザン＆ジェーン』にジェーンの大学時代の友人たちがロンドンからジャングルを訪ねてくる話がでてきます。イギリスで女性の高等教育が発展したのも19世紀半ばでした。「女性の真正の教養を追求し，女性の生活・人生全体を広げること」を目的に，1848年にクィーンズ・カレッジ，49年にベドフォード・カレッジが女性教育の場として設立されています。同じく『ターザン＆ジェーン』で，ポーター教授が結果を気にしていた，イングランド対オーストラリアのクリケット国際試合，つまりテストマッチは1877年から開催されており，82年以降，ジ・アシュイズと呼ばれ，現在も続いています。こういった点からも，おおまかであれば『ターザン』の舞台となっている時代の特定ができそうです。

　ちなみに原作では，時代や地域はどのように説明されているのでしょうか。原作でもそれらについて明示されてはいません。しかし推測は可能です。物語の冒頭で，ターザンの両親はイギリス領西アフリカの一部で，現在のコンゴあたりをめざし，1888年5月に本国を出発します。なぜ，2人はこの時期にアフリカに向かわねばならなかったのでしょうか。じつはターザンの父親，イギリス貴族の血を引くグレートストーク卿は，植民地省の行政官でした。軍隊経験ももつ父は，若く野心的な人物で，出世を強く望んでいました。ちょうどその頃，「ヨーロッパのある強国」が勝手にイギリスの植民地で現地のアフリカ人たちを働かせているという訴えが植民地省に届けられ，その調査の任が彼に与えられました。この「ある強国」がどの国であるかは原作では明らかにされていませんが，それがどこの国であろうと，本国から遠く離れた植民地で他国との衝突をうまく解決したとあれば，イギリスでの立身出世は約束されたも同然です。父は結婚したばかりの母を連れ，すぐにアフリカに向かいました。2人は6月にはシエラレオネのフリータウン港に到着し，そこからさらにコンゴに向けて旅を続けました。しかしその途中，2人は乗っていた船の船長と船員たちとの争いに巻き込まれ，船長を殺した罪を本国に報告されることを恐れた船員たちによって見知らぬ海岸に置き去りにされ

るのです。この置き去りから約1年後にターザンが誕生しました。このことから，原作は1888年以降の話で，場所はリベリアからコンゴあたりにかけての西アフリカ沿岸部と考えることができそうです。

　ディズニー版の『ターザン』は，原作のアイディアを借りつつ，独自の解釈を加えています。その意味で，原作の情報をあてはめすぎても問題があるかもしれません。またファンタジーに具体的な時代考証を持ち込むのは，重箱の隅をつつくようで気が引けますので，アニメの『ターザン』は，ひとまず「アフリカ大陸中央部一帯の，海岸が近いジャングルで，1880〜1910年代あたりに起こったできごと」くらいにしておいたほうがよさそうです。

ターザン，UMAに育てられる？

　せっかく原作の話がでてきましたので，もう少しアニメの『ターザン』と原作とを読み比べてみましょう。最大の違いは何といっても「育ての親」です。アニメ版では，ターザンは慈愛に満ちた母ゴリラのカーラに見守られ，ゴリラの群れのなかで育ちます。一方，原作ではターザンを育てたのはゴリラではありません。では何者だったのかというと，「類人猿」です。体重は300〜350ポンド（約130〜160キロ）とされていますので，マウンテンゴリラと同じか，それよりも少し小さいほどです。しかしそれが実際にはなんという動物なのかは，作中でもはっきりしません。行動や容姿などでいえば，ゴリラやチンパンジーのような一般的な類人猿と区別して，より人類に近い描き方を原作者バロウズはしています。それはまるで『ガリヴァー旅行記』の馬の国にいる野人ヤフーや，ロッキー山脈一帯で目撃される未確認動物（UMA）ビッグフットのようです。ポーター教授はターザンをいまだ見つかっていない「進化のカギ」と考えましたが，バロウズが描いた「類人猿」のほうが，ターザン以上に謎に満ちた，人類と類人猿の中間的存在であるUMAであったともいえます。

　そのほかにも，アニメと原作では異なっている点があります。そのなかでも特徴的な事例をいくつか取り上げてみましょう。まずは，ターザンの両親を殺害したのはだれかという点です。アニメではヒョウのサボーに襲われたことになっています。またターザンは仲間たちを守るため

にサボーを倒したことで，はからずも両親のかたき討ちに成功し，さらにはゴリラたちから一目おかれるようになります。一方，原作では両親，とくに父はカーチャクたちの襲撃を受けて命を落とします。原作のカーチャクもアニメと同じく族長ですが，アニメのような厳しくも立派で仲間思いのボスではなく，暴力にものをいわせてジャングルを支配する悪党です。そして最後にはターザンに殺されてしまいます。原作でもターザンははからずもかたき討ちを成し遂げることになりました。

また洋服のもつ意味もアニメと原作では異なっています。アニメでは洋服を着ることは群れから逸脱することをあらわしています。また幼なじみのメスゴリラ，タークは「服を着ている奴なんて信用できない」と言っています。ジャングルでは，服を着ないことも価値観のひとつとして尊重されるのです。しかし原作では，衣類はターザンとほかの「類人猿」たちを隔てる偉大さの象徴であり，人類がほかの生き物よりも優れている証だとターザンは考えます。

なぜ，このような違いがでたのでしょうか。それには，それぞれのアフリカ大陸の自然に対する理解の仕方が関係しています。バロウズは26作ものターザンシリーズを執筆していますが，じつはアフリカに行った経験はありません。彼はターザンを伝聞で得られる知識や想像で制作したのです。そのため，アフリカにはいないトラが作中に登場するなど，とくに雑誌での連載初期には誤ったイメージが多くみられました。ちなみに読者の指摘で，単行本にする際，作中のトラはライオンやヒョウに訂正されました。またアフリカ人たちや「類人猿」たちの描かれ方も，高貴な血を引くターザンやほかのヨーロッパ人たちの勇敢さや健全さと比べ，非常に粗暴で残酷な面が強調されています。

これに対し，ディズニーのスタッフは原作で描かれた風景を理解するためにウガンダを訪問し，ジャングルの自然を観察・記録しました。マウンテンゴリラにも会いにいったそうです。メイキング映像のなかで，スタッフの1人はゴリラが想像以上に温和な動物で驚いたと述べています。バロウズと違い，彼らは現地を訪れ，取材することでイメージを修正することができたわけです。原作が発表されてから現在までの100年のあいだに交通や情報伝達の手段がかなりの発達を遂げたことで，アフリカ大陸はわれわれにとって以前のようなはるか遠くの異世界ではなく

なりました。アニメと原作の違いはこういった時代状況の変化からも生じているのです。

出生の秘密か，痛快アクションか

　アニメと原作で，背景や描かれ方，内容がかなり異なっていることがわかってきた『ターザン』ですが，その一方で共通しているテーマもあります。それはターザンの「自分探し」です。個別にみれば，原作では人類の知性やヨーロッパ人男性，ないしは貴族の血を引く人間の優等性が強調されます。またディズニーの『ターザン』では家族愛というテーマとともに，文明と非文明の衝突，およびその克服が，『ターザン＆ジェーン』では「文明」と「野蛮」という2つの世界の融和が重要なテーマとなっています。しかし『ターザン2』の内容がまさにそうであるように，作品すべての基盤となっているのが，ターザンの「自分は何者か」という問いなのです。

　アクション色の強い映画作品では無視され，生まれながらの猿人と描写されてしまったりもしていますが，「自分は何者か」という問題は，ほとんどのターザンものを貫く重要なテーマです。例えば日本で出版されたターザンのパロディ漫画に，徳弘正也『新ジャングルの王者ターちゃん♡』がありますが，この作品でもターザンことターちゃんは，出生の秘密をめぐって仲間たちと一緒に世界中に出かけていきます。『ターザン2』で幼い頃のターザンは，いったんは「自分はゴリラでなくとも，ターザンはターザンだ」という解答を見つけますが，成長後の『ターザン』ではジェーンたち人間があらわれたことで，あらためて自分を人間という可能性も含めて考えることになりました。生物種としての問題と，血筋や生まれに関する問題とは，本来別個のものであり，人間社会だけで生きている限り前者の問いかけは生まれてはきません。しかしアニメでも原作でも，ターザンは異種の社会で成長したからこそ，この両方の問いが混在することになるのです。ただし，アニメの『ターザン』では，後者の血筋に関する問いはあまり重要な話題にはなりません。これはひとつに，原作のターザンではなく，ほかのターザン映画からの影響も大きいのかもしれません。

　ターザンの映画化は早くも1918年におこなわれました。当時は音声の

ないサイレント映画でしたが，そのなかでもターザンは100万ドル以上の収入をあげた最初の作品といわれています。それ以降，ターザンはさまざまな俳優たちによって演じられました。とくに1928～29年に『巨人ターザン』や『猛虎ターザン』で役を演じたフランク・メリルや，『類猿人ターザン』(1932年)で活躍したジョニー・ワイズミュラーといった運動神経抜群の俳優たちによって，雄叫び(ターザン・コール)をあげながら，ロープ代わりの木の蔓につかまってジャングルを自由に飛びまわるヒーロー像が確立しました。そういった映像によるターザン像が浸透する一方で，すでにふれたように，原作の重要な裏設定であったイギリス貴族としての出自や家系といった点はだんだん強調されなくなっていきました。こういった出自の変更は，ターザンだけでなく，ヒロインのジェーンにもなされています。ワイズミュラー主演の映画版『類猿人ターザン』では，ジェーンの国籍が原作のアメリカ人からイギリス人に変更されており，ディズニーアニメもその設定に従っています。たしかにアクション映画を見ているときに，ターザンがどこの家系に属しているかなんてどうでもいい問いなのかもしれません。それどころか，ターザンは実在の人物で，なんとシャーロック・ホームズの親戚だった，なんて説を勝手にでっちあげてしまう作家さえいるくらいなのですから。

　原作の続編でターザンは，人間社会に完全に復帰するわけでもなければ，離れてしまうわけでもありません。人間社会特有の悪意や残酷さにあきれ，人間に愛想をつかしますが，貴族としての立場は手に入れますし，ヨーロッパ人の友人(例えばフランスの軍人ダルノー)もできます。シリーズ第1巻にあたる『類猿人ターザン』では，文明人でなくなることを恐れたジェーンとは結ばれなかったものの，第2巻での再会を経て彼女を妻に迎えます。そういった人間的なしがらみが増えたせいなのでしょうか。のちには彼が，アフリカやジャングルの仲間たちのためではなく，ヨーロッパの国々のために尽力する機会もでてきます。例えば原作では，ターザンはフランス陸軍の特務官としてアルジェリアに派遣されます。また日本との関係でいえば，戦前の日本軍とも戦っています。1947年にバロウズが発表した『ターザンと「外国人部隊」』でのことです。ターザンはイギリス人やアメリカ人，オランダ人，インドネシア人などからなる混成の外国人部隊にイギリス空軍のクレイトン大佐として

参加し，太平洋戦争時のスマトラ戦線で日本軍相手に奮闘します。映画やアニメでは国籍や血統が重視されなくなる一方で，原作ではときに国家に所属するなど，人間社会との距離感に悩むターザンの姿が目に浮かんでくるようです。

「ゴリラ」を売ってもうけたヨーロッパ

　さて，『ターザン』で起こったもっとも重要なできごとのひとつに，ジェーンたちとの劇的な出会いがあります。原作では，ポーター教授一行がアフリカを訪れた理由は「コンゴ河流域のどこかに埋没しているある古代文明遺跡の発掘」をするためでしたが，アニメではゴリラの生態調査が目的でした。また悪役ハンターのクレイトンも，別の意味でゴリラに高い関心をいだいています（彼は原作ではターザンの従兄弟です）。いったいなぜ，彼らはゴリラに関心があったのでしょうか。それは1870年代後半にヨーロッパでゴリラの輸入ブームが起きていたことと関係しています。1875年にドイツのロアンゴ探検隊の医師が購入した子ゴリラがベルリンで公開されたことをきっかけに，ゴリラは動物愛好家たちのあいだで人気の「商品」となりました。『ターザン』でもクレイトンが，ゴリラは1頭300ポンドで売れると言っています。クレイトンのように，1907年にはドイツ植民地守備隊の将校がカメルーンで大規模なゴリラ狩りを実施しました。ジャングルに火をつけてあぶり出し，数頭の猟犬や数千人のアフリカ人で追い立て，ゴリラの群れを捕獲したそうです。ゴリラだけではありません。アフリカ大陸自体に対する関心もヨーロッパでは19世紀後半以降，急激に高まっていきました。

　アフリカへの興味が膨らんだ背景には，ヨーロッパ諸国が探検隊の派遣や情報収集などに積極的に取り組み始めたことがあげられます。とくに1850〜70年代には，有名なデイヴィッド・リヴィングストンやヘンリー・スタンリーらがアフリカの内陸部を探検し，その事情や実態を紹介しました。また熱帯の風土病マラリアの特効薬が開発されたことも，ヨーロッパ人自身によるアフリカ進出を助けました。ではなぜ，ヨーロッパはアフリカに関心をもたなければならなかったのでしょうか。

　ヨーロッパとアフリカとの関係で，歴史上もっとも重要なできごとのひとつはアフリカ人奴隷貿易でした。16世紀から19世紀までのあいだに

アフリカ大陸からは，千数百万人ともいわれる人びとが奴隷として強奪され，奴隷商人たちの手で「アメリカ大陸」などに売り払われました。その結果，アフリカ諸地域では国家基盤が破壊され，現在まで続く社会や経済の遅滞の遠因となりました。逆にヨーロッパ諸国は，奴隷貿易を通じて大きな利益を獲得し，それを元手に自国の工業化を推し進めることができるようになりました。さらに，技術革新の進展により鉄鋼や非鉄金属，化学工業といった重工業分野が発達すると，1870年代頃からヨーロッパの先進資本主義国は，アフリカをはじめアジアやラテンアメリカ，太平洋諸島に対し，原材料などの資源や安価な労働力の供給地としてだけでなく，資本の投下先としても欲望のまなざしを向けるようになっていきました。

また資本主義の進展により，国内でも貧富の格差が広がっていきましたが，その結果生じる貧民層の不満をそらす格好の手段として，自国のナショナリズムを刺激し，非ヨーロッパ世界を侵略して植民地化する戦略がとられました。こういった動きが活発化した時代を「帝国主義の時代」といいます。ヨーロッパ諸国のなかでも，資本主義の発展によって世界規模の影響力をもつに至ったイギリスやフランス，ドイツなどは列強と呼ばれるようになりました。そして世界は列強によりそれぞれの植民地や保護領，勢力圏に分割されていき，また列強間の対立も深まっていったのです。

帝国主義とアフリカ分割

このような歴史の流れのなかで，その後のアフリカの運命を決める瞬間がやってきます。それが1884〜85年に開催されたベルリン会議でした。バロウズによる原作では，アフリカ人部族の一団がターザンや類人猿たちが暮らすジャングルにやって来る場面があります。彼らがジャングルに移住してきた理由は，「狡猾な偽善者ベルギー国王レオポルド２世による残虐行為から逃れるため」でした。ベルリン会議開催の目的は，このレオポルド２世によるコンゴ地域の領有についての話合いでしたが，その裏ではヨーロッパの強国同士がアフリカの植民地化をめぐって激しくしのぎを削り合いました。

ベルリン会議の結果，先に土地を占領した国の優先権と実効支配の原

則が承認されました。この原則に従い、ヨーロッパの列強諸国は既成事実をつくるため、こぞってアフリカに進出し、植民地の境界線を確定し、現地に行政機構や治安組織を設立しました。すでにみてきたように、アフリカに対する列強の関心はおもに資源や市場、資本の投下先の確保にあります。列強の思惑にアフリカ現地の事情や意向はいっさい反映されません。このような状態だったため、列強によりアフリカの大地に人為的な境界線が引かれ、現地の人びとの社会や文化のつながりは寸断されていきました。これを列強によるアフリカ分割といいます。最終的にアフリカはごく少数の例外を除いて、19世紀末までにほぼ全土がヨーロッパ諸国の支配下に入りました。

　植民地となったアフリカやアジアでは、列強による植民地経営のための政策が積極的におこなわれました。例えば、イギリスのケープ植民地には1888年までに、イギリスとその勢力圏にあったインドから16万人が送り込まれました。アルジェリアにはヨーロッパ各地から76万人の移民がやって来ました。『ターザン&ジェーン』で交易所を開いたデュモンも、そのような入植者の1人です。しかしこういった新参者が大量に押しかけてくる状況は、現地の人びとの危機感をあおる結果となりました。

　19世紀末には、アフリカ各地で列強の侵略に対する反発や抵抗が続発するようになり、列強と植民地側の勢力との対立も激しくなっていきました。ターザンが暮らした西アフリカの海岸沿いでも、現地の人びとは列強の進出に必死に抵抗しました。現地に派遣されていたイギリス人外交官が殺害されたことへの報復として、イギリス軍が派遣されたときも、現地のアフリカ人たちは村落単位で連合を組んで戦い、討伐部隊を悩ませました。また1896年のアドワの戦いでは、約7万人のエチオピア軍がイタリア軍約2万人を撃退し、イタリアのエチオピア侵略の野望をくじきました。皮肉なことですが、エチオピアはこの勝利によって独立を維持したのみならず、帝国主義国の仲間入りをし、ソマリランドなどをほかの列強とともに分割支配するようになりました。

　しかしエチオピアのような例はごくまれで、ほとんどの場合、現地の勢力による列強への武力抵抗は長続きせず、また列強の活発な経済活動に権益を奪われ、その勢力圏に組み込まれていきました。例えば、イギリスは1899～1902年の南アフリカ戦争で、現地のボーア人(オランダ系移

民の子孫，アフリカーナ)やアフリカ人の勢力，さらには彼らに共感しておもにフランスから集まった義勇軍などを破り，ケープ植民地の隣接地域を併合して，のちの南アフリカ連邦の基礎を築きました。

植民地をめぐって対立する列強

　帝国主義の時代には列強間の格差も拡大していきました。20世紀に入ると，すでにたくさんの植民地を保有していたイギリスやフランスなどと，あとから植民地を獲得し始めたドイツなどが，植民地や勢力圏の配分のやり直しをめぐって対立するようになります。ドイツでは1871年の統一後，急速な工業化と人口の増大を背景に，植民地を獲得しようとする動きが活発になりました。その結果，1880年代半ばから後半にカメルーンや南西アフリカ(現在のナミビア)，アフリカ東海岸などにいくつかの植民地や保護領を保有するようになりました。しかしそれらはいずれも経済的な価値が低い地域で，とうてい満足できるものではありませんでした。

　一方，イギリスとフランスとのあいだでは1898年以降，アフリカでのお互いの権益を認め合う妥協が成立していました。後発の帝国主義国であるドイツにとって，二大植民地保有国に手を組まれてしまっては大変です。1888年にヴィルヘルム2世が皇帝に即位し，「世界政策」と称して積極的に帝国主義政策を推し進めていたドイツは，イギリスとフランスの仲を裂こうと，モロッコ事件(1905年，11年)を起こしました。ドイツはこの事件で，実質的にモロッコを支配していたフランスの権利に難くせをつけ，ほかの国もその地域に勢力を拡大できるようにしたいと考えていました。ヴィルヘルム2世は，モロッコの支配に参入するチャンスができるのだから，イギリスもドイツに味方するだろうと考えたのです。しかしイギリスはフランスに味方し，ドイツはイギリスとフランスを仲違いさせるどころか，かえって両国との対立を深めてしまいました。

　前にも述べた『ターザン&ジェーン』に登場するカンラーは，こういった列強同士の対立を背景につくられた人物といえます。カンラーはイギリス空軍の将校ですが，じつは二重スパイでイギリス情報部から追跡されています。彼はイギリスの暗号解読機を盗み出し，その情報と技術を「敵」にお金で売り渡そうとしました。しかし彼の企みは，ターザン

とジェーンの活躍により阻止されます。作中では明示されませんが、もしかするとその「敵」に想定されているのはドイツなのかもしれません。ちなみにイギリスによるドイツ式暗号の解読機が、世界最初のコンピュータだといわれています。

　19世紀後半にヨーロッパ諸国では近代的な文明が定着し、人びとの生活状況も改善していきます。社会にも、近代的で科学的なヨーロッパの先進性や将来性を楽観的に信じる傾向が広まりました。帝国主義の時代のヨーロッパでは、世界中に植民地を獲得したことを通じて、異国や異文化に対する関心が高まる一方、ヨーロッパ世界が非ヨーロッパ世界よりも優れているという優越感や、ヨーロッパ人が世界を支配するのが当然という認識がより強くなっていきました。またそのような考え方は、優生学や文化人類学といった学問によっても支持されました。例えばダーウィンが『種の起源』のなかで示した進化論は、イギリスの人びとの社会観に大きな影響を与え、生存競争でより環境に適した優秀な者が劣る者よりも発展できるという社会進化論などが誕生し、列強の立場を補強しました。

ジェーンがターザンを文明化しなければならない理由

　帝国主義の時代、列強は植民地の経済開発だけでなく、ヨーロッパ文化の導入を強力に推し進めました。『ターザン』でも、ジェーンやクレイトンがターザンにいろいろとヨーロッパの文化や風習、礼儀について教え込もうとしています。なぜ、列強はアフリカにヨーロッパ文化を強引に根づかせようとしたのでしょうか。それは一面で、ヨーロッパの先進医療や教育などを植民地に導入することで、現地の人びとの生活向上が見込まれると考えられたからです。このような意見をもった人たちは、非ヨーロッパ人でもヨーロッパ式の近代的な教育を受け教養を身につけたなら、列強諸国の人間とも対等の権利を得ることができると主張しました。そのために、非ヨーロッパ世界を近代化させることがヨーロッパ人の使命であると、彼らは考えたのです。前章でも述べられていますが、これを「文明化の使命」論といい、列強が植民地支配を正当化する根拠とされました。

　とはいえ、現実にはその恩恵にあずかれる現地の人びとはきわめて限

られていました。かりに植民地の人びとが必死でヨーロッパの文化や教養などを身につけたとしても、彼らには従順で役に立つ人材として植民地の行政につくすことが期待されるだけで、就職や昇進には歴然とした差別が待ち受けていました。「文明化の使命」もまた、列強諸国の人びとが非ヨーロッパ世界を軽視したり、植民地の人びとに対して優越意識をいだいたりする要因となったのです。

　しかし皮肉にも、列強の強さは彼らより劣っているとみられた非ヨーロッパ世界からの収奪によって支えられていました。それがはっきりとあらわれたのが、1914年に始まった第一次世界大戦でした。当初、数カ月で終わると思われていた戦争は、列強間の対立を背景にイギリスやフランス、ドイツといった強国があいついで参戦する大戦争へと変化していきました。長期にわたって戦線を維持するため、列強諸国は国力のすべてを戦争に傾けました。これを「総力戦体制」といいます。

　当然のことながら、列強は戦争に勝利するため、自分たちの持ち物とみなす植民地に経済・物資・人材面での大きな負担を強制します。列強諸国は植民地から大量の食糧や原料を徴発するだけでなく、ヨーロッパや西アジアの戦線に植民地の人びとを兵士や労働者として送り込みました。その半数はインドからの徴発だったといわれていますが、アフリカからも数十万を超える人びとが戦争に駆り出されました。それだけ列強諸国にとって、植民地の労働力や食糧、武器の原料などは戦争をおこなうために必要不可欠なものだったといえます。この意味でも、第一次世界大戦は文字通り、地球規模でおこなわれた世界戦争でした。

　列強による文明化の推進に対しては、植民地の側でもさまざまな反応があらわれました。とくに19世紀末以降、ヨーロッパの産業や軍事の技術だけでなく、国家体制や、それを支える思想や制度なども積極的に取り入れようとする動きが、植民地の若者たちに支持されるようになりました。植民地側の活動はやがて、列強による帝国主義や人種差別に反対し、ヨーロッパの支配から植民地を解放しようとする運動へと発展していきます。例えば、1900年にロンドンで開催されたパン・アフリカ会議や、12年に創設されたアフリカ民族会議がそれにあたります。「パン」という言葉は広く大きいという意味です。これらの会議は、特定の民族や地域に対象を限らず、アフリカ人全体にアフリカ人の権利と自立を呼

びかけることを目的としていました。

　また第一次世界大戦後には，戦争への協力に対する見返りとして植民地の地位や待遇の向上，差別の撤廃を求める声も高まっていきました。そして戦争協力にもかかわらず，植民地を軽視しつづけるイギリスやフランス，あるいはそのヨーロッパ中心主義的な文明観に対する幻滅が広がり，アフリカの国家や民族としての自立への期待が人びとのあいだで膨らみました。しかしそういった運動が実を結ぶまでには，第二次世界大戦を乗り越えた1950～60年代を待たねばなりません。アニメの『ターザン』にはほとんど描かれていませんが，ヨーロッパによる支配とそれからの脱却というアフリカの苦難の歴史は，同時代を生きるターザンの目にいったいどのように映ったのでしょうね。

『ターザン』の系譜

　原作者バロウズはターザンを，自然と文明の両方の長所をともに備え，野性と知性とを巧みに融合した高貴な人間として描こうとしました。そのためにバロウズが参照したのが，メスオオカミの乳で育ったロムルスとレムスというローマの建国神話にでてくる人物や，同じくオオカミに養育されたモーグリ（『ジャングル・ブック』）でした。しかし同時にターザンは，それらにはない独創的な存在感を発揮し，読者や観衆を魅了してきました。アニメの『ターザン』や『ターザン＆ジェーン』では，『ジャングル・ブック』よりも，人間として生きることと，大自然のなかでゴリラとして生きることが違和感なく両立されています。決して野蛮に陥ることのない野生児であり，ずるがしこさではない理性をもった紳士でもあるターザンは，私たちに一種の憧れをいだかせるのかもしれません。

　そのせいでしょうか。ターザンに魅せられ，ターザンから影響を受けた創作者は数知れません。古くは『少年ケニア』や『狼少年ケン』の活躍に心躍らせた世代もいるでしょう。また『美女と野獣』や『キングコング』といった作品も，『ターザン』の系譜のどこかに入るのかもしれません。

　しかしターザンにもっとも触発された日本の作品は，『仮面ライダーアマゾン』（1974～75年）ではないでしょうか。アフリカと南アメリカとい

う出身の違いはありますが，アマゾンもジャングルで育ち，人間と野獣のあいだで揺れ悩む野生児ヒーローです。彼は人びとの平和のため，まさひこ，りつ子，立花藤兵衛，モグラ獣人といった仲間とともに，十面鬼ゴルゴスが率いる秘密結社ゲドンやゼロ大帝のガランダー帝国と戦います。第1話で彼がまさひこにたどたどしく自己紹介するシーンなど，まさにターザンとジェーンの出会いそのものですし，カーラのごとくアマゾンの成長を温かく見守るりつ子や立花のオヤッさんもいます。しかし，ディズニーの『ターザン』が自分は人間だと納得したうえで，衣服を脱いでゴリラとして生きることを選択したのに対し，アマゾンはヨーロッパ式にスーツとネクタイを身につけ，故郷のアマゾンに帰っていきます。つまりアマゾンは衣類を身につけたまま（文明化したまま），人間社会を去るのです。端的にいえば，文明化を拒否したターザンも，文明化を受け入れたアマゾンも等しく，人間としての幸せを出自ではなく，自分が育った世界に見出そうとしたわけです。

　ターザンが暮らしたアフリカは，まさに帝国主義列強によって分割され，「文明化の使命」の名のもとに支配された世界でした。また奴隷貿易以降，固有の文明を破壊され，昔からの文化やつながりを切断されたアフリカに，ヨーロッパの文化や制度などの移植が意識的におこなわれたのもこの時代のことでした。ディズニーアニメでは，そのあたりの事情はかなり捨象されていますが，アマゾンのように文明化する幸せもあれば，ターザンのようにその機会を放棄しても得られる幸せもあるのです。その意味で『ターザン』は，帝国主義列強がアフリカ社会に課したヨーロッパ的な文明化を追求しなくとも，人間は幸せになれるということを，私たちに教えてくれています。

水田大紀

参考文献

DVD『ターザン』ブエナ・ビスタ・ホーム・エンターテイメント，2000
DVD『ターザン&ジェーン』ブエナ・ビスタ・ホーム・エンターテイメント，2003
DVD『ターザン2』ブエナ・ビスタ・ホーム・エンターテイメント，2005
DVD『類猿人ターザン』ファーストトレーディング，2011（初公開1932）
DVD『仮面ライダーアマゾン』全2巻，東映ビデオ，2003

E・R・バロウズ（高橋豊訳）『類猿人ターザン』（ハヤカワSF文庫特別版）早川書房，1971

井野瀬久美惠・北川勝彦編『アフリカと帝国――コロニアリズム研究の新思考にむけて』晃洋書房，2011

金澤誠ほか「作品特集『ターザン』」『キネマ旬報』第1298号，1999

亀井俊介「ターザンの栄光と憂鬱」『サーカスが来た！――アメリカ大衆文化覚書』（平凡社ライブラリー）平凡社，2013（初版1976）

川北稔・木畑洋一編『イギリスの歴史――帝国＝コモンウェルスのあゆみ』（有斐閣アルマ）有斐閣，2000

川田順造編『新版世界各国史10　アフリカ史』山川出版社，2009

佐藤卓己「ターザン」黒田日出男責任編集『歴史学事典3　かたちとしるし』弘文堂，1995

徳弘正也『ジャングルの王者ターちゃん♡』全3巻,『新ジャングルの王者ターちゃん♡』全12巻（集英社文庫）集英社，2012（初版1988～95）

第9章 愛の若草物語
南北戦争と家族

原作 ◆ ルイザ・メイ・オルコット
『若草物語』
1868〜69年刊

愛されてきた『若草物語』

　華やかな社交界に憧れ，幸せな結婚を夢見るメグ。活気にあふれ，失敗を繰り返してばかりだけれど，小説家を志すジョオ。ピアノが大好きで，引っ込み思案な性格のベス。絵を描くことが大好きで，少しおませなエイミー。『若草物語』の題名で知られる物語は，この4人の姉妹を主人公とし，彼女たちがさまざまな失敗や苦難を乗り越えながら成長していく様子を描いた長編の小説です。

　作者は，19世紀アメリカ合衆国の作家，ルイザ・メイ・オルコット。あとでも述べますが，『若草物語』は彼女の自伝的な作品で，ジョオはオルコット自身をモデルにしています。『若草物語』の第1部が刊行されたのが1868年，その翌69年には第2部が刊行されました。原題は *Little Women* といい，父が4姉妹に「小婦人」と呼びかけていたことに基づいています。この章で取り上げるアニメ『愛の若草物語』は，原作の第1部を中心に，第2部のエピソードも若干まじえて構成されたものです。なお，『若草物語』そのものは，1871年刊行の第3部，そして86年刊行の第4部まであります。

　日本で『若草物語』がはじめて翻訳されたのは，1906年のことです。そのときのタイトルは，『小婦人』という原題にそくしたものでした。1933年，ハリウッドの名女優キャサリン・ヘップバーンがジョオ役を演じた映画版のタイトルが『若草物語』と訳され，以来，日本ではこのタイトルが定着したといわれています。

　さて，『若草物語』は，アメリカはもちろんのことながら，世界の多くの国々で愛されつづけてきた児童文学のひとつといえます。日本も例外ではありません。毎日新聞社による「学校読書調査」の記録を5年ごとにみると，1955年以降，『若草物語』は小学生女子，中学生女子が読む外国文学作品として毎回名前があがっています。

　ただ，2000年の「学校読書調査」では『若草物語』の名前が消えてい

ます。調査結果をながめていると,『若草物語』に限らず,読まれる本の数自体が年々減っていますので,仕方のないことかもしれませんが,現在では,『若草物語』といっても,ストーリーがすぐ頭に浮かぶという人も少なくなっているのではないでしょうか。

そこで,まずはさっそく,アニメ『愛の若草物語』のあらすじを確認してみましょう。その際,原作との違いについても紹介していきます。そのうえで,『愛の若草物語』の背景にあった,19世紀アメリカ史上,最大のできごととともいえる南北戦争についてみていきましょう。これらの作業をとおして,本章では,南北戦争の歴史という観点から『愛の若草物語』をとらえなおしてみたいと思います。

『愛の若草物語』のあらすじ

アニメ『愛の若草物語』は,フジテレビ系列で「世界名作劇場」シリーズとして,1987年1月11日から12月27日まで放映されました。全48話で構成され,2000年にはバンダイビジュアルからDVD版全12巻が発売されています。

アメリカ合衆国ペンシルヴェニア州のある田舎町。ここに,マーチ一家,つまり母親メアリーとメグたち4姉妹が暮らしていました。長女メグは16歳,次女ジョオは15歳,少し年が離れて,ベスは10歳,そしてエイミーは7歳です。

ときは1863年,アメリカ国内で南北戦争が始まって2年目にあたります。一家のあるじである父親のフレデリック・マーチは,北軍の兵士として従軍していました。

物語は,父フレデリックが戦争で肩を負傷したため一時休暇をもらい,家に帰ってくるところから始まります。しかし,一家みんなでピクニックを楽しんでいたところ,南軍がペンシルヴェニアにまで偵察に来ていることをフレデリックは発見します。彼は休暇を取り消し,すぐに北軍に戻ることとなりました。

父が軍隊に戻ったあとのマーチ一家に,ある悲劇がおそいます。1863年7月1日から3日にかけて,マーチ一家の住むところから程近いゲティスバーグで,南北戦争のなかで最大の激戦がおこなわれました。この戦いで,北軍では約2万3000人,南軍では2万8000人もの死者がでまし

た。マーチ一家の住む町にまで砲声がとどろき，町の人びとは戦火を逃れるために次々と引越しをするようになりました。マーチ一家も引越しを検討し始めます。

マーチ一家の悲劇とは，逃げる南軍を追走する北軍の砲撃，さらに逃走中の南軍の放火によって町全体が火につつまれ，マーチ一家の家も焼失してしまったことです。一家も含めて町の人びとは，3マイル(約5キロ)程離れた小高い丘に避難していたので無事でしたが，これでマーチ一家は引越しせざるをえなくなりました。そこに，ちょうど父フレデリックが安否を確かめるため家族のもとに駆けつけます。フレデリックの指示で，一家はフレデリックの伯母マーサの住むマサチューセッツ州のニューコード(アニメにおける架空の町。原作の舞台コンコードをモデルにした町)に移り住むことになりました。

なお，もうひとつ，マーチ一家に追打ちをかけるような悲劇がおそいかかりました。フレデリックが投資をしていた製靴工場が南軍によって焼きはらわれ，マーチ一家の家計を大きく支えていた配当金があてにできなくなったというのです。家を失い，かつ大きな収入源も失ってしまったマーチ一家ですが，彼女たちは決して希望を失うことなく，新天地ニューコードへと移っていきました。

ニューコードにたどり着いたマーチ一家は，マーサおばさんのもとに身を寄せます。マーサおばさんは，当初はマーチ一家に対して，つっけんどんで意地悪な態度をとりました。お金を目的にすり寄ってくる多くの人間のせいで，疑い深くなっていたのです。しかし，まっすぐな心をもつマーチ家の人びとと接するうちに，マーサおばさんは彼女たちに心を開いていきました。

マーサおばさんの家で過ごしながら新しい家を探していたマーチ一家は，ジョオと知り合いになった『ニューコードタイムズ』紙の新聞記者アンソニーの紹介で，好条件の家に移り住むことができました。一家の新しい生活が本格的に始まったのです。

ここまでのストーリーは，基本的にはアニメ版のオリジナルストーリーです。マーサおばさんの家を出てからのストーリーは，原作のエピソードがところどころにちりばめられながら，4人の姉妹が成長していく様子が描かれていきます。アニメの話数の順番とは前後するところもあ

りますが，メグから順に，彼女たちのエピソードの一部を紹介します。なお，ローレンス氏およびローリーというのは，ニューコードのマーチ一家の隣に住むジェームズ・ローレンスと，その孫ローリー・ローレンスのことです。

　長女メグは，家計が苦しくなった一家を助けるべく，ニューコードで家庭教師を始めます。家庭教師先のキング家では，憧れであった舞踏会に誘われ，また，その舞踏会で知り合った友人にも華やかな会に招待されて，きれいなドレスで着飾るなど，夢見ていたような体験をすることになります。ただ，その一方，ローリーの忠告もあって，舞踏会やそこに集う富裕層にみられる「虚栄心」にも気づき，貧しさに対する劣等感も克服していきました。

　次女ジョオは，小説を書き，それを新聞に掲載させることで家計を助けようと試みます。ニューコードタイムズ社に持ち込んだ最初の小説は，同社のアンソニーから厳しい評価を受けますが，その後も試行錯誤を繰り返しながら作品を書きつづけ，ついに，デビュー作「天使の翼をもった２人」が『ニューコードタイムズ』紙に掲載されます。一方，アンソニーとローリーから好意を寄せられていたジョオですが，彼女自身は恋愛に興味を示さず，独身を貫き，作家として大成するという夢を追い求める決心をしました。

　三女ベスは，ピアノが大好きな少女で，ペンシルヴェニアの家でもピアノを毎日弾いていました。しかし，ニューコードの家には，旋律の狂ったピアノしかありませんでした。一方，音楽好きだった孫娘をなくしたという悲しい過去をもつローレンス氏は，ベスにピアノをプレゼントします。ローレンス氏との交流をとおして，ベスもだんだんと引っ込み思案なところを克服していくことになります。

　最後に四女エイミーは，大人の「レディ」に強い憧れをいだき，鼻を高くしようと毎晩洗濯ばさみを鼻にはさんで寝るような女の子でした。絵を描くことが大好きで，アニメのなかでもしばしばその才能を発揮しています。ジョオとよくケンカをして，ジョオの大事な原稿用紙を燃やすなど，極端な行動をとったりもしていましたが，姉たちに支えられながら，エイミーも「小婦人」として成長していきます。

　このような姉妹の成長を描きながら，物語の終盤では，父が砲弾の破

片を受けて負傷し，その傷がもとでチフスに罹患(りかん)，重篤に陥ったという電報がマーチ一家に届きます。ローレンス氏たちの協力を得ながら，母メアリーは父フレデリックの入院するワシントンDCの病院へ向かいました。しかし，母が不在のあいだ，ベスが猩紅熱(しょうこうねつ)にかかり，マーチ一家にさらなる危機が訪れます。

　幸い，父も順調に回復，ベスも猩紅熱を克服します。父フレデリックがワシントンDCから家族のもとに帰還し，無事，マーチ一家全員がそろいました。そこに，1865年4月，南北戦争終結の報が届きます。これで父はもう戦争に行くこともなくなりました。その後，メグはローリーの家庭教師であったカール・ブルックと婚約，ジョオは小説家として研鑽(けんさん)を積むためニューヨークへ行くことを決意し，マーチ一家の新しい出発が始まりました。

南北戦争のなかの『愛の若草物語』

　以上のあらすじをみてわかるように，アニメ『愛の若草物語』は，1863年7月に起こったゲティスバーグの戦いの直前から始まり，65年4月の南北戦争終結とともにエンディングを迎えます。この時期設定は，原作『若草物語』とは異なっています。

　原作では，具体的な日にちというのはほとんど登場しないのですが，唯一，四女エイミーが，よい人になろうと決心し，自分がもし死んだら遺品をすべて公平に分け与えようと「遺言書」を書いた場面で，1861年11月20日という日付を確認することができます。原作の第1部は，クリスマスから始まり，エイミーの遺言書のエピソードをはさんで，翌年のクリスマスに父が帰ってくるところで終わるので，1860年12月から61年12月までという時期設定です。ちなみに，この設定だと，父が南北戦争の始まる1861年4月よりも前から従軍している，という矛盾が生じていることになります。

　原作とアニメ版との相違点については，この時期設定とかかわって，南北戦争の取上げ方についても指摘することができます。原作では，戦争についてはほとんどふれられていません。父が何の戦争で従軍しているのか，ということも原作では説明がないのです。原作の第1部の刊行は，南北戦争終了からわずか3年後のことですから，わざわざ戦争の詳

細を説明する必要などなかったとも考えられます。一方，アニメ版では，マーチ一家が家や財産を失う原因となるなど，とくにその前半部分で南北戦争が大きくクローズアップされています。原作に比べると，アニメのほうが当時の時代状況に関する「手がかり」にあふれている，ともいえるでしょう。

それでは，南北戦争とは，いったいどのような戦争だったのでしょうか。まずはアニメ『愛の若草物語』にでてくる2人の黒人に注目しながら，南北戦争勃発に至る歴史的経緯を確認していきましょう。

家政婦のハンナと植字工のジョン

『愛の若草物語』には，2人の黒人が登場します。1人は，マーチ家の家政婦を務めるハンナ。もう1人は，ニューコードタイムズ社で働く植字工（新聞に印字される活字を並べる職人）のジョンです。

ハンナは，とても快活な女性です。エイミーが悪さをすれば注意をしたり，ベスが猩紅熱をわずらったときには，ほかの姉妹とともに懸命に看護をするなど，つねに姉妹たちのことを気づかい，まさに「家族の一員」としてマーチ家のみんなから慕われています。

一方，ジョンもまた，マーチ家のみんなと仲のよい，まっすぐな心をもつ青年です。最初に登場したときのジョンは，南軍からの逃亡奴隷でした。南軍で使役され，そこから逃亡したジョンが身を隠した先が，ペンシルヴェニアにあったマーチ家だったのです。はじめこそ，ジョンは自分が南軍に引き渡されるかもしれないという恐怖から，ベスを人質にとりましたが，事情を知った母メアリーは，すぐにジョンを助けることを決意します。メアリーはハンナとともにジョンを説得し，彼を救いたいということを伝えました。ジョンを床下にかくまい，逃亡した黒人を探しに南軍がマーチ家を訪れた際も，彼のことを隠しとおしました。こうして，ジョンは自由の身となります。その後，職を求めてニューコードを訪れ，ジョオと再会，その縁で彼はニューコードタイムズ社で働くことになりました。

同じ黒人という人種であっても，ハンナとジョンは，当初，その立場が異なっていました。つまり，奴隷であるか，ないか，という違いです。そして，この違いこそが南北戦争勃発の原因を解くカギでもあります。

アメリカ国内の黒人の歴史をたどりながら，南北戦争に至る過程をみていきたいと思います。

アメリカ合衆国と黒人奴隷制度

ヨーロッパの国々が南北アメリカ大陸に進出するなか，16世紀からの300年のあいだに，同大陸には約1250万人のアフリカの黒人が奴隷として「運搬」されたといわれています。この黒人奴隷制度は，労働力不足を補うことを目的として始まった制度です。

莫大な奴隷の需要は，タバコや砂糖，綿花などの作物をつくる大規模な農場，プランテーションによって生み出されました。例えば，第5章の『ポカホンタス』の重要な舞台ともなったイギリス領北アメリカのヴァージニアの事例をみてみましょう。17世紀初頭，ヴァージニアではおもに白人の年季奉公人がプランテーションで働いていました。しかし，年季奉公人は当然年季が過ぎれば労働から解放され，また，契約期間中に逃亡したとしても見つけることが難しいという問題がありました。このような問題を解決する労働力として，ヴァージニアでは1670年代から黒人奴隷が大量に使役されるようになりました。それ以後，奴隷人口は一挙に増加し，1720年の時点で，総人口約8万8000のうち，30％にあたる2万7000の奴隷がいたといわれています。また，ヴァージニアよりも南のサウスカロライナでは，同じく1720年の時点で総人口1万7000のうち，1万2000が奴隷であり，黒人人口が白人人口をはるかに上回っていました。ヴァージニアもサウスカロライナも，のちの南北戦争では南部連合に属した州です。このように，黒人奴隷の多くは南部に集中していました。

それでは，アメリカ合衆国が独立したあと，黒人奴隷制度はどうなったのでしょうか。1776年の独立宣言では，「すべての人間は生まれながらにして平等」であるということが謳われています。このような理念を掲げる独立革命と，人間の自由を根本的に奪い取る奴隷制度は，明らかに矛盾しています。そのため，北部や中部の州では，奴隷制廃止論が強まることになりました。例えば，マーチ一家が最初に住んでいた中部のペンシルヴェニアでは，奴隷制度を漸進的に廃止するということが1780年に決まっています。18世紀末までには，北部・中部のほとんどの州で

奴隷制度の廃止が決まりました。そして，1808年，アメリカ合衆国は奴隷貿易を禁止します。

　ところで，アニメの第3話では，マーチ一家の暮らすペンシルヴェニアの町に南軍がやって来ます。このとき，家政婦のハンナは「南の兵隊たちは，この町に住んでいる黒人たちをむりやり軍隊に入れてしまうなんてことないでしょうか」と不安になりました。それに対し，メアリーが「どうしてそんなことができるの。この町の黒人は，みんな，白人と同じ自由な人間よ」とハンナの不安をやわらげています。このメアリーの発言の背景には，18世紀末以来の北部・中部諸州の歴史がかかわっていたといえるでしょう。

　一方，同じ会話のなかで，ハンナが「南部の人たちは，まだ，黒人たちを奴隷だと思っているんですわ」と述べていることも重要です。独立革命以後も，奴隷人口が多く，経済的にも奴隷制度に依拠していた南部では，奴隷制度廃止の動きは進みませんでした。奴隷身分から解放され，植字工となったジョンの過去は，アニメではとくに描かれていませんが（ジョンは，アニメのオリジナルキャラクターです），彼も，もともとは南部のいずれかの州の奴隷であったと考えられるでしょう。

　奴隷制度が生んだ大きな悲劇のひとつが，家族との分断です。南部では，多くの黒人が家族とバラバラになるという体験をしました。19世紀には，西部開拓の進展と，あとで述べる綿花産業の発展で，奴隷の需要が高まり，奴隷の「価格」が高騰しました。しかし，1808年以降，アメリカ合衆国では奴隷貿易が禁止されています。そのため，黒人奴隷は貴重な「財産」として国内で売買されるようになりました。そして，個々の奴隷を取引きする際，黒人奴隷の家族は強制的に分断されたのです。ヴァージニアやノースカロライナでは，全体の半数におよぶ黒人が家族との分断を経験したといわれています。ジョンもまた，このような悲劇を体験した1人であったのかもしれません。

対立の激化と南北戦争の勃発

　19世紀以降，南部では綿花生産量が爆発的に増加し，それとともに，南部はますます奴隷を必要とする社会・経済を形成していきました。綿花は，アメリカの貿易にとっても重要な商品になります。1800年の時点

で，アメリカの総輸出額に占める綿花の割合は7％でしたが，40年には51％と，半分を超えました。

　綿花の輸出は，外貨の獲得にもつながり，銀行業を活発化させるなど，アメリカ合衆国全体に「恩恵」をもたらすものでもありました。しかし，その一方で南部における少数の大プランター（大農場主）たちの発言力が強まるにつれて，農業に立脚する南部の州と，商工業に立脚する東北部の州との利害対立が顕著になっていきました。

　そして，この綿花産業の発展とあいまって，「明白な天命」のスローガンのもと，合衆国の領土が西に向かって拡大していったことにより，南北間の対立はますます激化しました。その対立の争点とは，新しく合衆国の領土となる州を，南部と同じ「奴隷州」として受け入れるのか，それとも北部のように奴隷制を認めない「自由州」として受け入れるのか，という点です。新しく編入される州が奴隷州なのか，自由州なのか，という問題は，議会における勢力バランスに直結するだけに，アメリカの政治や社会にとってとても重大な問題でした。

　この南北間の対立は，基本的には奴隷州と自由州の均衡を保つ，ということで抑えられていました。1820年には，ミズーリが奴隷州として編入される一方，北部のマサチューセッツ州からメインを自由州として独立させるというかたちで，勢力の均衡が保たれています。同時に，議会は今後新たな州ができる際には，北緯36度30分を境として奴隷州と自由州に分ける，という決定をし（ミズーリ協定），以後の勢力バランスの保持に努めました。

　しかし，1850年代に入ると，ミズーリ協定がくつがえされていきます。1854年には，新たな州の編入に際し，その州が奴隷州になるか，自由州になるかは，北緯36度30分という境界線ではなく，その州の住民の意思による，と定めたカンザス・ネブラスカ法が成立しました。一見住民の意思を尊重した法にみえますが，この法の結果，新しいカンザス州では，南部を支持する住民と北部を支持する住民のあいだで激しい衝突（「流血のカンザス」）が生じることになりました。

　さらに，黒人奴隷ドレッド・スコットをめぐる裁判も，南北の対立の激化につながります。スコットは，「主人」の仕事の関係で，奴隷制度が禁止された北部に一時住むことになりました。奴隷州であるミズーリ

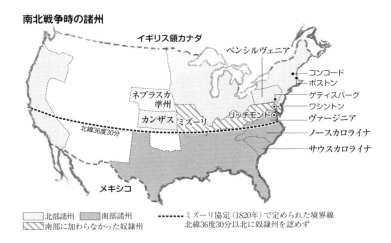

州に戻った彼は、北部への居住経験を根拠に、1846年、自分は奴隷ではなく自由の身分であるという訴えを裁判所におこないます。1857年まで続いたこの裁判で、連邦最高裁判所は、スコットは自由身分ではない、という判決をくだしました。それとあわせて、奴隷は「財産」であり、その保有を議会が禁止することはできないという判決もくだします。

この判決は、ミズーリ協定およびカンザス・ネブラスカ法という、それまで議会によって試みられてきた南北間の「妥協」を根本から否定するものであり、南北の対立を決定的なものとしました。一方、カンザス・ネブラスカ法が成立したのと同じ1854年には、奴隷制に対して明確な反対を唱える共和党が結成されます。1860年11月、この共和党から指名されたリンカンが大統領選挙を制しました。このリンカンの勝利をきっかけに、サウスカロライナやミシシッピなどの南部の7州が連邦を離脱して、「アメリカ連合国（南部連合）」を結成しました。もちろん、新大統領リンカン率いる合衆国政府は、南部の離脱と南部連合の存在を認めません。もはや武力衝突を避けることは不可能となり、1861年4月12日、南部連合による砲撃をきっかけとして、4年間にわたる南北戦争が勃発したのです。

マーチ家の父

この南北戦争に、マーチ家の父フレデリックは従軍していました。フ

レデリックこと，マーチ大尉は，奴隷解放に情熱を燃やす北軍の兵士でした。

　ところで，原作『若草物語』とアニメ『愛の若草物語』では，父の従軍のあり方にも大きな違いがあります。アニメでの父フレデリックは軍の兵士であるのに対し，原作での父（原作では父の名前はでてきません）は北軍の従軍牧師です。

　62万人もの死者を出した南北戦争では，従軍牧師は瀕死の兵士が「良い死」を迎えられる手助けをする，という点でとても重要な役割を担っていました。このような大量の死者を出すに至った大きな原因のひとつは，武器の技術的革新にあります。戦争の中頃になると，有効射程距離が90メートル程度のマスケット銃に代わり，射程距離がその約3倍にあたるライフル銃が用いられるようになります。このような武器の「高度化」によって，死は兵士たちにとってとても身近な存在となりました。遠距離からの狙撃が容易となったことで，兵士たちは，家族に手紙を書いている最中でさえ，つねに死と隣合せという強い緊張を強いられることになります。このような状況のなか，南軍でも北軍でも，従軍牧師たちは宗派を超えて，兵士たちの安らかな死を祈ったといわれています。原作の父マーチ氏も，そのような従軍牧師の1人だったのでしょう。

　もうひとつ，原作とアニメにおける父の違いを紹介します。マーチ家は，もともとは裕福な家でした。ところが，アニメでは父が投資していた製靴工場が南軍によって焼きはらわれたことが原因で，それまでの生活が一変します。一方，原作では友人を資金的に援助しすぎたことでマーチ家は財産を失った，という設定です。つまり，父の人のよさが，マーチ家の貧しさの原因になっています。

　それでは，原作のマーチ氏は，なぜ家が傾くまで友人に資金援助をしたのでしょうか。そして，資金援助の対象となったその友人とは，どのような友人なのでしょうか。

　残念ながら，原作『若草物語』では，父マーチ氏の詳細はほとんど描かれていません。しかし，このマーチ氏に焦点をあてた，いわば『若草物語』のスピンオフ作品ともいえる小説があります。2006年のピュリッツァー賞を受賞したジェラルディン・ブルックス著『マーチ家の父』です。オルコットの原作における設定ではないのですが，ブルックスの描

いたマーチ氏は，南北戦争に至るアメリカの歴史とも密接にかかわっています。そこで，ブルックスの設定に基づいて，マーチ氏が財産を失った経緯を紹介しておきたいと思います。

　ブルックスの描くマーチ氏は，ベスが生まれた頃のある日曜日の晩，妻とともに奴隷制廃止主義者のジョン・ブラウンの講演会に出かけます。そこでマーチ夫妻は，ブラウンから自由黒人たちに農業を教えるという事業計画を聞かされます。この事業の話に乗ったマーチ氏は，ブラウンへの出資を決意しました。マーチ氏は，かなりの金額をブラウンの事業に託します。ところが，ブラウンはそうやって多くの人びとから集めた資金を，黒人のために土地を購入する，という説明どおりの用途ではなく，奴隷制度廃止を掲げた暴動のために使用しました。犯罪者となったブラウンへの出資金は，当然，戻ってきません。これが，ブルックスの『マーチ家の父』が描いたマーチ家困窮の原因です。

　ここで注目したいのは，マーチ氏が投資をしたジョン・ブラウンという人物です。じつはこのブラウンは，実在の人物です。ブラウンは，カンザスで奴隷制度に反対する武装組織の隊長として活躍していました。そして，1859年10月，ブラウンは武装団を率いてヴァージニア州の武器庫を襲撃しました。彼は，武器庫襲撃を契機に黒人奴隷たちが反乱を起こすということを期待したのです。しかし，奴隷の反乱は起こらず，彼の暴動もすぐに鎮圧されます。そして，同年12月，ジョン・ブラウンは絞首刑に処されました。

　ジョン・ブラウンの死は，南部と北部にそれぞれ異なる反応を引き起こしました。犯罪者として処刑されたブラウンですが，北部では奴隷制度廃止のために犠牲となった「殉教者」として賛美されました。このような北部における反応に対して，南部では北部への敵対心が高まることとなり，連邦を離脱すべきだという主張も強まりました。ジョン・ブラウンの暴動もまた，南北戦争に至る「導火線」のひとつとなったのです。

　ところで，このジョン・ブラウンの死について，ペンシルヴェニア州コンコードにいたある女性が，次のように日記に記しています。

　　正義の人，聖ヨハネが処刑された。タウンホールでの追悼会にはコンコード中の人が集まってきた。……わたしはジョン・ブラウン氏を追悼する詩を書いて，『リベレイター』紙に送った。

1860年1月20日の『リベレイター』紙には，実際にブラウンを追悼する詩が掲載されました。その詩をつくった人物こそ，『若草物語』の作者，ルイザ・メイ・オルコットです。

オルコットと南北戦争
　ここで，ルイザ・メイ・オルコットのことについて簡単に紹介しておきましょう。1832年11月29日，彼女はペンシルヴェニア州のフィラデルフィアで生まれました。彼女の父，エイモス・ブロンソン・オルコットは哲学者であり，また，革新的な教育学者でもありました。ただ，理想を追求するあまり，定職に就くことがなく，オルコット家の家計は妻と長女アンナ，次女ルイザが支えていました。ブロンソンの妻，つまりオルコットの母アビゲイルは，ボストンの名家の出身で，奴隷制廃止や女性の権利拡大に熱心な女性でした。
　『若草物語』は，このオルコット家でのさまざまなできごとをもとにしたオルコットの自伝的な小説であり，作中の4姉妹は，オルコット自身と彼女の姉妹をモデルにしています。オルコット家の長女アンナはメグ，次女ルイザはジョオ，三女エリザベスはベス，そして四女メイがエイミーのモデルです。
　『若草物語』のジョオが小説家を志しているように，オルコットも10代の頃から小説家を夢見て多くの小説を書いています。オルコット家の家計を支えるため，お針子などの仕事をしながら小説を書く彼女は，マーサおばさんのお世話係を務めながら小説を書くジョオの姿と重なって

います。1854年には，オルコットにとってはじめての単行本となる『花のおとぎ話(Flower Fables)』が刊行されました。

　1868年5月，出版社の編集者からの依頼で，オルコットは「少女向けの物語」の執筆にとりかかりました。これが，『若草物語』です。彼女自身は，執筆当初，「こういう作品は楽しくはない」と思っていました。しかし，8月に校正ゲラが届くと，「案外いい作品だと思う」と述べています。「すでに原稿を読んだお嬢さんたちが「素晴らしい！」といってくれたそうだ。少女向けに書いた作品なので，少女が最高の批評家。だからわたしは満足」とオルコットは言います。そして，「原稿を読んだお嬢さんたち」の賛辞が暗示していたかのように，『若草物語』は大ヒットし，オルコットは一挙にアメリカを代表する一流作家の地位を確立しました。

　このように，『若草物語』誕生に至るオルコット自身の心情がわかるのは，彼女が日記を書き残しているからです。日々のできごとに加えて，それらに対する彼女の感想などを書いたオルコットの日記は，それ自体文学作品として楽しむことも可能です。なお，日記は『ルイーザ・メイ・オールコットの日記』として邦訳されていて，ここでも邦訳版から引用をしています。

　日記のなかでジョン・ブラウンを「正義の人」と呼んでいるように，日記をとおして，彼女が奴隷制度の廃止を強く求めていたことがわかります。1851年には，逃亡した奴隷が「連れもどされたら，自分の国ながら恥ずかしい」と書いています。これは，1850年に制定された「逃亡奴隷法」に対する批判です。逃亡奴隷容疑者を，裁判なしで奴隷主に引き渡すことを可能にしたこの法は，南北間の対立の激化にもつながりました。

　このように奴隷制の廃止を求めるオルコットは，南北戦争の勃発を，次のように記しています。

　　南部との宣戦が布告され，わがコンコードの兵士がワシントンへ向かった。慌ただしい準備のとき，つづいて悲しい見送りの日。このような小さな町では，このような非常時には町がひとつの家族のようになる。おそらく二度と故郷にもどることのない勇敢な若者たちが戦場に赴くとき，駅でくりひろげられた光景はとてもドラマティ

ックだった。わたしはこの目で戦争を見たいと何度も思ってきた。いまその願いが叶う。男になりたいけれど，女のわたしは武器を持っては戦えないので，せめて戦う人のために働くことで満足しようと思う。

　少し長めに引用しましたが，オルコットの興奮が伝わってくる文章といえるでしょう。コンコードの町は，戦争という事態によって，「ひとつの家族」のような一体感が生まれたと彼女は感じ取っています。ただし，オルコットが記すように，その町のなかでは，「おそらく二度と故郷にもどることのない勇敢な若者たち」の家族が分断されるという事態がたくさん生じてもいました。

　日記に書かれた「せめて戦う人のために働くことで満足しよう」というオルコットの意志は，現実のものとなります。1862年11月，オルコットは「篤志看護婦の志願書を提出」し，翌月からワシントンDCのユニオン・ホテル病院で勤務し始めました。病院での最初の1日は，「気の毒な傷病兵がひとり死ぬのを見ることからはじまった」と言います。ただ，オルコットの看護婦としての勤務は，6週間で終了を余儀なくされました。彼女は，チフスに感染し，父親に連れられてコンコードに戻らざるをえなくなります。その後，病気は回復しますが，治療薬に含まれていた水銀によって中毒を起こし，オルコットは生涯病気がちの生活を送ることになったといわれています。

戦死者と家族，そして国家

　看護婦として務めていたとき，オルコットは，負傷した兵士のために手紙の代筆をしていました。傷病兵が口にする「思いがけない」内容や，「滑稽な表現」などもあって，「手紙の代筆をするのが大好き」と彼女は日記に書いています。一方，「看護婦としていちばん悲しくいちばん辛い務めは，だれかが亡くなったあと友人から届く手紙に返事を書くこと」とも述べています。このように，ある兵士が生きているのか，それとも死んでいるのか，という安否の情報を家族や友人たちに伝達するうえで，病院の関係者や，あるいは原作のマーチ氏のような従軍牧師たちは，重要な役割を担っていました。とくに，従軍牧師は自分の属する部隊の負傷者や戦死者のリストを新聞などに提供することも，その重要な

職務のひとつとしていました。

　また，戦争のあいだ，出征兵士の安否の情報を求める家族の要求を背景に，多くのボランティア組織が活動しました。例えば，北部の慈善組織であったキリスト教委員会では，ボランティアが兵士たちの手紙を代筆したり，戦死者の身元を確認して遺族に知らせるなどの事業をおこなっています。

　しかし，南北戦争における死者62万人という膨大な数は，看護婦や従軍牧師らの個人的な努力や，ボランティア組織によって処理できるようなものでは決してありませんでした。あまりに多くの遺体の身元が不明だったため，いっこうに帰ってこない息子や夫の死を確認できない家族たちは，南北戦争終結後も長いあいだ苦しみつづけました。例えば南部のヴァージニア州から出征したベンジャミン・スコットという男性は，1862年9月以来，家族に手紙を寄こさなくなります。家族は，南軍の総司令官ロバート・リー将軍にスコットの安否を確認する手紙を送っています。しかし，スコットの家族は彼の生も死も確認できないまま，戦争終了を迎え，その後も，長きにわたってスコットの「最後」を調べつづけたといいます。

　ここで紹介したようなさまざまな戦死の事例について，膨大な史料を使って明らかにした歴史家のドルー・ギルピン・ファウストは，「南北戦争の4年間は死者の説明に関する意識と態度を顕著に変えた」と述べています。戦争を通じて家族を失った多くの人びとは，国家権力に対し，戦死者に関する責任を求めていくことになります。この動きを受けて，合衆国政府は南北戦争の終了後，戦死者の身元調査としかるべき墓地への再埋葬を開始しました。南北戦争とは，それまで個々の戦死者に無関心であった国家に対し，死者の身元を明らかにし，遺族に情報を伝えるという責任を突きつけた戦争であったと考えることができるでしょう。

南北戦争の終結

　1865年4月9日，南軍のロバート・リー将軍が降伏し，4年間にわたる南北戦争が事実上終結しました。アニメ『愛の若草物語』の最終話では，ニューコードタイムズ社にジョオとベスが訪れていたところへ，リー将軍降伏の知らせが届きます。「お父様も，もう戦争には行かない！」

と叫んだジョオは,ベスと抱き合って喜びました。

　一方,ジョオのモデルとなった『若草物語』の作者オルコットは,南北戦争終結にどのような反応を示したのでしょうか。彼女は,日記に次のように書き残しています。

　　町中が喜びにわきたっていた15日,リンカン大統領暗殺という悲しいニュースが突然飛びこんできて,町全体が喪に服した。人々が喜びから悲しみへと一転するとても不思議な瞬間を目にすることができてうれしい。盛大な葬列を見ていると,黒人の姿が何人も目についた。ひとりの黒人が白人の紳士と手を組んで歩いているのを見たときはうれしくて,思わずその場で小躍りしてしまった。

　南北戦争終結から1週間もたたない4月14日の夜,劇を鑑賞中のリンカンが襲われ,翌朝,命を落としました。この事件は,アメリカの国中に大きな衝撃を与えます。それと同時に,リンカンの死は,オルコットが目にした「黒人が白人の紳士と手を組んで歩いて」いくようなことが今後順調には進まない,という合衆国の歴史を暗示するようなできごとでもありました。南北戦争によって,黒人の差別がなくなったわけでは決してありません。人種隔離政策や,白人によるリンチ(私的制裁)の頻発など,その後1世紀以上にわたり,黒人たちは合衆国内で「底辺」の生活を強いられ,差別と闘っていくこととなります。

語り継がれる『愛の若草物語』

　ここまで,アニメ『愛の若草物語』のとくに前半で描かれる南北戦争の,歴史的な背景を紹介してきました。そこで,あらためて「家族」というキーワードによって内容を振り返ってみると,『愛の若草物語』の主人公であるマーチ家の人びとのように,南北戦争によって家族を分断された人たちがたくさんいたことがわかります。マーチ家の父は無事に帰還しましたが,遺体となって帰ってきた兵士,あるいは死さえ確認できない兵士をかかえる家族もたくさんいました。また,南北戦争の原因となった黒人奴隷制度の問題を考えても,この制度によって家族とバラバラになったたくさんの黒人たちの姿が浮かび上がってきます。このような歴史的背景を踏まえれば,『愛の若草物語』のオープニングテーマ「いつかきっと!」の次の歌詞は,より強く私たちの心を打つでしょう。

いつかきっと　わたしたち　家族そろって
　　幸せに　暮らせる日が来ると思う
　　　　　　　　　　　　きっと！　きっと！　きっと！
　南北戦争の時代は，マーチ家に限らず，また，北部，南部を問わず，そして白人か黒人かを問わず，多くのアメリカ人がこの願いをいだいた時代ともいえます。

　南北戦争終結から150年近く経過した現在，原作『若草物語』の舞台は，歴史を学ばなければその背景がわからなくなってきています。もちろん，時代や国を超えて多くの子どもたちに読み継がれてきた『若草物語』は，たとえアメリカ史に詳しくなくても，十分に楽しむことができる素晴らしい作品です。それでも，当時の時代背景を踏まえて原作やアニメを鑑賞しなおしてみると，かつて4姉妹と自分を重ね合わせながら見ていた『若草物語』の情景が，まったく異なって見えてくるかもしれません。4姉妹がさまざまな苦難を乗り越えながら成長していったように，読者も，自分の成長にあわせて何度も楽しむことができる。これが，『若草物語』が長く愛されてきた大きな理由なのではないでしょうか。

後藤敦史

参考文献

DVD『愛の若草物語』全12巻，バンダイビジュアル，2000
L・M・オルコット（吉田勝江訳）『若草物語』（角川文庫）角川書店，1986
L・M・オルコット（吉田勝江訳）『続若草物語』（角川文庫）角川書店，1987
有賀貞ほか編『世界歴史大系　アメリカ史1　17世紀〜1877年』山川出版社，1994
上杉忍『アメリカ黒人の歴史――奴隷貿易からオバマ大統領まで』（中公新書）中央公論新社，2013
紀平英作編『新版世界各国史24　アメリカ史』山川出版社，1999
子どもの本・翻訳の歩み研究会編『図説　子どもの本・翻訳の歩み事典』柏書房，2002
齋藤眞・古矢旬『アメリカ政治外交史（第2版）』東京大学出版会，2012
高田賢一編『シリーズもっと知りたい名作の世界1　若草物語』ミネルヴァ書房，2006
ドルー・ギルピン・ファウスト（黒沢眞里子訳）『戦死とアメリカ――南北戦争62万人の死の意味』彩流社，2010
ジェラルディン・ブルックス（高山真由美訳）『マーチ家の父――もうひとつの若草

物語』武田ランダムハウスジャパン，2010

ジョーエル・マイヤースンほか編（宮木陽子訳）『ルイーザ・メイ・オールコットの日記——もうひとつの若草物語』西村書店，2008

第10章 紅の豚
「戦間期」の英雄

原作 ◆ 宮崎駿
『飛行艇時代』
1992年刊

戦間期という時代

　「飛べない豚は、ただの豚だ」。この台詞で有名なアニメーション映画『紅の豚』は、日本を代表するアニメ作家、宮崎駿監督によるスタジオジブリ作品です。1992年の公開当時、宮崎は『魔女の宅急便』や『おもひでぽろぽろ』を立て続けにヒットさせるなど、とても多忙でした。しかし、それらの制作の合間をぬって、宮崎はこの作品を自分の趣味を前面にだしてつくったのだといわれています。本来『紅の豚』は、航空会社とのタイアップで、機内上映向けに構想されたのですが、宮崎は当初の予定をはるかに超える長さの作品に仕上げてしまい、映画館でも上映されることになりました。宮崎の趣味から生まれたともいえるこの作品は、ほかの名作に劣らぬ人気を博しました。

　『紅の豚』は、「戦間期」と呼ばれる第一次世界大戦と第二次世界大戦のあいだの時代の、北イタリアがおもな舞台です。戦間期の世界は、古い秩序や価値観が戦争で崩れてしまったことで、新旧のさまざまな考え方がせめぎあう、混沌とした状況に陥っていました。そこから生まれた思想や科学技術のなかには、現代を生きる私たちと密接につながっているものもあれば、人類の尊厳を脅かす恐ろしいものも入り混じっていました。『紅の豚』は、そんなはざまの時代の空気を伝えてくれる作品です。

物語のあらすじ

　このアニメには、宮崎自身の手による原作があります。ここでは、アニメとともに原作を収録した文献、『飛行艇時代──映画『紅の豚』原作(増補改訂版)』(大日本絵画、2004年、初版は1992年)も参考にしながら、あらすじを紹介したいと思います。

　1920年代末、イタリア半島北東のアドリア海周辺では、「海賊」ならぬ「空賊」と呼ばれる飛行艇乗りの男たちが海を荒らしまわっていました。この空賊と戦う賞金稼ぎのパイロット、ポルコ・ロッソが物語の主

人公です。「ポルコ・ロッソ」とは，映画のタイトルにもなっているように「紅の豚」を意味するイタリア語で，文字通り豚のキャラクターです。彼はもともと人間でしたが，パイロットとして従軍した第一次世界大戦から生還したあとに，豚へ変身したことになっています。彼は，空賊たちのように徒党を組むことなく，サボイア S.21 試作戦闘飛行艇「フォルゴーレ号」を駆使して，空賊と対決します。原作では，「貧乏なバルカンの諸国」と契約して，賞金を稼いでいるという設定です。空賊という架空の盗賊と戦う「飛行艇乗りの豚」という，なんとも奇想天外な設定のストーリーですが，ポルコがなぜ豚なのかという点については暗示されているだけです。なお，人間時代のポルコは，「マルコ・パゴット」と名乗っており，物語中でも「マルコ」と呼ばれる場面がありますが，ここでは彼のことを「ポルコ」と呼ぶことにします。

　アドリア海の無人島で野宿生活を送っていたポルコは，「マンマ・ユート（ママ，助けて）団」をはじめとする空賊と対決し，彼らを撃退することで得た賞金で生活をしていました。この当時のイタリアは，政治面ではムッソリーニを指導者とするファシスト党が独裁政治を進めていました。他方，経済面では不景気が続いており，国内は窮屈で暗い雰囲気に覆われていました。ポルコはそんな世相には背を向け，孤独で気楽な賞金稼ぎとなっていました。

　ポルコにやられっぱなしの空賊たちは，復讐の機会をうかがって連合を組み，ポルコを退治するために，アメリカのアリゾナ州出身の優秀な飛行艇乗り，ドナルド・カーチスを雇うことにします。ちなみに原作では，彼の姓は「チャック」で，カーチスは実在した飛行艇の機種の名前です。映画のなかでは，姓の「カーチス」で呼ばれているので，ここでもその呼び名で統一します。さて，カーチスと空賊が交渉のために集まったのは，アドリア海上の小島にある「ホテル・アドリアーノ」でした。ホテルの女主人，マダム・ジーナは自ら酒場でシャンソンを歌う魅力的な女性で，空賊たちの憧れの的。初対面のカーチスも，たちまち恋に落ちてしまいます。

　じつはジーナは，ポルコが人間だった頃からの親友でした。それゆえ，彼女はポルコを「マルコ」と呼んでいます。ホテル・アドリアーノには，ポルコが豚になる前の写真が飾ってあります。ジーナは，3度結婚して

おり，いずれも相手はパイロットでした。しかし，最初の夫，ベルリーニは戦争で，2番目の夫は大西洋で，3番目の夫はベンガルの奥地で，それぞれ亡くなっています。ジーナの夫たちも，ポルコの親友であり，ホテル・アドリアーノに飾ってある1912年の写真にも，ジーナとマルコ，そしてのちにジーナの夫となる友人たちが飛行機を囲んで一緒に写っています。こうした縁もあって，ジーナは空賊狩りを続けるポルコのことを心配していたのです。

　ホテル・アドリアーノでの出会いの数日後，愛機の調子があまりに悪いため，工場へ修理にだすことを決めたポルコは，北イタリアのミラノへ向けて出発しました。ところが，途中でポルコ退治に情熱を燃やすカーチスに遭遇し，あえなく撃墜されてしまいました。

　無人島に不時着したポルコは，どうにかカーチスをやり過ごすと，壊れた愛機を水路と陸路でミラノまで運びました。このとき修理を依頼したのが，ミラノの飛行艇製造会社のピッコロ社でした。ここには，ポルコの昔なじみの親父がおり，賞金稼ぎで得た大金のほとんどを修理代として巻き上げられつつも，彼の腕に愛機の再生を託そうとします。ところが，実際に愛機の設計を担当することになったのは，親父の孫娘でアメリカ帰りのフィオ・ピッコロでした。フィオが設計することを知ったポルコは，別の業者をあたろうとしますが，フィオの飛行艇にかける情熱と設計図のレベルの高さに驚いて，彼女に修理を委ねることにします。

　ピッコロ社の工場では，親父の息子たちが不況にともなう出稼ぎに出ているために男手がおらず，ピッコロの親父は，少女から老婆まで女手をかき集めて，修理にあたらせました。ポルコは，ミラノ滞在中に映画館で戦友フェラーリン空軍少佐と再会し，身の安全のため空軍への入隊を勧められますが，きっぱりと断ります。フェラーリンが危惧したように，ファシストの秘密警察がポルコをつけ狙っており，いよいよ機体の修理を終えてアドリア海へ戻るときには，工場の周囲に刑事が張り込んでいました。機体引き渡しの際，フィオは，なかば強引にポルコに同行することを求め，ポルコもしぶしぶ同意します。そして工場前の川から離陸しようとしたとき，ポルコを逃すまいとする刑事たちに銃撃されたうえ，空軍に進路を待ちぶせされますが，フェラーリンの誘導のおかげで，うまく脱出できました。

この間，ポルコに勝ったと思い込んでいたカーチスは，自分がハリウッドから俳優として招かれていることを伝え，ジーナに結婚を申し込みますが，彼女は相手にしません。それどころかジーナは，心のなかで，ホテル・アドリアーノの庭園にポルコが訪ねて来てくれるかどうかという賭けをしており，もし来てくれたら，彼のことを愛そうと思っていると打ち明けます。ちょうどそのとき，ミラノから戻ってきたポルコは，飛行艇の上からジーナへ挨拶にやってきますが，降りることなく去っていきます。

無人島のアジトに戻ったポルコとフィオは，テントに隠れて待ち構えていた空賊連合に取り囲まれて，飛行艇を壊されそうになります。けれどもフィオの機転で，いつのまにかポルコとカーチスとのリターンマッチをおこなうことで決着します。条件は，カーチスが勝てばフィオが彼と結婚し，ポルコが勝てば飛行艇の修理代をカーチスがもつことになりました。

決闘を翌日に控えた夜，ポルコはフィオに昔話を語ります。第一次世界大戦の最後の年，ポルコらの部隊は，アドリア海上でドイツ空軍と遭遇し，激しい戦闘になります。疲れ切ったポルコはまぼろしの世界に入り，気がつけば雲の平原の上を飛んでいました。見上げれば，高いところに雲が一筋流れているのですが，それは無数の飛行機の群れでした。そのなかへ，いま戦ったばかりの敵味方の飛行機が飛んでいきます。これは，戦死したパイロットたちがあの世へと旅立つ光景でした。ジーナと結婚したばかりのベルリーニも，天上へ昇っていきました。ポルコは，このまぼろしのなかで，彼らと一緒に天へ昇ることなく，雲の平原の下へ沈んでいきます。気がついたときには，1人で飛んでいました。ポルコは戦場から生きて還るのですが，このあたりでジーナの言うところの「魔法」にかかり，豚になったものと思われます。アニメの設定によれば，「再び軍隊に戻ることを拒否し，自らに魔法をかけて豚の姿に」なったとのことです。

さて，ポルコとカーチスとの決闘当日，会場となったアドリア海上の島には，地中海のすべての空賊が集まり，多数の見物人でごった返し，まるでお祭り騒ぎ。フィオと修理代をめぐって，飛行艇同士の空中戦による対決が始まりました。決闘の序盤は，カーチスの優位に展開してい

るようにみえますが，技の熟練したポルコが有利な態勢に持ち込みます。しかし，カーチスを追い込んでもポルコは機関銃を撃とうとはしません。彼は，戦争でもないところでは，「殺しをしない主義」であり，カーチスが疲れるのを待っていたのです。しかし，こんなポルコにいらだつカーチスは，膠着状態から抜けるため，会場の島の周辺での戦闘に持ち込もうとしました。

　しかしそれでも決着がつかないまま，武器となる銃も作動しなくなり，決闘の舞台は地上に移って，素手で殴り合う対決に持ち込まれます。その頃，フェラーリンからの電報で，イタリア空軍が決闘の取締りに向かっていることを知ったジーナは，決闘会場に急行します。ジーナが着いた頃には，ポルコとカーチスは殴り合いを繰り返したために，ともに満身創痍になっており，試合は引分けになりかけていました。しかし，ジーナの「あなた，もう1人女の子を不幸にする気なの？」という一言で，ポルコは力を振り絞って立ち上がり，カーチスに勝利しました。

　ジーナはイタリア空軍の接近を伝え，空賊たちや観客はみなあわてて島から去っていきました。ポルコは，ジーナにフィオを託し，別れ際にフィオからキスされます。この場面のあと，ポルコの顔は最後まで映りませんが，このキスによってなんらかの変化があったことをにおわせています。

　映画のラストは，フィオによる後日談です。ピッコロ社を継いだフィオは，第二次世界大戦後もジーナとの親交を続け，ホテル・アドリアーノへ避暑に通っており，かつての空賊たちとも再会しています。ジーナの賭けがどうなったのかは明らかにされませんが，ホテル・アドリアーノには，赤い飛行艇が係留されていました。

「空の英雄」飛行艇の誕生

　このアニメでは，実際の時代状況が比較的細かく描かれています。原作の冒頭には，「1920年代末，世界的不況の中でくいつめた多くのパイロットが，空賊となって，アドリア海〜エーゲ海一帯を荒らしまわっていた」と書かれています。これがアニメになると，描写はいっそう詳しくなります。冒頭のシーンで昼寝をしているポルコの顔には，1929年7月号の映画雑誌がかぶさっています。序盤の人びとの服装が夏服である

ことからも，物語の始まりは1929年の夏頃と考えられます。

　ポルコに並ぶ物語の主役の飛行艇は，この時代に脚光をあびた乗り物でした。「飛行艇」とは，飛行機の一種で，陸上を滑走して離着陸する陸上機に対して，水上を滑走して離着水が可能なものを指します。厳密には，機体を水上に浮かばせるための「フロート」を装着した「フロート機」と，機体そのものを船体として水上に浮かせることのできる「水上機」とに大別することができます。『紅の豚』で登場する飛行艇の多くは，前者の「フロート機」にあたりますが，ここでは「飛行艇」と総称します。

　飛行機が1903年にアメリカのライト兄弟によって発明されたことはご存知の方も多いでしょう。それからほぼ10年で，軍用機が登場します。飛行機は，前線での戦闘だけでなく，物資輸送や都市の空襲などにも使用され，それまでの戦争のあり方を大きく変えました。飛行艇の開発も陸上機と同時期から進んでいましたが，初の実用化は1911年にアメリカのグレン・カーチスによって実現します。第一次世界大戦の頃には，ヨーロッパ各国で飛行艇も軍用機として活用されていました。とりわけアドリア海をはさんで直接向かい合ったイタリアとオーストリアとのあいだでは，飛行艇同士による航空戦が繰り広げられました。アニメのなかでマルコたちが戦った相手も，オーストリア海軍の航空部隊でした。そのオーストリア海軍の潜水艦長として活躍したのが，前作『アニメで読む世界史』で紹介した『トラップ一家物語』の主人公，ゲオルク・トラップ大尉です。彼は，アドリア海を舞台にフランスやイタリアの艦船を多数撃破する活躍をみせています。

　戦後になると欧米諸国で飛行艇の開発競争が起こります。そのなかでイタリアは，ほかの分野と同じように飛行艇開発競争でも後れをとっていました。それでも1924年には，サボイア社のマルケッティ技師長がS.55飛行艇を完成させます。この三枚尾翼の双胴飛行艇は，広いキャビンをもち，10名を収容可能で，あとで紹介するファシスト党の国威発揚にも利用されました。1932年には，S.55を改良したS.66が開発され，国際航空路に利用されました。ポルコの愛機「サボイアS.21試作戦闘飛行艇」も，その名前からわかるように，サボイア社が生産した飛行艇という設定ですが，あくまでも架空の機体です。

飛行艇の利点は，離着陸の際に飛行場が不要で，飛行中に不具合が生じたとしても，海上に着水できるところにありました。1930年代には，民間航空用に大型の飛行艇があいついで開発され，飛行艇はその黄金期を迎えます。ヨーロッパ諸国では，イギリス帝国の「エンパイア・ルート」のように，本国と植民地を結ぶ輸送機関として大活躍しました。陸上機と同様に，飛行艇は航空輸送の領域を開拓していったのです。しかし，第二次世界大戦が終わると，軍用飛行機が民間に大量に供出され，陸上に飛行場が整備されていくにつれて，一般の飛行機に比べて速度や機動性に劣る飛行艇は，その活躍の場を失っていきました。現在では，消防などの限られた用途でしか，飛行艇をみることはできません。

　トラップ大尉を海の英雄とすれば，飛行機の登場は，空の英雄を新たに生み出しました。戦間期には，欧米で多くのパイロットが，スピードと長距離飛行を競い合います。飛行艇のレースとしては，1913年から31年まで開催された「シュナイダー杯レース」があります。このレースが盛り上がるのは，第一次世界大戦が終わってからで，当初はイタリアの活躍がめだち，1920年と21年には，2年連続でイタリアが優勝しています。しかし，1923年からは，新しく参入したアメリカの優位がめだつようになります。ちなみに，1923年と24年に優勝したアメリカの飛行艇は，アニメでカーチスが乗っている機種のモデル，カーチスR3Cでした。この頃から，レースへの出場に特化した専用機が製作されるようになります。さらに1920年代後半になると，レースは，飛行機メーカー同士の競争から，国家の威信を賭けた競争へと性格を変えていきました。1926年のレースでは，ムッソリーニがイタリアの国家的プロジェクトとして，飛行機メーカーのマッキ社を支援し，レース専用機としてつくられたマッキM.39はアメリカを打ち破りました。このM.39は，作中でフェラーリンが乗っている機種のモデルです。『紅の豚』でも，シュナイダー杯でカーチスが優勝した話がでてきますが，一連のポルコと空賊との対決や，カーチスとの決闘といった本作のストーリーは，この実在したレースから着想を得たものと思われます。

　戦間期の欧米諸国では，シュナイダー杯のようにスピードを競うレースのほかに，長距離飛行記録をめぐる競争がさかんにおこなわれました。富豪がレースを主催したり，記録に対して賞金を与えたりしたことで，

さまざまなパイロットが挑戦に名乗りをあげます。なかでも有名な例は，アメリカのチャールズ・リンドバーグでしょう。1927年5月にリンドバーグは，ニューヨークからパリへ向けての，飛行機による大西洋単独無着陸飛行に成功しました。この横断飛行を達成した者に対しては，高額の賞金が提供されており，それまでに何人ものパイロットが試みて失敗してきただけに，リンドバーグの成果は，アメリカのみならず，世界中で大きなセンセーションを巻き起こしました。

　「空の英雄」の活躍に，人びとは熱狂しました。戦間期とは，つかのまの平和が訪れた時期ですが，平和だったからこそ，こうした競争が成立したともいえます。

第一次世界大戦

　『紅の豚』の舞台は戦間期ですが，物語を深く理解するうえでは，その前の第一次世界大戦(1914〜18年)にさかのぼらなくてはなりません。マルコ・パゴット大尉が「紅の豚」になったのは，この戦争がきっかけですし，物語の主役たる飛行艇の登場も，戦争を抜きには語れないからです。

　第一次世界大戦は，2014年に開戦から百周年を迎えたことから，国内外の歴史学界で再評価の機運が高まっています。1914年6月28日，ボスニアのサライェヴォを訪問していたオーストリア＝ハンガリー帝国の帝位継承者，フランツ・フェルディナントが，セルビアの青年によって暗殺されました。これが，第一次世界大戦のきっかけとなります。セルビアをはじめとするスラヴ系諸国が位置するバルカン半島は，ヨーロッパ列強諸国の同盟関係が交差する場所として，「ヨーロッパの火薬庫」と呼ばれていました。セルビアの銃声は，その火薬庫を爆発させたのです。

　大戦前のヨーロッパでは，ドイツがオーストリア，イタリアと1882年に三国同盟という軍事同盟を結成し，積極的に軍事力を拡大していました。これを警戒するイギリス，フランス，ロシアは，20世紀初頭に三国協商を形成しました。バルカン半島では，ロシアがセルビアをはじめとするスラヴ系諸国への影響力を強め，同様に半島への進出を進めていたオーストリアはドイツと結んでこの動きに対抗していたため，「火薬庫」と呼ばれるほどに国際的な緊張が高まっていたのです。もっとも，これ

ら二大陣営は，最初から戦争することを前提につくられたものではありませんでした。けれども20世紀に入ると，国際的な軍事的対立が激しくなり，内政面でも労働者や農民たちの政治的・経済的要求が高まったことで，各国の指導者たちは追い込まれていきました。列強としての地位と安定的な経済発展を将来的に維持するには，戦争で決着をつけるしかない，という発想が徐々に現実味を帯びてきたのです。つまりサライェヴォ事件は，戦争の直接的きっかけではありましたが，それが当時の国際関係と結びつくことで，当初の予想を超える「世界大戦」につながっていったというわけです。

　すでに述べたように，イタリアはもともと三国同盟側についており，オーストリアの同盟国でしたが，開戦当初は中立を守ります。しかし，国内で開戦論が高まると，イタリアは1915年5月に三国協商側に立って，オーストリアに宣戦布告しました。盟友だったはずのオーストリアと戦うことになったのは，トリエントやトリエステをめぐる領土的な利害対立があったためです。これらは，オーストリア領でありながらイタリア系住民が多く住む，「未回収のイタリア」と呼ばれた地域で，その「回収」は1861年の建国以来の悲願だったのです。

　ほかの国々と同じように，イタリアでもこの戦争が数年をまたぐ長期戦になると予想した人はいませんでした。しかし，開戦から2年以上たっても，イタリアは大した戦果を得ることもなく，犠牲者は増えていくばかりでした。国内では，戦争の長期化によって人びとの生活は苦しさを増していきます。1917年10月には，ロシアとの休戦をきっかけにオーストリア軍が領内へ侵入し大敗北を喫しました。翌年夏に戦局が協商国側に有利となったことで，再度攻勢に転じ，11月にはオーストリア，ドイツとそれぞれ休戦条約を結びました。勝者の側に立ったイタリアは，オーストリアからトリエントとトリエステ，それに南ティロールを獲得します。他方で，敗者のオーストリアは，帝国が解体してそこから複数の国家が独立したことで，海のない国となりました。トラップ大佐のいた海軍も解体されます。さらに皮肉なことに，戦後の国境線変更により，現実のトラップ一家は「イタリア人」となりました。アドリア海沿岸の旧オーストリア領の大半は，新国家ユーゴスラヴィアが引き継ぎ，国境線を接するイタリアとは紛争の火種をかかえることになります。

第10章　紅の豚

この大戦は，前線で戦う兵士だけでなく，戦場に出ることのない一般市民の生活にも大きな影響を与えました。戦争の長期化により，膨大な物資・物量が必要になり，参戦した諸国は全国民を軍需物資の生産に動員する戦時経済体制をつくりあげます。このようにして成立した「総力戦体制」では，戦争が経済だけでなく，その国の社会全般を左右することになりました。当初，「銃後の守り」に徹することを求められた女性も，戦争が長引くに従い，労働力不足を補うため，産業全般に進出していきます。作品中では，ピッコロ親父の息子たちが出稼ぎで不在のため，親類の女性が総動員されますが，こうした状況は，むしろ第一次世界大戦中にはっきりとあらわれたものでした。戦後のファシスト政権は，女性を家庭からださないように仕向けますが，戦前と比較すれば，女性の社会進出は拡大していきました。こうした現象は，程度の差こそあれ，戦争に参加したヨーロッパ諸国で共通にみられました。

　イタリアは，一応「勝者」として大戦を終えます。しかし，戦争はあまりにも深い傷跡を残しました。戦後のイタリアは経済危機とそれにともなう社会不安に直面し，政治的混乱のなかからファシストが台頭して

203

くることになります。

イタリア・ファシズム

　次に，物語の主要な舞台，第一次世界大戦後のイタリアをご案内しましょう。

　まずファシストの動きを中心に，1929年前後のイタリアの政治情勢について振り返りたいと思います。当時のイタリアでは，ムッソリーニを指導者とするファシスト党が政権を握っていました。ムッソリーニは，第一次世界大戦終結後の1919年3月に，ミラノで「戦士のファッシ」を結成しました。これは，社会党をはじめとする左翼勢力に対し，暴力による実力行使もためらうことのない集団でした。当初，都市部では支持が広がりませんでしたが，労働組合を脅威とみなした資本家や地主など，地方の中間層の支持を受け，しだいに勢力を拡大していきました。その過程で，政界に進出した議員グループと地方のファシスト組織とのあいだで，武力の使用をめぐる内部対立が起こってきたため，ムッソリーニは，1921年11月に「戦士のファッシ」を「国民ファシスト党」へと政党化しました。

　当初ムッソリーニは，地方勢力の暴力行為を抑えようとしますが，結局黙認しました。1922年5月には，ファシストの戦闘行動隊がポー川流域の諸都市を占拠し，敵対していた社会党の勢力を追い出して支配を開始します。さらにファシストは，この自治体支配を続けるために，国家権力を手に入れる必要があると考えるようになりました。同年10月，イタリアの各地のファシストは県庁や市庁舎を攻撃して，実力で権力を奪い，首都ローマへ向かいました。この事件を「ローマ進軍」と呼び，これによってムッソリーニは，混乱を恐れた国王から組閣を命じられます。ここにファシスト政権が誕生しました。

　政権を握ったファシストは，国家機構を支配するとともに，党の力を強化し，ほかの党派を弾圧して，政敵を暗殺しました。当初は連立政権を組んでいたファシスト党以外の政党も，選挙時のファシストの暴力行為などに反発して，政権離脱の動きを示します。内外の混乱に悩んだムッソリーニは，1925年1月3日についに独裁を宣言し，反対派を徹底的に取り締まるだけでなく，身内のファシストへの統制も強めていきまし

た。ファシスト党は，唯一の政党となり，反ファシスト勢力が入る余地のない，独裁的な支配体制がつくりあげられました。

　ここまで読んでおわかりのとおり，イタリアに出現した「ファシズム」とは，政治面からみれば，議会制民主主義を否定する独裁政治のことで，自民族中心主義の立場から，暴力行為や対外侵略も辞さないのが特徴的です。ファシズムは従来の保守的民族主義とは異なり，社会主義労働運動の影響を受けており，それに対抗するために組織された反民主主義的な大衆運動でもあります。イタリアに遅れること約10年で，ドイツでもファシズムが政治権力を握ります。ドイツでは，第一次世界大戦後の不況や世界恐慌の影響がおよんで，社会情勢が不安定となるなか，アドルフ・ヒトラーを指導者とする「民族社会主義ドイツ労働者党（ナチ党）」が人びとの不満を吸収して急速に台頭し，1933年には政権を獲得しました。このナチ党のイデオロギーを「ナチズム」と呼びます。ナチズムとイタリア・ファシズムのあいだには，支配のあり方をめぐって異なる点もありますが，両者の特徴を指して，「ファシズム」としてまとめるのが一般的です。

　ポルコは，ファシズムが支配するイタリアをどうみていたのでしょうか。物語での描き方は，はっきりしています。フェラーリンが，戦友の身の安全のため空軍入隊を勧めても，「ファシストになるよりも豚のほうがマシさ」ときっぱり拒絶しているように，軍備拡張を進めるファシストたちを毛嫌いしていることがわかります。

　作品中では，すでにイタリア国内にファシスト党の支配が確立している様子があちこちに描かれています。ポルコが空賊退治で得た賞金を銀行に預けに行くシーンで，街中では「青・緑・青」の旗を掲げ，同色の腕章を着けた人びとが，街頭行動をおこなっている様子がうかがえます。なかにはファシストをきらうポルコを不審な眼差しでにらんでいる人びともみられます。

　銀行でポルコは，この腕章を着けている行員から「愛国債権」の購入を勧められますが，「そういうことはな，人間同士でやんな」と断っています。銀行員は，この債券の購入が民族への貢献になるというのですが，これはどういうことでしょうか。愛国債権の購入とは，国民が国家にお金を貸すことを意味します。第一次世界大戦は，従来の戦争とは比

較にならないほど規模が拡大したので，多額の戦費が必要になりました。そこでイギリスやフランスなどの交戦国は，債権を売り出すことで戦費を調達しました。物語で登場する愛国債権も，将来の戦争を想定した戦費調達のために売り出されたものと思われます。

　債権の購入を断ったポルコは，ファシストからみれば，国家に貢献しない，いわゆる「非国民」に映ったに違いありません。実際に政府側からも犯罪者として扱われています。フェラーリンは，反国家非協力罪，密出入国，退廃思想，破廉恥で怠惰な豚でいる罪，それにわいせつ物陳列で逮捕状がポルコにだされると伝え，裁判抜きで抹殺される可能性を警告しています。ポルコがミラノに滞在しているあいだ，秘密警察が見張っており，飛行艇の修理を終えてミラノから脱出しようとするポルコらを銃撃しました。実際に，ファシスト政権は政敵を徹底的に排除しようとしました。1926年10月に発生した，ムッソリーニの暗殺未遂事件をきっかけに，国家防衛法制定，国家防衛特別裁判所の設置，そして秘密警察の設立など，国民への監視網が足早に整備されていきます。

　物語では，ファシストの政治的シンボルがところどころに描かれています。先に紹介した，旗や腕章を彩る「青・緑・青」も，ファシストのシンボルカラーとして扱われていることがわかります。ただし，このシンボルカラーは，アニメ独自の設定といえます。実際には，ムッソリーニが組織した「黒シャツ隊」（ファシスト党の民兵組織）のように，黒や褐色が多用されていたものの，ファシスト党が公式なシンボルカラーを定めていたわけではありません。

また，フェラーリンがポルコをミラノからアドリア海へ誘導する際に，彼の操縦する飛行機には，「ファッショ・リットーリオ」のマークが描かれています。これは，古代ローマ時代の権力の象徴に由来するファシズムのシンボルで，斧の柄に棒の束を巻きつけたものでした。

世界恐慌

アニメでは，世界恐慌のエピソードも盛り込まれています。しかし，実際の世界恐慌とアニメの描写には，少しズレがあります。というのも，世界恐慌のきっかけとなった，アメリカのニューヨーク株式市場での株価大暴落は，1929年10月24日(「暗黒の木曜日」)に端を発しており，それは物語が始まる29年夏の直後のことです。しかも，恐慌がイタリアをはじめとするヨーロッパ諸国へ波及するのは，1930年に入ってからです。

ただし，世界恐慌前のイタリアの経済状況が良好であったかというと，そうではありません。その意味でアニメの描写をまったく不自然ということはできません。ドイツやフランスなどでは，1925年頃になってようやく，第一次世界大戦で受けた打撃から回復する兆しがみえるようになり，世界恐慌までは「相対的安定期」と呼ばれる比較的順調な時期に入っていました。一方，それとは対照的に苦境に陥ったのが，イタリア経済でした。むしろイタリアは，独仏に先駆けて大戦の痛手から脱し，1922年から25年にかけて，安価な労働力や通貨リラの安値での安定を背景に輸出を拡大し，急速に景気回復を実現しました。しかし，1925年以降はヨーロッパ市場での競争が激しくなり，貿易収支の赤字が増大しました。また，リラも信用を失い，価値が急落しました。

ピッコロ社の社長が，「最近はな，札束が紙くずなみの値打ちしかないんだよ」とぼやく場面がありましたが，これは，世界恐慌というよりも，第一次世界大戦後のドイツで起こったハイパー・インフレーションを想起させます。それは，ドイツ政府が，財政的な裏付けのないまま巨額の紙幣を発行したことで加速したインフレです。1923年には，従来の紙幣は文字通り紙くず同然となり，ドイツ政府は，臨時通貨「レンテンマルク」を発行することで，この危機を乗り切っています。イタリアでは，このドイツのインフレの記憶がなまなましく，ムッソリーニ自ら，国の威信を賭けた「リラ防衛」に乗り出すほどでした。ムッソリーニは，

リラ高で輸出が不利になってしまう工業界にこの政策を認めさせる代わりに，公共事業や大企業優遇策を提供することで支持を得ました。さらに，農村生活を賛美して農業を振興し，農村労働力を確保するために，海外移住を抑制する方針をとりました。そして，失業者を都市ではなく農村へ向かわせようとするキャンペーンをおこないましたが，これは思うような成果があがりませんでした。移民抑制の試みも，世界恐慌の発生により，頓挫してしまいます。物語では，ピッコロ社の男手が出稼ぎに行った話が出てきますが，ミラノが位置する北イタリアからは，フランスなどの近隣諸国へ出稼ぎ目的で移民するケースが多く，ピッコロ社の男たちも，そうしたところへ働き口を求めたと考えられるでしょう。

　世界恐慌は，イタリア経済にいっそう深刻な影響を与えました。失業者の急増と賃金の引下げは，各地で労働者のストライキや抗議運動を引き起こしました。もはや経済界に自力で解決する余裕はなく，国家の役割が大きくなりました。政府は，1931年にイタリア動産公社を，33年に産業復興公社を設立し，銀行や企業の救済に乗り出していきます。こうした政策は，同時代のアメリカのニューディール政策が有名ですが，国家が経済に介入して景気を支えようという発想が，この時期に世界的に広がりました。

　世界恐慌の影響は，ファシスト党の支配の仕方にもおよびました。ムッソリーニは，党の活動内容を福祉面などで積極的に拡大し，自らを民衆の味方として演出することで，個人崇拝を打ち立てました。対外政策面でも，それまでの国際協調路線を転換し，1935年から36年にかけてアフリカ最後の独立国エチオピアへの侵攻をおこない，植民地化を推進しました。さらにナチス政権下のドイツとの関係を重視するようになり，ヒトラーに引きずられて，第二次世界大戦に参戦することになるのです。

アメリカ合衆国の台頭とカーチス

　アメリカ合衆国との関係も物語の背景にあらわれます。すでに紹介したように，世界恐慌はアメリカに端を発していますが，それ以外の描写からも，アメリカの存在の大きさを知ることができます。戦間期には，アメリカが第一次世界大戦で疲弊したヨーロッパに代わり，急速に台頭しつつありました。当時のアメリカは，まだ世界の覇権(はけん)を握る姿勢をみ

第10章　紅の豚

せていませんでしたが，アニメのなかでは同時代のアメリカの存在感が至るところで暗示されています。

　例えばフィオは，ポルコの愛機を修理というより，新機種に近いかたちでよみがえらせる才能をもっていましたが，その彼女が「アメリカ帰り」であることを忘れてはいけません。皮肉なことに飛行艇の再生は，イタリアの職人的伝統とアメリカの最先端技術が合わさって，はじめて成功したのです。

　技術面だけではなく，1920年代のアメリカでは，新しい文化が花開きました。ジャズなどの新ジャンルの音楽や，新しいメディアとしてのラジオがその例ですが，作品中で象徴的に描かれているのは，アニメーション映画です。ポルコとフェラーリンは映画館でひそかに会いますが，場内ではアニメーション映画が上映されていました。その作品は，同時代のアメリカで人気を博していたアニメキャラクター，「ミッキー・マウス」と「ベティ・ブープ」を一緒に登場させたような内容でした。

　アメリカでは，すでに第一次世界大戦前からアニメの産業化が進みつつありましたが，1920年代の末に新キャラクターを生み出し，業界の主導権を握ったのはウォルト・ディズニーでした。彼の生み出したキャラクターこそが，1928年公開の『蒸気船ウィリー』で一躍知られることになるミッキー・マウスです。『蒸気船ウィリー』は，当時の映画で普及しつつあった，映像と音声を同期した技術，「トーキー」をアニメにはじめて導入したことでも画期的でした。他方，ベティ・ブープを生み出したフライシャー兄弟は，ディズニーの初期の競争相手として，『ポパイ』のアニメ化など，数多くのヒット作を世に送り出しました。ディズニーは，1930年代に入るとカラーを導入するなど，アニメへの新技術導入に積極的で，1960年代までのアメリカ・アニメの黄金時代を築くことになります。本書のなかでも，ディズニー映画をいくつも取り上げていますが，その原点はまさにこの時代にあったといえるでしょう。

　「成上り者」アメリカへの複雑な感情は，ポルコや空賊たちの「アメリカ野郎」カーチスへの態度にあらわれています。カーチスはアメリカ出身ですが，祖母はイタリア人だという描写がみられます。前作『アニメで読む世界史』の「母をたずねて三千里」では，イタリアからアルゼンチンへ向かう移民を紹介しましたが，19世紀初頭から20世紀初頭にか

けて，イタリア人移民の行き先としてもっとも多かったのは，当時最大の移民受入れ国アメリカでした。アルゼンチンへの移民は，北・中部出身者と南部出身者の割合がだいたい同じでしたが，アメリカ合衆国の場合は，約8割が南部出身者でした。ちなみに，「母をたずねて三千里」では，主人公マルコの一家はもともとジェノヴァ，すなわちイタリア北部の出身です。

19世紀末からの移民ブームは，第一次世界大戦の終結後，アメリカ合衆国が入国する移民を厳しく規制したことで終りを迎えます。1924年にアメリカで制定された移民法では，イタリア人をはじめ東・南欧系の移民制限が強化され，日本人を含むアジア系移民に至っては全面的に禁止されることになります。他方で，先に紹介しましたように，フランスなどヨーロッパの近隣諸国へのイタリア人移民は，戦間期に入ってからもみられますが，経済的理由による移民と並んで，反ファシズムなどの政治的理由に基づく亡命者が増えるようになります。

さて，ポルコとの決闘後，アメリカに帰国したカーチスは，ハリウッド俳優として活躍します。彼の最終的な目標はアメリカ大統領になることでした。こうした描写は，実在の人物で第40代アメリカ大統領ロナルド・レーガン(在任1981〜89)を思い起こさせます。もっとも，彼はパイロットではなく，ラジオのアナウンサーでした。1930年代後半にハリウッドへ進出し，人気俳優の仲間入りをしました。俳優業のかたわら政治にも関心をもちつづけ，政治家に転身し，大統領の地位にまでのぼりつめました。

「飛んだところで豚は豚だぜ」

ポルコはなぜ，どうやって豚になったのか。その秘密はぼかされたままで，最後まで明らかにされることはありません。ポルコの周囲の人たちも，豚が人間の格好をして，言葉を話すことにとくに違和感をもっている様子はありません。しかし，人びとの豚に対するイメージが，決して良いものではないことは確かです。ファシストの政府がポルコにかけた罪状のひとつに，「破廉恥で怠惰な豚でいる罪」があることからもそれはうかがえます。

ムスリムにとって，豚を食べるのがタブーなのは有名な話ですが，そ

れとは対照的にヨーロッパでは古くから食用として重用され，中世にはヨーロッパ全域に広まりました。ヨーロッパでも，聖書の表現にみられるように，豚が重要な家畜であることは認められつつも，不浄なものとしてみなされることはあります。その一方で，人との密接な関係を反映して，豚が必要不可欠であったことも確かです。新約聖書の「マルコによる福音書」には，イエスが悪魔に取り憑かれた男から悪魔を追い出し，豚に乗り移らせ，大群の豚とともに，崖(がけ)から湖へ飛び込んでいく，という話があります。これは，豚が人間のために犠牲になったとも解釈できるお話ですが，ポルコもそのような役回りを背負っているのではないでしょうか。

「冒険飛行家の時代は終わっちまったんだ！ 国家とか民族とか，くだらないスポンサーをしょって飛ぶしかないんだよ！」というフェラーリンの言葉を聞き流し，自由なパイロットとしての立場を守ろうとするポルコは，戦争での殺し合いやファシズム国家に対する自己犠牲の愚かしさを，身をもって示そうとしています。「飛んだところで豚は豚だぜ」と言われても，ポルコには痛くもかゆくもなかったでしょう。豚という孤独な英雄を通じて，戦間期のひとときの平和と迫りくる次の戦争の影をみごとに描いたのが，『紅の豚』なのです。

森本慶太

参考文献

DVD『紅の豚』ウォルト・ディズニー・スタジオ・ホーム・エンターテイメント，2002

宮崎駿『飛行艇時代――映画『紅の豚』原作（増補改訂版）』大日本絵画，2004

ジャン・フランコ・ヴェネ（柴野均訳）『ファシズム体制下のイタリア人の暮らし』白水社，1996

片倉邦雄・津田謙二『トン考――ヒトとブタをめぐる愛憎の文化史』アートダイジェスト，2001

北村暁夫「イタリア農村と移民――南仏への移民と「亡命者」」『農業史研究』第43号，2009

北村暁夫・伊藤武編『近代イタリアの歴史――16世紀から現代まで』ミネルヴァ書房，2012

木村靖二『二つの世界大戦』（世界史リブレット47）山川出版社，1996

鈴木真二『飛行機物語――航空技術の歴史』（ちくま学芸文庫）筑摩書房，2012

スタジオジブリ・文春文庫編『ジブリの教科書7　紅の豚』（文春ジブリ文庫）文藝春秋，2014
高橋進『イタリア・ファシズム体制の思想と構造』法律文化社，1997
中谷径「「国民作家」宮崎駿の日本回帰——転回点としての『紅の豚』のアメリカ」『ゲンロンエトセトラ』第6号，2013
帆足孝治『飛行艇の時代——世界の海を渡った豪華絢爛の翼』イカロス出版，2005

平成狸合戦ぽんぽこ
高度成長期のニュータウン開発

スタジオジブリ・オリジナル作品

『平成狸合戦ぽんぽこ』がつむぐイメージ

　『平成狸合戦ぽんぽこ』は，高畑勲のもとで制作され，1994年7月に公開されたスタジオジブリの劇場アニメ作品です。キャッチコピーは「タヌキだってがんばってるんだョ」。コピーライターとして名高い糸井重里によるものです。1960年代後半の多摩ニュータウンの造成によって住みかを失った狸たちの抵抗の軌跡が，コミカルかつシリアスに描かれています。同年には，映画で使用したフィルムをそのまま用いたコミック版(徳間書店，全4巻)が出版されました。

　皆さんは，『平成狸合戦ぽんぽこ』を見て，何を連想するでしょうか。おそらく，大半の人が思いつくのは「自然と人間との共生」や「人間による環境破壊」などではないでしょうか。高畑勲・宮崎駿作品研究所の代表を務める叶精二は，『平成狸合戦ぽんぽこ』は，破壊されてしまった日本の自然環境に思いをめぐらせ，人間の自己都合をいましめる作品と評しています。そして同時に，『平成狸合戦ぽんぽこ』をとおして，破壊された環境を回復することが現代に生きる私たちに課せられた重大な任務であることを認識させてくれると述べています。

　また，高畑監督自身も本作を狸のドキュメンタリーと位置づけ，実際に狸が出没していた多摩丘陵を訪れています。そして，狸や自然環境の保護・保全をおこなう団体に取材し，狸と人間が共存するために必要な方策などを学んだうえで，多摩丘陵をアニメの舞台とすることに決めたそうです。彼は次のように記しています。

　　多摩，千里，筑波などのニュータウンや各地のゴルフ場など，大規模に山林を開発し，短期間に地形まですっかり変えてしまった地域で，生き物たちは生活圏を失い，その多くが滅びたことは言うまでもないが……昔から里山に棲みつき，人間と交渉の深かったわれらがタヌキたちも，この恐るべき災厄を逃れることが出来なかったことと思われる。……この激動と戦乱の時代をタヌキたちはどう生き，

どう死んでいったのか，過酷な運命に抗し，彼らの特技たる「化け学」はどう活用されたのか，……そのあたりの事情を『平成狸合戦ぽんぽこ』によって探ってみたい。

このメッセージからもわかるように，「環境破壊」や「自然との共生」というテーマは，いわば公式見解といってよいでしょう。

たしかに，『平成狸合戦ぽんぽこ』には，人間による環境破壊に関する描写が少なくありません。また，あとで述べるように，本作で取り扱われている高度成長期は，社会のすべての面で急速な発展がみられた一方で，公害問題などがクローズアップされた時代です。『平成狸合戦ぽんぽこ』を語るうえで環境問題は避けて通ることのできないテーマといえるでしょう。しかし，ここでは，環境や共生にまつわるテーマだけではなく，ニュータウン開発の舞台となった多摩丘陵に住んでいた人びとの経験についても記していきます。その際，作品のなかで描かれたシーンはもちろん，直接扱われなかったことにも言及しながら話を進めていきたいと思います。

物語前半のあらすじ

まず，『平成狸合戦ぽんぽこ』のあらすじを簡単に確認しておきましょう。

自然豊かな多摩丘陵に生息する狸たちは，空き家などに住みつきながら，平和にのんびり暮らしていました。丘陵の開発が始まるまでは……。

あるとき，鈴ヶ森と鷹ヶ森という2つの縄張りのあいだで，えさ場をめぐる大規模な争いが起こりました。ほどなくして，えさ場がなくなった原因が，ニュータウンの建設工事にともなう山林の伐採によるものであることがわかりました。このままだと食糧はおろか，住む場所さえも失ってしまいます。多摩の狸たちはさっそく大会議を開いて開発反対を決議しました。そして，縄張り争いをやめ，静かな生活を取り戻すために一致団結して人間への抵抗を開始します。その方法として，狸たちのあいだで長らく忘れられていた化け学を駆使することにしました。さらに，四国と佐渡から狸の長老を招くことも決まり，鬼ヶ森の玉三郎と水呑み沢の文太をそれぞれ派遣しました。こうして，自然を敬う気持ちを忘れた人間への仕返しが開始されたのです。

人間による丘陵開発への抵抗というプロジェクトのもとで，縄張りをめぐる争いは収束しました。そして，化け学を修得するための特訓が始まります。まずは茶釜やダルマなど簡単に化けられるものから始まり，だんだんと難易度をあげていきます。そして，最後は人間に化けて街頭実習をおこないます。このあいだにも開発はどんどん進んでいきます。それに対し狸たちは身につけたばかりの変化術（へんげ）を駆使して人間を撃退しようとしました。大木に化けてトラックの走行をさまたげたり，崖（がけ）から転落させたりといった具合です。そのあとも狸たちは化け学を使って怪奇現象を起こし，人間たちをまどわせます。狸たちにとっては，人間がいとも簡単に変化にだまされるのが楽しくてたまりません。しかし，人間たちを驚かせることには成功したものの，開発が中止される気配はまったくありませんでした。

　その頃，四国と佐渡に派遣された玉三郎と文太も苦境に立たされていました。文太は佐渡の長老狸を探しつづけていましたが，消息がつかめないままでした。一方，玉三郎は四国の長老たちと会い，彼らの助力を得ることに成功しました。しかし，だれを多摩に送るべきか，派遣された長老に万が一のことがあった場合，跡目の相続はどうするのかといった難題がもちあがり，なかなか結論がでません。

　舞台は再び多摩に移ります。一向に埒（らち）があかない状況に我慢できなくなった過激派はクーデタを決行し，化け学派から主導権を奪おうとします。両派の対立がついに最高潮に達したのです。しかし，ちょうどそのとき，四国から玉三郎が3人の長老たちとともに帰郷しました。3人の長老は，化け学の技術を結集して百鬼夜行の大行列をつくり，人間たちに恐怖を与える「妖怪大作戦」を提案し，多摩の狸たちを指導します。そして，ついに作戦を決行する日がやってくるのです。

物語後半のあらすじ

　妖怪大作戦が決行された夜，狸たちが総力をあげてつくりだした百鬼夜行の大行列にニュータウンが飲み込まれました。大行列を目のあたりにした人間たちは騒然となります。四国の長老の1人である隠神刑部（いぬがみみょうぶ）が，この作戦で精魂を使いはたしてしまい絶命してしまったものの，狸たちはこの作戦に手応えを感じました。

しかし，人間たちには通じませんでした。彼らは百鬼夜行に驚いたものの，自然に対して敬意をいだいた者はほとんどいなかったのです。それどころか，おもしろいショーやイリュージョンだと勘違いする始末でした。結局，妖怪大作戦は，ニュータウン内のレジャー施設「ワンダーランド」の宣伝に利用され，作戦は失敗に終わってしまうのです。

　窮地に陥った狸たちに対し，同様に住みかを失い丘陵を追われた狐の竜太郎は，四国の長老の１匹・六代目金長と接触し，人間に化け，人間社会に溶け込んで生きたほうがよいと忠告します。竜太郎はすでにその道を選んでいました。そして，もう１匹の四国の長老・太三朗禿狸は踊念仏の教祖となり，変化できない狸たちを引き連れて西方浄土をめざし，帰らぬ旅にでました。時を同じくして佐渡に渡っていた文太が帰国します。多摩の狸たちはわずかな希望をいだきましたが，文太から，佐渡の高名な長老がすでに落命していたことを告げられます。

　ここに至って，多摩の狸たちは敗北を確信します。若狸のまとめ役を務めてきた長老・鶴亀和尚は，最後の抵抗として人間たちの前に姿をあらわす決断をくだしました。鶴亀和尚はテレビ局に投書してテレビクルーを招き寄せ，彼らに思いの丈をぶつけました。そして狸たちは草や木に化け，かつての美しい自然の幻像をつくりだし，人間たちに見せつけたのです。これが功を奏し，「狸たちとの共生」を謳い文句にして，わずかながら手つかずの自然が残されることになりました。

　その後，残った狸たちはそれぞれの道を進み始めます。主人公である正吉をはじめとした変化できる狸たちは，狐の竜太郎の忠告どおり人間に化け，人間社会のなかで生きていく道を選びました。一方，過激派の中心であった権太は，人間に迎合するのをよしとしませんでした。彼は同志を率いて人間たちに玉砕覚悟の決戦を挑みました。しかしかなわず，命を落としてしまいます。そして，人間に化けることのできない狸たちは，わずかに残された山奥にこもり，ひっそりと暮らすことを余儀なくされたのです。

　その後，正吉は人間社会で会社員としてストレスをかかえながら生きていました。ある日のこと，正吉は仕事から帰る途中で１匹の狸を見つけます。そして，あとを追った先で，都会の片すみでたくましく生きるかつての仲間たちを見つけます。正吉は変化を解いて狸の姿に戻り，仲

間たちのもとへ駆け寄って再会を喜び合ったのです。

高度成長の時代

　話を進めるための前提として、『平成狸合戦ぽんぽこ』の時代設定となっている高度成長期について説明をしておきます。

　1950年代半ばから70年代初頭までのおよそ20年間、日本は右肩上りの経済成長が続く時代を経験しました。とくに1960年代に入ると、「所得倍増」をスローガンとする池田勇人(はやと)内閣の誕生(60年7月〜64年11月)や、東京オリンピック(64年)・大阪万国博覧会(70年)の開催などにより、経済の活性化に拍車がかかります。そして1968年には、GNP(国民総生産)が西ドイツを抜いて世界第2位となります。戦争の終結からわずか20年間で、日本はどん底から世界屈指の経済大国へとはいあがったのです。あとで述べるように、『平成狸合戦ぽんぽこ』は1960年代後半から70年代初頭までの多摩丘陵が舞台となっていますから、高度成長期が終りにさしかかった頃の物語と理解しておけばよいでしょう。

　高度成長期の大きな特徴が、産業構造の変化と大規模な人口移動であることはよく知られています。この時期に農林水産業などの第1次産業が衰退し、それに代わって、鉄鋼業・製造業などの第2次産業や、公務員・サービス業などの第3次産業に従事する人が増えました。これにともない人の移動も盛んになります。大まかにいうと、農山漁村から大都市圏へと人口が集中したのです。大都市圏に移動してきた人びとの大半は、進学や就職によってふるさとから移住してきた若者でした。そして、これらの若者の多くが、そのまま都会で結婚して世帯をもちます。いわゆる「核家族」が増加したのです。

　人びとの生活スタイルにも変化が生じました。1960年代には、テレビ・冷蔵庫・洗濯機の家電製品が「三種の神器」としてもてはやされました。さらに、1970年代に入ると、消費社会化が急激に進んでいきます。消費社会とは、企業が大量に生産・販売する商品を、ほぼすべての国民が手に入れることができる社会のことを指します。『平成狸合戦ぽんぽこ』にも、消費社会化に関する描写があります。例えば、ファストフード・チェーン(マクドナルド)の大量のハンバーガーを狸たちが喜んで食べるシーンや、市販の栄養ドリンクを精力剤として服用しているシーン

などがそれです。これらのシーンは，高度成長期に量販製品が人びとにとって身近な存在となり，大量消費があたりまえとなっていたことを示しています。このように，産業構造・人口分布・生活スタイルなどの面で大きな変化がみられた時代，それが高度成長期であったといえるでしょう。

高度成長がもたらした「ひずみ」

　高度成長のもとで人びとの経済水準はあがり，より裕福な生活を営むことができるようになりました。しかし，こうした「豊かさ」と引き替えに，高度成長は，社会の至るところに深刻な「ひずみ」も生み出したのです。『平成狸合戦ぽんぽこ』の内容にかかわっていえば，公害問題と住宅問題の2点があげられます。

　まず，公害問題からみていきましょう。公害といえば水俣病・イタイイタイ病・四日市ぜんそく・新潟水俣病（阿賀野川水銀中毒）の四大公害病が有名です。しかし，実際には，この4つに留まらず，1960年代（地域によっては50年代以前から）を通じて，全国各地で大きな問題となっていました。しかも，これらの公害問題にあっては，その原因が工場や鉱山からの廃水や煙であることが科学的に証明されるまでに長い時間がかかりました。そのあいだに被害がどんどん拡大していったのです。もちろん，大都市も例外ではありませんでした。住民たちは，交通量の増大にともなう騒音や，工場から排出される光化学スモッグによる大気の汚染に悩まされるようになります。こうしたなか，1967年8月には公害対策基本法が施行されました。この法律によって，大気汚染・水質汚濁・土壌汚染・騒音・振動・地盤沈下・悪臭の7項目が公害であると定められました。そして，1970年11月の臨時国会において，公害問題に関する14法案が提出され，すべて可決・成立しました。ちなみに，この国会は，公害関係の法案を成立させるためだけに開かれたため，「公害国会」とも呼ばれています。

　次に住宅問題です。東京では人口が急激に増えたことによって，極度の住宅不足に陥りました。しかし，すぐさま住宅地の造成に乗り出すことも困難でした。というのも，当時の東京では，急速な発展と引き替えに無秩序な開発がおこなわれており，それによって土地不足や地権の細

分化が発生していたからです。こうした現象を，スプロール化といいます。宅地を造成しようとしても十分な土地を確保することができず，運よく土地が見つかっても，所有者が入り交じっていて手がつけられないという八方ふさがりの状況におかれていたのです。

多摩ニュータウン開発の経緯

　公害問題と住宅問題のダブルパンチから逃れるためには，騒音や大気汚染に悩まされることのない静かな郊外に，計画的に住宅地をつくる必要がありました。こうした状況のもとで，東京・大阪・名古屋などの大都市を中心に，大規模な住宅地（ニュータウン）がいくつもあらわれます。日本のニュータウン開発は，高度成長と軌を一にして進められたのです。

　『平成狸合戦ぽんぽこ』の舞台となった多摩ニュータウンもそのひとつです。多摩ニュータウンは，多摩・八王子・町田・稲城の4市にまたがる多摩丘陵上に計画・開発された住宅地で，開発面積はおよそ3000ヘクタールにおよびます。1965年に都市計画が決定し，71年から入居が始まりました。2005年時点でおよそ8万世帯・20万人の人びとが居住しており，首都圏でも最大級のベッドタウンを形成しています。物語の序盤では，1960年代後半頃と思われる多摩丘陵の様子が描かれており，開発が着々と進んでいることがわかります。これは，実際の開発時期とほぼ一致しています。

　多摩ニュータウン開発計画の起源がいつなのかは，じつはよくわかっていません。ただし，1960年から東京都による大規模住宅地の開発計画の検討が始まっており，その頃から構想としては存在していたと考えられます。しかも，この時点では，多摩丘陵の大部分を占めていた緑地と農地を残しつつ宅地を造成することがめざされていたようです。しかし，1963年11月に新住宅市街開発法という法律が施行されたことによって風向きが変わります。この法律では，開発者が土地を一方的に買収することができるようになっていました。東京都はこの法律を多摩ニュータウンに適用します。そして1965年9月に，具体的な開発計画が決定しました。東京都は，自然環境を保全することよりも，より多くの住宅地をつくることを優先したわけです。

　しかし，そのまま何事もなく開発に踏み切ることができたかというと，

第11章　平成狸合戦ぽんぽこ

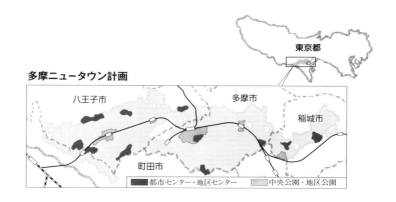

そうではありませんでした。計画決定以降の経過については、のちほど詳しくふれたいと思います。

繰り返される破壊

『平成狸合戦ぽんぽこ』では、多摩ニュータウンのキャッチコピーとして「緑とゆとりのベッドタウン」というフレーズが紹介されています。要するに、快適で住みやすい環境をアピールしているのです。このようなキャッチコピーは、当時、多摩ニュータウンに限らず、全国各地の多くのニュータウンで用いられていました。例えば、1968年に、大阪府南河内郡狭山町（現在の大阪狭山市）に造成された狭山ニュータウンは、工場のスモッグや騒音などから解放された「やすらぎ」の空間を提供するためにつくられたと謳っています。ニュータウンには、快適な暮らしを保証してくれる都会のオアシスとしての機能が期待されていたのです。

しかし、皮肉なことに、ニュータウンの開発が、新たな環境破壊を生み出すことになってしまいます。ひとつは、森林の破壊です。物語の序盤から中盤にかけて、パワーショベルやブルドーザーによって丘陵の大部分が切り開かれ、山肌がむきだしとなっているシーンが何度か登場します。狸たちは、怒りと悲しみを込めて、その山肌を「のっぺら丘」と名づけています。さらに、伐採と開拓によって発生した大量の土が別の場所に持ち込まれて廃棄されました。作中では、神奈川県藤野町（現在の相模原市）に大量の廃土が捨てられたため、その出所を突き止めようとした藤野町の狸が多摩を訪れています。

221

もうひとつは，生態系の破壊です。丘陵開発によって狸や狐をはじめとする野生動物が姿を消しました。また，作中では，住みかを失った狸が住宅地に出没して交通事故に遭う様子が描かれています。これは，当時の多摩ニュータウンで実際に問題となっていました。
　先に記したように，高度成長期には，公害問題が全国各地で発生していました。忘れてならないのは，これらの公害はすべて人間によって引き起こされたという事実です。そして，多摩ニュータウンをはじめとするニュータウン開発においても同じ過ちが繰り返されました。『平成狸合戦ぽんぽこ』は，人間の都合によって失われていった自然環境について，視聴者に訴えかけています。

擬人化された狸たち
　『平成狸合戦ぽんぽこ』を見てみると，狸たちが擬人化されて描かれているシーンが非常に多いことに気づきます。みんなで歌を歌ってドンチャン騒ぎをしたり，拾ってきたカラーテレビで番組を見て楽しんだり，シュミレーションゲームに興じる描写などもあります。何だか人間と大して変わらない生活を送っています。ちなみに，カラーテレビが普及するきっかけのひとつは，1964年に開催された東京オリンピックだといわれています。それ以前には，カラーテレビのある家庭はまだ少なかったため，隣近所の人たちで押しかけて番組を視聴する光景は珍しくありませんでした。
　狸たちの「人間らしさ」を象徴的に示しているのが，主人公の正吉と，過激派のリーダーの権太です。両者の性格は対照的です。正吉は基本的に冷静沈着で，作戦が行き詰まった際にも，現実的な見地から意見を述べています。一方，権太は血の気が多く，人間を強く憎んでおり，実力行使すべきという主張を断固として曲げません。冷静な正吉にいらだち，怒りをあらわにして突っかかるシーンもみられます。
　この正反対の２匹が，なぜ「人間らしさ」の象徴たりうるのかというと，両者はいずれも「思考」しているからです。正吉は物事を客観的にとらえ，冷静な判断をしています。つまり「論理的思考」を備えているのです。逆に権太は，人間への憎しみをつねに心にみなぎらせており，それが実力行使すべきという主張の根幹を形成していることがわかりま

す。すなわち「感情的思考」に基づいて行動しているのです。パスカルが「人間は考える葦である」と記したように,「思考」とは人間が人間たるゆえんのひとつです。その特性がもっとも端的かつ対照的にあらわれているのが,正吉と権太なのです。

　もちろん,この2匹以外にも人間らしさを感じさせる狸たちが数多く登場します。どこか達観した雰囲気で,権太ら過激派をのらりくらりとやり過ごしながら多摩の狸たちをまとめあげる105歳の長老・鶴亀和尚。日和見主義者でお調子者の鈴ヶ森のドン・青左衛門。肝っ玉キャラそのものといえる度胸の良さが際立つ化け学の師範役・おろく婆。変化できない落ちこぼれだけれど,温厚でどこか憎めない正吉の親友・ぽん吉。のちに正吉の妻となる年頃の雌狸・おキヨ。眼鏡をかけた風貌にたがわぬ小心者の優等生・佐助。ニヒルで雌狸に人気のある二枚目・玉三郎。実直な性格で佐渡への使者を任された若狸・文太。そして,何か事件が起こるたびに一喜一憂する名もない大勢の狸たち……。これらの個性豊かで喜怒哀楽に満ちたキャストによって,多摩の狸たちのにぎやかなコミュニティがつくられているのです。

化け狸の聖地,四国と佐渡

　多摩の狸たちは,四国と佐渡にそれぞれ使者を送り,長老を招いて化け学をみがこうとします。作中では,四国の長老である太三朗禿狸・隠神刑部・六代目金長の3匹が多摩に赴き,正吉たちとともに妖怪大作戦を決行します。また,すでに死亡していたものの,佐渡の高名な長老狸として,団三郎の名前もあげられています。

　これらの狸は,今日においても伝承として語り継がれています。例えば,太三朗禿狸は平安時代に傷ついていたところを平重盛に助けられた縁で平家の守護狸となり,平家が滅びたあとは屋島寺（香川県高松市）の守護神になったとされています。そして,最終的には,四国の化け狸の総大将の地位にまでのぼりつめたといわれています。また,団三郎も佐渡の狸の総大将とされるほど有名な狸で,太三朗禿狸らと並んで日本の三大化け狸に数えられています。現在は,二つ岩大明神（新潟県佐渡市）に祀られています。

　そもそも,四国と佐渡は化け狸にまつわる伝説が数多く残されている

地域で，作中に登場する狸以外にも，特別な能力をもつ狸のエピソードがたくさんあります。四国と佐渡は，化け狸の本場であり聖地なのです。『平成狸合戦ぽんぽこ』にも，その世界観が継承されているといってよいでしょう。

注意しておきたいことは，多摩の狸たちが，四国や佐渡のことを化け狸の本場だと認識している点です。生物学的な観点からすれば，多摩に生息する狸が，遠く離れた四国や佐渡に生息する狸のことを知っているなどとは考えがたいことではないでしょうか。もちろん，アニメの世界ですから，ある程度の脚色がなされていることは当然でしょう。しかし，ここでは，狸たちの情報ネットワークがかなり広い範囲におよんでいたこと，言い換えれば，狸たちが横のつながりを形成していたことを強調しておきたいと思います。

狸の世界には王様がいる！

さらに興味深いのは，作中で「ぽんぽこ」という年号(元号)が使用されていることです。例えば，序盤に鈴ヶ森と鷹ヶ森とのあいだで争いが起こったのは「ぽんぽこ31年秋」，妖怪大作戦が決行されたのは「ぽんぽこ33年暮れ」とされています。西暦に換算すると何年になるのかは明確に示されていませんが，作中のナレーションに基づいて考えると，「ぽんぽこ31年」はおそらく1967年だと推測されます。そうすると「ぽんぽこ33年」は1969年ということになります。先にも述べたとおり，実際に多摩ニュータウンへの入居が始まるのは1971年からです。しかし，作中では，妖怪大作戦が決行された時点で，すでにニュータウンに居住している人たちが相当いるようにみえます。このズレはいったいなぜ生じたのでしょうか。人間と狸の対立をより際立たせるためにあえて脚色したのかもしれません。あるいは，狸たちの時間のサイクルが人間とは異なっているという設定なのでしょうか。

「ぽんぽこ」という年号については，ほかにもいくつかの疑問が頭に浮かびます。例えば，この年号を定めたのはだれなのでしょうか。通常，年号は皇帝や王といった君主の即位にあわせて付けられます。日本の場合だと天皇ですね。明治・大正・昭和・平成などです。王の在位中に変更(改元)する場合もあります。日本でも，江戸時代以前には，改元は珍

しくありませんでした。いずれにせよ，年号は，「上に立つ人」がいればこそ定めることができるのです。この点にかかわっていえば，「ぽんぽこ」は，多摩の狸たちだけが認識している年号なのか，あるいは四国や佐渡の狸たちをも含んだ全狸界（？）共通の年号なのかということも問題となります。かりに多摩限定の年号だとすれば，長老の鶴亀和尚が「王」だと考えられますし，狸界共通の年号であるならば，多摩や四国や佐渡の狸たちよりも上に立つ「王」がいることになります。

　さらに，「ぽんぽこ」の起源も気になるところです。「ぽんぽこ31年」が1967年だとすると，「ぽんぽこ元年」は1936年となります。なぜ，この年に「ぽんぽこ」という年号が定められたのでしょうか。ちなみに，この年，日本では二・二六事件が起こっています。この事件は，2月26日から29日にかけて，陸軍の青年将校がおよそ1500名の兵を率いて当時の政府や内閣の要人を襲撃したクーデタとして有名です。せっかくですから，覚えておいてください。

　残念ながら，これらの点については作中でとくに説明がなされていないため，真相はわかりません。ただし，年号の存在からうかがえるように，狸たちの世界が，「王」を頂点として，縦に階層化された空間であったかもしれないことは意識しておいてよいでしょう。

「旧住民」がたどった歴史

　ここまで，狸たちの「人間らしさ」や，狸たちの世界で形成されていたと思われるネットワークと階層性について，『平成狸合戦ぽんぽこ』の描写に基づいて考えてきました。これらの点からいえることは，本作で描かれた狸たちとは，じつは人間そのものの姿なのではないかということです。しかも，注目すべきことに，狸たちと同じ運命をたどった人びとが多摩丘陵に実在したのです。以下では，これらの人びとの歴史にそくしてニュータウン開発の経過を追跡していきます。

　多摩ニュータウンは，広大な農地を買収して生まれた住宅地であり，そこには，もともとそれらの農地を耕作して生計を立てていた人たちが数多く住んでいました。そのような人たちのことを，さしあたって「旧住民」と記しておきます。しかし，作中には「旧住民」はほとんど登場しません。登場するのは，ニュータウンに新たに住み始めた人（さしあ

たって「新住民」と記しておきます）や開発業者ばかりです（水木しげるも登場しましたが）。いったいなぜでしょうか。

　そもそも旧住民は，ニュータウン開発にどのようにかかわったのでしょうか。まったく関与することなく，ひっそりと立ち退いていったのでしょうか。まずはこの点について確認するために，ニュータウン開発に際しての旧住民の動向をたどってみたいと思います。

　先に記したように，東京都のニュータウンの開発計画は，より多くの住宅地をつくることを最優先するものでした。この計画は，基本的には東京都や地元の自治体によって決められ，旧住民に対する事前の説明はありませんでした。つまり，旧住民にとってニュータウン開発は寝耳に水のできごとだったのです。案の定，開発計画が明るみにでるにつれて，旧住民のなかから反対の声があがり始めます。旧住民は開発地の地権者を中心とした反対運動に踏み切ります。東京都の議会や地元自治体の議会に対して，開発区域にもともと存在する集落や農地を開発しないよう陳情しました。1965年9月に最初の陳情書が東京都議会に提出されたのを皮切りに，陳情や請願が繰り返しおこなわれています。

　このような旧住民による反対運動に対し，東京都は，最初のうちは強気の姿勢で臨んでいました。しかし，反対の声が無視できないほどに高まってくると，今度は計画の見直しを模索するようになります。つまり，新住宅市街開発法に基づいて強制的にすべての土地を買い上げるのではなく，集落がある区域を残したまま開発する方法を探し始めたのです。結果的に東京都は，1966年12月に，集落がある区域約200ヘクタールには，住宅地を造成しない方針を決めました。

　しかし，この方針にはカラクリがありました。集落がある区域は，じつは手つかずのまま残されるわけではなかったのです。そもそも，当初の開発計画では集落区域にも道路や下水道を整備することになっていました。したがって，その区域を開発計画そのものから除外すると，同時に道路や下水道の整備も中止になってしまうおそれがありました。そのような事態を何としても避けたかった東京都は，住宅は建てないけれどもインフラ整備はおこなうことにしたのです。

　一方，旧住民が望んでいたのは，あくまで集落をそのままのかたちで残し，それまで自分たちが営んでいた農業を続けることでした。しかし，

東京都の方針に従えば，住宅は建たなくてもインフラ整備によって農地を失ってしまうことになります。旧住民はこの方針に反発しました。1967～68年にかけてのことです。しかし，すでにこの時点で開発事業はある程度進んでおり，全面的な見直しはもはや不可能でした。旧住民の意見が採用されることはなく，反対運動も勢いを失っていきました。結局，旧住民は農地を手放したうえで多摩丘陵に残るか，あるいは多摩丘陵から去るかの二者択一を迫られることになりました。一方で土地の買上げと開発は加速し，1971年の入居開始まで一気に突き進んでいくのです。

なぜ「旧住民」は『平成狸合戦ぽんぽこ』に描かれなかったのか

以上のことから，旧住民は，ニュータウンの開発に対して抵抗の声をあげ，行動を起こしていたことが明らかになったと思います。反対運動は最終的には挫折してしまい，旧住民は先祖代々守り抜いてきた農地を失うことになったのです。作中で狸たちがたどった運命とほとんど同じです。旧住民が反対運動をおこなっていた時期も，狸たちが抵抗を続けていた時期とほぼ重なります。物語の終盤で狸たちが最後にみせた精いっぱいの抵抗，すなわち，変化を駆使してよみがえらせた開発前の丘陵の風景は，まさに旧住民の願い，そのものであったといえるでしょう。

それでは，最初の疑問に立ち返ってみましょう。なぜ，旧住民は作中で描かれなかったのでしょうか。

すでに何度かふれてきましたが，『平成狸合戦ぽんぽこ』には，人間による自然環境の破壊への警鐘という揺るぎないメッセージが込められています。このメッセージを視聴者にわかりやすく伝えるためには，人間は自然環境をためらいなく破壊する身勝手な加害者として，そして狸たちはその被害者として描かれなければならなかったと考えられます。このような人間＝加害者＝悪，狸＝被害者＝善という二項対立の図式に基づいた場合，旧住民は必ずしもそれにあてはまらない存在です。というよりも，ニュータウン開発の過程にそくしていえば，旧住民はまぎれもなく被害者であったといえるでしょう。とはいえ，脚本を制作する側からしてみれば，被害者は狸以外にはありえないわけですから，旧住民はストーリーの進行をさまたげる邪魔者にほかなりません。それゆえに

作中で描かれなかったのではないでしょうか。

野生動物として描かれた狸

　話は変わりますが，作中では，野生動物としての狸の描写が至るところに挿入されています。オープニングでは，エサを食べている狸が視聴者の視線に気づいたかのようにこちらを振り向き，注意深く見つめる描写がなされています。また，物語の中盤では，恋に落ちた正吉とおキヨが4匹の子狸をもうけています。正吉は子狸のためにエサを持ち帰り，子狸たちはおキヨの乳を吸いながら正吉の帰りを待っています。このシーンも，6匹の狸たちは野生動物の姿で描かれています。

　これらの狸の描写は，擬人化されているときの姿とはまったく異なります。もちろん二足歩行ではなく，われわれがふだん動物園で見たり野山で目撃したりするときと同じように，四本足で歩いています。表情もほとんど読み取ることができません。赤い目を光らせ，たえず人間を警戒しているようです。開発をまのあたりにした際にはうなり声をあげ，人間に対して敵対心をむきだしにしています。これらの描写は，開発による被害者としての狸の性格づけが強調される効果を生み出しています。

　ところで，物語のあらすじでも紹介したように，物語の序盤に鈴ヶ森と鷹ヶ森とのあいだで大規模な縄張り争いが起こるシーンがあります。擬人化された狸たちが敵味方に分かれて大乱闘をしているのですが，その際に興味深いナレーションがなされています。すなわち，「あまり知られていない事実であるが，人間の見ていないところでは，狸たちはすべてこのように直立二本足の姿で行動しているのである」と。逆にいえば，人間が見ているところでは，狸たちは四本足で歩行をしていることになります。つまり，野生動物としての狸の描写は，作中に登場する人間たちの視点から描かれた姿なのです。

　ここで，反対運動が挫折したあとの旧住民の歴史に話題を転じます。ニュータウンの開発の進行にともないインフラや医療施設などが整備されるにつれて，丘陵に残った旧住民も落着きを取り戻し始めます。しかし，新たに造成された住宅地に入居してきた新住民との距離はなかなか縮まりませんでした。新住民は旧住民のことを，「土地を売ってもうけたお金持ち」とか「新住民相手にあこぎな商売をする連中」くらいにし

か考えていませんでした。価値観も生活スタイルも異なる旧住民は，新住民にとって理解できない人びとだったはずです。反対運動が挫折したあとにニュータウンに引っ越してきた新住民にとって，ずっと守りつづけてきた土地を奪われ，転業を余儀なくされた旧住民の経験は，まったく関係のない別世界のできごとだったのです。

　このことを踏まえると，野生動物として描かれた狸についても，旧住民に置き換えて考えることができるのではないでしょうか。つまり，この場合の狸たちは新住民や開発業者の視点から描かれた姿なのです。彼らの目には，狸は何を考えているのかわからない不気味な存在として映ります。作中では，最終的に狸と共生できる暮しが喧伝され，わずかばかりの自然が残されます。狸たちの住みかはかろうじて守られたのです。しかし，狸たちが新住民に心を開くシーンは最後までありません。旧住民と同様に，狸たちもまた新住民とは理解し合えなかったのです。

　ここまで，旧住民の歴史に引きつけるかたちで『平成狸合戦ぽんぽこ』を解説してきました。旧住民の存在に目を向けてみると，必ずしもニュータウン開発にかかわったすべての人びとが，丘陵の自然や風景が失われることに対して無自覚だったわけではないということがわかります。実際の開発は，多摩の狸たちと同様に，理不尽に土地を奪われることに対する旧住民の怒り・悲しみ・あきらめといったさまざまな感情を巻き込みながら進められたのです。高畑監督が旧住民のことを意図していたのかはわかりませんが，狸たちに旧住民の姿を投影しながら本作を見ることによって，彼らがたどった歴史を追体験することができるのです。

狸たちの闘いが「いま」に問いかけるもの

　『平成狸合戦ぽんぽこ』が世にでたのは，今からちょうど20年前です。当時の日本はバブル経済が崩壊して「平成大不況」と呼ばれる不景気が続いていました。1980年代の好景気から一転して先のみえない時代に突入したのです。高畑監督は，このような時代だからこそ，狸たちの奮闘を描くことで，自信をなくし途方に暮れた人間たちに何らかの共感や感銘を与えられないかと考えたそうです。環境問題と並んで視聴者に向けられたメッセージといえます。

それから20年後。今日の日本もまた『平成狸合戦ぽんぽこ』に学ばねばならない状況に直面しているのではないでしょうか。不景気の雲は相変わらず日本列島を覆いつくし，光がさす気配はいっこうにありません。地球温暖化をはじめとする環境問題も深刻化の一途をたどっています。そして，忘れてならないのは，2011年3月11日に発生した東日本大震災と福島第一原発事故です。

　地震や津波の被災地では，今もそこに残って生活を再建しようと苦闘している人びとがいます。被災者が自分たちの生活再建について考える際に基本となるのは，2011年3月10日まで自分たちが続けていた暮しです。しかし，被災地の外から持ち込まれる「復興」計画は，必ずしもそれを踏まえたものではありません。このことに無頓着なまま計画だけが先行した場合，その復興は，被災者がたどってきた歴史と切り離されたものになってしまうでしょう。ちょうど多摩ニュータウンの開発が，狸や旧住民の願いを無視して進められたのと同じように。狸たちがつくりだしたかつての多摩丘陵の幻像は，復興はだれのために，そして何のためになされるべきなのかという問いを私たちに投げかけているように思えます。

　一方，原発事故を受けて避難指示がだされた地域の住民は，避難圏外への退去を余儀なくされました。また，避難指示がでていない地域でも，放射線への恐怖から県外へ移住する人もいました。これらの人びとの多くは，それまで愛着をもって生活していた地域を去るという苦渋の決断をくだしたのです。これらの人びとにとっては，かつて通っていた学校の友人や職場の同僚の存在は，文字通り心の支えとなっているのではないでしょうか。『平成狸合戦ぽんぽこ』は，人間社会で暮らす正吉と，狸として暮らすぽん吉が再会を喜ぶシーンで幕を閉じます。このあとは描かれていませんが，おそらく正吉はぽん吉と別れ，人間としての日常生活を再開したのでしょう。幼なじみに再び出会えた喜びと，別れの切なさと，またの再会への願いを，明日を生き抜くためのエネルギーに変えて。このラストシーンは，たとえ離れ離れになっても，かつて育んだ友情や信頼は決して失われないことを高らかに謳っています。

　さて，最後に『平成狸合戦ぽんぽこ』のエンディングテーマである上々颱風の「いつでも誰かが」の一節を紹介します。この歌は，高度
しゃんしゃんたいふーん

成長期のニュータウン開発のなかで闘いに敗れた狸や旧住民に向けたレクイエムです。そして同時に，東日本大震災と原発事故の被災者をはじめとする，今を生きる人びとに贈られた励ましと希望のメッセージでもあるといえるでしょう。

　　いつでも誰かが　きっとそばにいる
　　思い出しておくれ　すてきなその名を
　　心がふさいで　何も見えない夜
　　きっときっと誰かが　いつもそばにいる
　　生まれた街を　遠く離れても
　　忘れないでおくれ　あの町の風を
　　いつでも誰かが　きっとそばにいる
　　そうさきっとおまえが　いつもそばにいる

　　　　　　　　　　　　　　　　　　　　　　　　　　本井優太郎

参考文献

DVD『平成狸合戦ぽんぽこ』ブエナ・ビスタ・ホーム・エンターテイメント，2002
フィルムコミック版『平成狸合戦ぽんぽこ』全4巻，徳間書店，1994
赤塚盛彦『酒買い狸の誕生――狸・たぬきの雑学』エピック，1995
大阪狭山市史編さん委員会編『大阪狭山市史　第4巻　史料編　近現代』大阪狭山市，2012
奥村弘「「生きること」の歴史像」『日本史研究』第594号，2012
金子淳「ニュータウンの成立と地域社会――多摩ニュータウンにおける「開発の受容」をめぐって」大門正克ほか編『高度成長の時代2　過熱と揺らぎ』大月書店，2010
叶清二「『平成狸合戦ぽんぽこ』論――「系譜・テーマ・映像・論評」の分析」高畑・宮崎作品研究所編『平成狸合戦ぽんぽこ／解説図録』RST出版，1994（2014年3月28日閲覧　http://www.yk.rim.or.jp/~rst/rabo/takahata/ponpoko_ron.html）
スタジオジブリ責任編集『スタジオジブリ作品関連資料集V』徳間書店，1997
多摩市史編纂委員会編『多摩市史　資料編四　近現代』多摩市，1998
細野助博・中庭光彦編『オーラル・ヒストリー　多摩ニュータウン』中央大学出版部，2010

あとがき

　2013年4月の大阪大学歴史教育研究会の例会。大阪大学の豊中キャンパスで定期的に開かれている研究会ですが，そこでこの本の編者の1人で，前作の『アニメで読む世界史』の編者でもある藤川が，話をすることになりました。楽しい雰囲気で講演が終わったあとの飲み会で，突然藤川が，『アニメで読む』の続編を，この例会に参加している西洋史，東洋史，日本史，それぞれの研究室の大学院生の協力を得てつくると発表しました。こうして今回のプロジェクトが動き出したのです。
　藤川はかねがね，19世紀の西洋史を中心にした前回の作品とは違った，もっと長期的な視野に立った，東洋史や日本史を含んだ世界全体を対象にするような作品をつくりたいと思っていました。たんなる続編ではなく，本当の意味での世界史で，しかもいっそうクオリティも高いものをつくりたいと考えていたのです。飲み会の席で，日本史研究室出身の後藤敦史君がこれに賛同してくれたので，協力をあおぐことにし，彼にもう1人の編者になってもらいました。西洋史関係の執筆者の選定と連絡は藤川，日本史と東洋史関係の執筆者の選定と連絡は後藤，という分担で仕事を進めました。執筆者は全部で11人，前回は野球でしたが，今度はクリケット・チームが完成です。
　藤川が後藤を編者に選んだ理由は，彼がかつて優秀な学生であったということもありましたが，彼が『ヒストリア』という雑誌を出している学会の事務係であったとき，ていねいに仕事をこなしていると感じていたからです。歴史雑誌の編集の手伝いは，若い研究者にとっては時間をとられる雑用ですが，「そこから学べる人は偉いな」と思います。なぜなら，藤川にはそういうことはできないからです。ただし，藤川が後藤を編者に指名した最大の理由は，彼が初代のウルトラマンをこよなく愛していると聞いたからです。ウルトラマンが好きな人に悪い人はいないし，素晴らしい編者になるに違いないからです。
　新しい編者を得たプロジェクトは，多分ピンチになったときのスペシウム光線のおかげで順調に進みました。若い編者は，実際，優秀でした。今回は2人の編者がいることもあり，編者のそれぞれも1篇ずつ書いて

います。

　『アニメで読む世界史』をなぜ再びつくるのか。それにはもうひとつの理由があります。パブリック・ヒストリという言葉をご存知でしょうか。日本では聞き慣れない言葉ですが，英語圏では教育制度の一部にすでに取り込まれています。アメリカ合衆国やイギリスなど，この言葉の意味は，地域の事情によって異なりますが，ここでは大学の歴史学の外に広がる歴史にかかわる文化活動というふうに考えてください。小中高の歴史教育，歴史博物館，個人の歴史，歴史に関連する文学・演劇・映像，歴史的遺物・記念物，テーマパーク，歴史的シンボルやイメージなど多くのものがここに含まれます。

　世界的に大学の学術的な歴史学は退潮しています。それとは対照的にほかの研究分野では歴史的側面がいっそう重要視されるようになっています。これを歴史学への評価の拡大と勘違いする人がいますが，現実はそうではありません。研究の世界の外でも，歴史的なものへの関心は強まり，パブリック・ヒストリの領域は，日に日に拡大しています。それは歴史学への注目とは関係ありませんし，歴史学研究の没落と対照的な動きです。

　こうした状況にあって，博士論文を書いたばかりの若い研究者には何を望めばいいのでしょうか。歴史学研究に没頭する。それもいいでしょう。自由な世界ですから。けれども，歴史的な文化のさまざまな局面に，歴史研究の剣を持って切り込み，歴史学の奥深さ，そのオタクさを伝え，交流していくという方法もあると思います。アニメの世界はそのひとつです。

　インターネットが発達して，さまざまな資料（歴史家は史料と書かないと気がすまない病気に侵されていますが）を，自宅にいても見ることができるようになりました。1000年生きることができても，とうてい読み切れない関連資料が簡単に手に入るのが普通になってきました。他方で，そうした資料も確認せずに，ネット上に転がっている説明をあたかも歴史的事実であるかのように転載し，それが広がっていくという現象もみ

られます。従軍慰安婦の問題などはその典型です。無数の資料を比較し，その適否を判断し，蓋然性(がいぜん)の高い説明をおこなう歴史家の力は，こうしたことが普通になっている歴史的な文化の生産の場でも発揮される必要があるのではないでしょうか。大学院の卒業生には，パブリック・ヒストリと積極的にかかわっていく意気込みをもってほしいと感じています。

　藤川は，オーストラリア学会の元会長に，会食の席でオーストラリアの社会学部の先生にオーストラリア・オタクだと紹介されたことがあります。元会長をほっておいて3時間近くほとんど2人で話していました。空気は読めません。歴史オタクの力を借りると，アニメのことがもっとわかるようになった，とこの本を読んだアニメ・オタクの人に思ってほしいですね。

　最後に，藤川がどうしても続編を出したかった最大の理由を述べて，本編を閉じたいと思います。『アニメで読む世界史』を出版した縁で，「ビーバップハイヒール」という関西を中心とする番組に出演したのですが，SNSでカツラだという疑惑が広まってしまいました。事実に反することは歴史家として放置できないので，「ビーバップ」に再出演し，その疑惑を解消する。そのためにはどうしても続編を書く必要が。カラータイマーが点滅し始めましたので，シュワッチ。

2014年6月28日

藤川隆男

関連事項 略年表

西暦	事項	
前209頃	匈奴の最高権力者に冒頓単于が即位	弥生
前57	匈奴が東西分裂	
48	東匈奴が南北分裂，南匈奴は北中国へ移動	
1世紀頃	ギリシア人ヒッパロスがモンスーン航法を「発見」	
166	ローマ皇帝（マルクス・アウレリウス・アントニヌス）の使者が後漢に到着。ローマから中国につながる「海のシルクロード」成立	
304	遊牧民の北中国流入により，五胡十六国時代の開始	古墳
386	鮮卑の拓跋氏が北魏建国	
411	中国のインド留学僧の法顕がスリランカを出発し，海路で帰国開始（～412）。インド以東におけるモンスーン航海の確立	
439	北魏が北中国統一	
534	北魏が東魏，西魏に分裂	
550	東魏から北斉が建国	
556	西魏から北周が建国	
577	北周が北斉を滅ぼし，北中国再統一	
581	北周から隋が建国	
589	隋が南中国の陳を滅ぼし，中国統一	
610頃	ムハンマドがイスラームの教えを説き始める	飛鳥
618	隋滅亡，唐が長安で建国	
744	モンゴル高原でウイグル建国	奈良
750	アッバース朝成立	
762	バグダード建設（～766）	
802	日本国の朝廷，蝦夷の拠点である北上川中流に進出し，東北支配の拠点とする	
840	トルコ系キルギス族の攻撃により，ウイグル滅亡	
877	黄巣の乱における広州の略奪により，ムスリム商人の拠点が撤退	
907	唐滅亡，耶律阿保機が契丹統一	
936	契丹が北中国の「燕雲十六州」を獲得	平安
960	宋の成立（北宋：～1127，南宋：1127～1279）	
1004	契丹と北宋が「澶淵の盟」を結ぶ	
1125	女真が契丹を滅ぼす	
1127	女真が北宋を滅ぼし，北中国の東半を支配	
1129	鳥羽上皇，院政を開始。この頃，荘園の成立がピークを迎える	
1163	パリでノートルダム大聖堂の建設が始まる（～1345頃）	

西暦	事項	
1180	パリ大学が設立される	平安
1181	日本で養和の大飢饉起こる（〜1182）	
1192	源頼朝，征夷大将軍となる	
1206	チンギス・ハン即位，モンゴル建国	
1222	大山崎神人，鎌倉幕府・朝廷から美濃国不破関の自由通行権を認められる	
1231	日本で寛喜の大飢饉起こる	
1250	エジプトでマムルーク朝成立（〜1517）	
1258	アッバース朝がモンゴル帝国によって滅亡	
1261	大山崎神人，朝廷より荏胡麻の独占販売権を獲得する	鎌倉
1263	パリの初代商人奉行（のちのパリ市長）が選ばれる	
1271	元朝（大元ウルス）成立	
1279	モンゴルが南中国の南宋を滅ぼし，中国全土を征服	
1290頃	中国で火砲（銃）が開発される	
1315	ヨーロッパで大飢饉が起こる（〜1317）	
1325	イブン・バットゥータ，21歳で旅に出発	
1333	鎌倉幕府，滅亡	
1336	南北朝の内乱始まる（〜1392）	
1338	足利尊氏，征夷大将軍となる	
1339	百年戦争が始まる（〜1453）	
1347	ペスト（黒死病）がヨーロッパで大流行する（〜1351頃）	
1350	これ以降，倭寇が朝鮮半島で大規模化する（前期倭寇）	
1358	エチエンヌ・マルセルの反乱がパリで起こる	
1368	明の成立 足利義満，征夷大将軍となる	
1392	南北朝の合一 高麗，滅亡。朝鮮王朝，成立	室町
1397頃	大山崎神人，全盛期を迎える	
1405	鄭和の遠征開始（〜1433）	
1419	朝鮮王朝，対馬を攻撃する（応永の外寇）。これ以降，倭寇，沈静化	
1420	応永の大飢饉起こる（〜1421）	
1427	ジプシー（ロマ）がはじめてパリで確認される	
1441	足利義教，暗殺される（嘉吉の乱）	
1459	長禄・寛正の大飢饉起こる（〜1461）	

関連事項 略年表

西暦	事項	
1467	応仁・文明の乱起こる(〜1477)	室町
1485	山城の国一揆起こる(〜1493)	
1488	一向一揆，加賀一国を支配する(〜1580)	
1492	クリストファー・コロンブス，アメリカ大陸に到達	
1508頃	尼子氏，出雲一国の支配権を獲得する	
1543	ポルトガル人によって日本に鉄砲(火縄銃)が伝来する	
1544	パリ市が貧民局を設置する	
1590	豊臣秀吉，統一政権を樹立する	安土桃山
1595頃	ポカホンタス生まれる	
1600	イギリス東インド会社設立	
1606	英ジェームズ1世，ロンドン(ヴァージニア)会社に勅許状を与える ヴァージニア会社の船3隻がロンドンより出港	
1607	ヴァージニア会社によるジェームズタウン植民 キャプテン・ジョン・スミス，先住民ポーハタンに捕らえられる	
1609	イギリス植民者とポーハタンのあいだで戦争勃発 ジョン・スミス，イギリスに帰国	
1612	ポカホンタス，イギリス植民者に誘拐される	
1614	ポカホンタス，ジョン・ロルフと結婚 イギリス植民者，ポーハタンと講和 ジョン・スミス，ニューイングランドを探検	
1616	ポカホンタス，夫のジョン・ロルフや息子トマスと訪英，ジェームズ1世に謁見	
1617	ポカホンタス，イギリスで死去	江戸
1619	ジェームズタウン，ヴァージニア植民地の首府に 北米英領植民地ではじめて黒人奴隷の導入と立法議会の設立	
1620	プリマス会社によるプリマス植民地設立	
1622	「ジェームズタウンの虐殺」，オペチャンカヌウ率いるポーハタン，ジェームズタウンを襲撃	
1632	ポーハタン，イギリス植民者と講和	
1644	オペチャンカヌウ，再びジェームズタウンを襲撃するも捕らえられ処刑	
1704	**フランス人アントワーヌ・ガラン『千一夜』刊(全12巻，〜1717)**	
1706	**『アラビアンナイト・エンターテイメント』刊**	
1757	プラッシーの戦いによりイギリスがインドでの優勢を確立	
1765	東インド会社がベンガル，ビハール，オリッサの「ディワーニー」を獲得	
1788	オーストラリア，現在のシドニーへのイギリスによる植民始まる	

237

西暦	事項	
1808	アメリカ,奴隷貿易を禁止する	
1820	アメリカで新たな州を奴隷州と自由州に分けるためのミズーリ協定成立	
1831	『ノートルダム・ド・パリ』刊	
1839	『アラビアンナイト』のアラビア語版原典,カルカッタ第2版刊(〜1842)	
1834	南オーストラリア植民地法,イギリス国王が承認	
1836	南オーストラリア会社設立。南オーストラリア入植の始まり	
1840	オーストラリア最初の自治体,アデレイド市が成立 清とイギリスのあいだでアヘン戦争勃発(〜1842)	
1841	アデレイド南東,グレン・オズモンドで銀・鉛鉱石発見。オーストラリア最初の鉱山となる	
1853	アメリカのペリー艦隊,浦賀に来航	江戸
1854	アメリカ,奴隷州か自由州かは住民の意思とするカンザス・ネブラスカ法成立 日本とアメリカのあいだで日米和親条約の締結	
1857	インド大反乱,翌年,東インド会社解散,インドはイギリスの直轄領へ アメリカ,ドレッド・スコット判決により奴隷の所有を禁止する法は無効とされる	
1860	アメリカ,リンカン大統領就任	
1861	アメリカ,南北戦争の勃発(〜1865)	
1863	リンカン,奴隷解放宣言を出す	
1864	インド森林局設立	
1865	アメリカ,南北戦争の終結,リンカン大統領が暗殺される 『ジャングル・ブック』の作者ラドヤード・キプリング,インドのボンベイにて誕生	
1868	日本,明治維新 ルイザ・メイ・オルコット『若草物語』刊,翌年,『続若草物語』刊	
1875	永峯秀樹『開巻驚奇暴夜物語』刊 ベルリンで子ゴリラ公開	
1877	ヴィクトリア女王がインド皇帝即位,インド帝国成立	
1884	アフリカの植民地化をめぐってベルリン会議開催(〜1885)	
1885	ボンベイにおいて「インド国民会議」開催	明治
1894	『ジャングル・ブック』刊,翌年,『続ジャングル・ブック』刊	
1896	アドワの戦いでエチオピアがイタリアに勝利	
1899	イギリスとトランスヴァール・オレンジ両国のあいだで南アフリカ戦争(〜1902)	
1900	ロンドンでパン・アフリカ会議開催	
1907	キプリング,ノーベル文学賞受賞	
1911	アメリカのグレン・カーチスが飛行艇を実用化	

関連事項 略年表

西暦	事項	
1912	アフリカ民族会議設立 **エドガー・バロウズが『類猿人ターザン』を雑誌に発表**	
1913	飛行艇のスピードレース，シュナイダー杯レース始まる（〜1931）	
1914	第一次世界大戦始まる（〜1918）	
1915	イタリア，三国同盟を破棄し協商国側からオーストリアに宣戦布告，第一次世界大戦に参戦	大正
1918	**『ターザン』が初の実写映画化**	
1919	ヴェルサイユ条約締結 ムッソリーニ，「戦士のファッシ」結成	
1921	ムッソリーニ，「戦士のファッシ」を「国民ファシスト党」に改組	
1922	ローマ進軍，ムッソリーニ内閣成立	
1924	アメリカ，包括的な移民規制法成立	
1927	アメリカのチャールズ・リンドバーグが単独による大西洋無着陸横断飛行に成功	
1929	ニューヨークで株価大暴落，世界恐慌の始まり	
1931	イタリア動産公社設立 満州事変が勃発	
1933	ドイツ，ナチス独裁の開始 日本，国際連盟脱退 アメリカ，ニューディール政策始まる イタリア，産業復興公社設立	
1935	イタリア，エチオピア侵略開始	
1937	日中戦争の勃発	
1939	第二次世界大戦始まる（〜1945）	
1941	アジア・太平洋戦争の勃発	昭和
1947	インド独立	
1960	池田勇人内閣誕生（〜64） 東京都，大規模住宅開発構想の検討開始	
1963	日本で新住宅市街地開発法施行	
1964	東京オリンピック開催	
1965	多摩ニュータウン開発計画策定 地権者および「旧住民」，東京都議会などに開発反対の陳情書を提出。これ以降，「旧住民」らによる陳情や請願が活発化	
1967	日本で公害対策基本法施行	
1968	日本のGNP（国民総生産）が西ドイツを抜いて世界第2位となる	

西暦	事項	
1970	「公害国会」開催，公害問題に関する14法案が可決 大阪万国博覧会開催	昭和
1971	多摩ニュータウンの第1次入居開始	
1973	第1次オイルショック	
1991	湾岸戦争勃発	平成
1992	アニメ映画『アラジン』公開（日本では1993年公開）	
1999	ディズニー映画『ターザン』公開	

執筆者紹介 (編者・執筆順)

藤川隆男 ふじかわ たかお【編者】
1959年生まれ
大阪大学大学院文学研究科教授
主要著書・訳書
『アニメで読む世界史』(編)山川出版社，2011
『人種差別の世界史』刀水書房，2011
ジョン・トービー『歴史的賠償と「記憶」の解剖』(共訳)法政大学出版局，2013

後藤敦史 ごとう あつし【編者】
1982年生まれ
大阪観光大学国際交流学部専任講師
主要著書・論文
「幕末期通商政策への転換とその前提」『歴史学研究』894，2012
「18〜19世紀の北太平洋と日本の開国」秋田茂・桃木至朗編『グローバルヒストリーと帝国』大阪大学出版会，2013
『開国期徳川幕府の政治と外交』有志舎，2014

齊藤茂雄 さいとう しげお
1980年生まれ
大阪大学言語文化研究科特任研究員
主要論文
「唐代単于都護府考——その所在地と成立背景について」『東方学』118，2009
「突厥第二可汗国の内部対立——古チベット語文書(P.t.1283)にみえるブグチョル('Bug-čhor)を手がかりに」『史学雑誌』122-9，2013
「突厥とソグド人——漢文石刻史料を用いて」森部豊編『ソグド人と東ユーラシアの文化交渉』(アジア遊学175)勉誠出版，2014

冨田暁 とみた あき
1980年生まれ
大阪大学大学院文学研究科博士後期課程在学
主要論文
「ファジャル・サラワク」新井和広編『ジャウィ文字でつながる東南アジア・イスラーム世界——ジャウィ定期刊行物創刊号巻頭言』(SIAS Working Paper Series 12)，2012

中村翼 なかむら つばさ
1984年生まれ
大阪大学大学院文学研究科助教
主要論文
「鎌倉中期における日宋貿易の展開と幕府」『史学雑誌』119-10，2010
「日元貿易期の海商と鎌倉・室町幕府」『ヒストリア』241，2013
「鎌倉禅の形成過程とその背景」『史林』97-4，2014

松尾佳代子 まつお かよこ
大阪大学大学院文学研究科博士後期課程修了
主要論文
「クリュニー修道院長オドと「正当な暴力」」『西洋史学』204，2001
「カルチュレールを読む——サン・メクサン修道院とリュージニャン城主」『史林』88-2，2005

岩﨑佳孝 いわさき よしたか
1966年生まれ
大阪大学招聘研究員，立教大学客員研究員
主要論文
「南北戦争後のアメリカ先住民連合による立憲共和政体構想——インディアン・テリトリーにおけるオクムルギー会議(1870-1878)」『パブリック・ヒストリー』9，2012
「20世紀のアメリカ先住民連合の新州創設構想——セコイア州憲法制定会議(1905)の考察」『アメリカ史評論』30，2013
「南北戦争後の先住民ネーションと黒人奴隷解放——チカソー・ネーションの成員規定と「黒人解放民」処遇を巡る考察」『同志社アメリカ研究』50，2014

木谷名都子 きたに なつこ
1974年生まれ
名古屋市立大学大学院経済学研究科准教授
主要論文
「インド棉花輸出問題から観た英印民間会商と第一次日印会商――1930年代前半の対英特恵関税問題再考」『社会経済史学』71-6, 2006
「両大戦間期インドにおける農業繁栄と工業発展――1926年・1932年関税委員会による政策提言を通じて」『パブリック・ヒストリー』6, 2009

水田大紀 みずた とものり
1977年生まれ
大阪大学大学院文学研究科助教
主要論文
「19世紀後半イギリスにおける官僚制度改革とクラミング――自助による「競争精神」の浸透」『西洋史学』219, 2005
「"ティーカップ"のなかの「帝国」――1870-80年代マルタにおける政治改革と言語教育」『歴史評論』692, 2007
「近代イギリス官僚制度改革史再考――調査委員会と官僚たちの同床異夢」『史林』94-6, 2011

森本慶太 もりもと けいた
1981年生まれ
大阪大学ほか非常勤講師
主要著書・訳書
ジョン・トーピー(藤川隆男監訳)『パスポートの発明――監視・シティズンシップ・国家』(共訳)法政大学出版局, 2008
『アニメで読む世界史』(共著)山川出版社, 2011
『アルプス文化史――越境・交流・生成』(共著)昭和堂, 2015

本井優太郎 もとい ゆうたろう
1985年生まれ
明石市文化・スポーツ部文化振興課文化財係
主要著書・論文
「戦後部落解放運動における〔共闘〕論の形成」『部落問題研究』197, 2011
「戦後地域社会における教育実践と生活改善――島根県大原郡日登村を対象として」『日本史研究』587, 2011
『大阪狭山市史 第四巻 史料編 近現代』(共著)大阪狭山市, 2012

音楽著作権

p.98： MINE, MINE, MINE
　　　 Music by Alan Menken, Words by Stephen Schwartz
　　　 ©1995 WONDERLAND MUSIC COMPANY, INC./WALT DISNEY MUSIC COMPANY
　　　 All Rights Reserved.
　　　 Print rights for Japan administered by YAMAHA MUSIC PUBLISHING, INC.

p.100： VIRGINIA COMPANY
　　　 Music by Alan Menken, Words by Stephen Schwartz
　　　 ©1995 WONDERLAND MUSIC COMPANY, INC./WALT DISNEY MUSIC COMPANY
　　　 All Rights Reserved.
　　　 Print rights for Japan administered by YAMAHA MUSIC PUBLISHING, INC.

p.111： BETWEEN TWO WORLDS
　　　 Words and Music by STANCY WIDELITZ and BLAISE TOSTI
　　　 ©1998 WONDERLAND MUSIC COMPANY, INC./WALT DISNEY MUSIC COMPANY
　　　 All Rights Reserved.
　　　 Print rights for Japan administered by YAMAHA MUSIC PUBLISHING, INC.

p.231： いつでも誰かが
　　　 作詞・作曲 紅龍

JASRAC 出 144247-401

アニメで読む世界史 2

2015年1月20日　1版1刷印刷
2015年1月30日　1版1刷発行

編者：藤川隆男
　　　　ふじかわたかお
　　　後藤敦史
　　　　ごとうあつし
発行者：野澤伸平

発行所：株式会社　山川出版社
〒101-0047　東京都千代田区内神田1-13-13
電話　03-3293-8131(営業)　8134(編集)
http://www.yamakawa.co.jp/
振替　00120-9-43993

印刷所：株式会社　太平印刷社
製本所：株式会社　ブロケード
装幀者：菊地信義

©Takao Fujikawa and Atsushi Goto 2015 Printed in Japan
ISBN978-4-634-64074-0

造本には十分注意しておりますが、万一、
落丁・乱丁などがございましたら、小社営業部宛にお送りください。
送料小社負担にてお取り替えいたします。
定価はカバーに表示してあります。

● アニメで読むシリーズ第一弾 ●

藤川隆男 編

アニメで読む世界史

ジャン・ヴァルジャンからドレミの歌まで
懐かしいアニメが語る世界史 全9話

レ・ミゼラブル 少女コゼット
　つくりかえられた女性像

フランダースの犬
　つくられた国家と少年の夢

家なき子レミ，ペリーヌ物語
　近代フランスの子どもたち

アルプスの少女ハイジ
　スイスのアイデンティティ

小公女セーラ
　イギリス社会の階級意識と帝国

母をたずねて三千里
　大西洋を渡る移民たち

家族ロビンソン漂流記
　——ふしぎな島のフローネ
　文明の移植と人種主義

トム・ソーヤの冒険
　アメリカ的自由を求めて

トラップ一家物語
　多民族国家のパスポート

A5判　240頁　税込1,620円

今読むからこそよくわかる！

高等学校の教科書を，一般読者のために読みやすく書き改めたシリーズ。ニュースの背景がよくわかる，社会人のための教科書。

五味文彦・鳥海靖 編
もういちど読む 山川日本史

「世界の歴史」編集委員会 編
もういちど読む 山川世界史

山崎広明 編
もういちど読む 山川政治経済

小寺聡 編
もういちど読む 山川倫理

A5判　平均330頁　各税込 1,620 円